"全民普法手册"系列

全民消费维权普法手册

QUANMIN XIAOFEI WEIQUAN
PUFA SHOUCE

法律出版社法规中心　编

图书在版编目（CIP）数据

全民消费维权普法手册／法律出版社法规中心编.
北京：法律出版社，2025. -- ISBN 978-7-5244-0118-6
Ⅰ. D922.294.4
中国国家版本馆 CIP 数据核字第 2025VN0750 号

全民消费维权普法手册	法律出版社法规中心 编	责任编辑 李　群　王　睿
QUANMIN XIAOFEI WEIQUAN PUFA SHOUCE		装帧设计 李　瞻

出版发行	法律出版社	开本	A5
编辑统筹	法规出版分社	印张 10.5	字数 314 千
责任校对	张红蕊	版本	2025 年 4 月第 1 版
责任印制	耿润瑜	印次	2025 年 4 月第 1 次印刷
经　　销	新华书店	印刷	涿州市星河印刷有限公司

地址：北京市丰台区莲花池西里 7 号（100073）
网址：www.lawpress.com.cn　　　　销售电话：010-83938349
投稿邮箱：info@lawpress.com.cn　　客服电话：010-83938350
举报盗版邮箱：jbwq@lawpress.com.cn　咨询电话：010-63939796
版权所有·侵权必究

书号：ISBN 978-7-5244-0118-6　　　　定价：42.00 元

凡购买本社图书，如有印装错误，我社负责退换。电话：010-83938349

目 录

一、综 合

中华人民共和国消费者权益保护法(2013.10.25修正)……………… 1
中华人民共和国消费者权益保护法实施条例(2024.3.15)…………… 13
中华人民共和国产品质量法(2018.12.29修正)……………………… 21
最高人民法院关于审理消费民事公益诉讼案件适用法律若干问题
　的解释(2020.12.29修正)…………………………………………… 33
最高人民法院关于审理预付式消费民事纠纷案件适用法律若干问
　题的解释(2025.3.13)……………………………………………… 36

二、食品安全

中华人民共和国食品安全法(2021.4.29修正)………………………… 43
中华人民共和国食品安全法实施条例(2019.10.11修订)…………… 83
中华人民共和国农产品质量安全法(2022.9.2修订)………………… 96
最高人民法院关于审理食品安全民事纠纷案件适用法律若干问题
　的解释(一)(2020.12.8)…………………………………………… 114
最高人民法院关于审理食品药品纠纷案件适用法律若干问题的规
　定(2021.11.18修正)……………………………………………… 117
最高人民法院关于审理食品药品惩罚性赔偿纠纷案件适用法律若
　干问题的解释(2024.8.21)………………………………………… 120

三、网络交易

最高人民法院关于审理网络消费纠纷案件适用法律若干问题的规定（一）（2022.3.1） ……………………………………… 126
网络餐饮服务食品安全监督管理办法（2020.10.23 修正） ……… 129
网络交易监督管理办法（2021.3.15） …………………………… 135
网络预约出租汽车经营服务管理暂行办法（2022.11.30 修正）…… 146
快递市场管理办法（2023.12.17） ………………………………… 155

四、机动车买卖与维修

缺陷汽车产品召回管理条例（2019.3.2 修订） …………………… 166
二手车流通管理办法（2017.9.14 修正） ………………………… 170
家用汽车产品修理更换退货责任规定（2021.7.22） ……………… 175
机动车维修管理规定（2023.11.10 修正） ………………………… 182

五、其他服务

旅游安全管理办法（2016.9.27） …………………………………… 195
电信服务质量监督管理暂行办法（2014.9.23 修正） ……………… 203
电信用户申诉处理办法（2016.5.26） ……………………………… 206

六、价格监管

中华人民共和国价格法（1997.12.29） …………………………… 211
明码标价和禁止价格欺诈规定（2022.4.14） ……………………… 218

七、法律责任

中华人民共和国民法典（节录）（2020.5.28） …………………… 223

中华人民共和国刑法(节录)(2023.12.29修正) ………… 224
最高人民法院关于审理人身损害赔偿案件适用法律若干问题的解
　释(2022.4.24修正) ……………………………………… 228
价格违法行为行政处罚规定(2010.12.4修订) …………… 232
侵害消费者权益行为处罚办法(2020.10.23修正) ………… 237
市场监督管理投诉举报处理暂行办法(2022.9.29修正) …… 241

附　录

最高人民法院发布消费者权益保护典型案例………………… 248
网络消费典型案例……………………………………………… 259
食品安全惩罚性赔偿典型案例………………………………… 269
最高人民法院发布涉产品质量典型案例……………………… 275
"3·15"消费者权益保护检察公益诉讼典型案例…………… 282
最高人民法院发布涉预付式消费典型案例…………………… 300
消费者权益保护公益诉讼典型案例…………………………… 307

一、综　合

中华人民共和国消费者权益保护法

1. 1993年10月31日第八届全国人民代表大会常务委员会第四次会议通过
2. 根据2009年8月27日第十一届全国人民代表大会常务委员会第十次会议《关于修改部分法律的决定》第一次修正
3. 根据2013年10月25日第十二届全国人民代表大会常务委员会第五次会议《关于修改〈中华人民共和国消费者权益保护法〉的决定》第二次修正

目　录

第一章　总　则
第二章　消费者的权利
第三章　经营者的义务
第四章　国家对消费者合法权益的保护
第五章　消费者组织
第六章　争议的解决
第七章　法律责任
第八章　附　则

第一章　总　则

第一条　【立法目的】[①]为保护消费者的合法权益，维护社会经济秩序，促进社会主义市场经济健康发展，制定本法。

第二条　【调整范围】消费者为生活消费需要购买、使用商品或者接受服务，其权益受本法保护；本法未作规定的，受其他有关法律、法规保护。

[①] 条文主旨为编者所加，下同。——编者注

第三条 【经营者】经营者为消费者提供其生产、销售的商品或者提供服务,应当遵守本法;本法未作规定的,应当遵守其他有关法律、法规。

第四条 【交易原则】经营者与消费者进行交易,应当遵循自愿、平等、公平、诚实信用的原则。

第五条 【国家对消费者的保护】国家保护消费者的合法权益不受侵害。

国家采取措施,保障消费者依法行使权利,维护消费者的合法权益。

国家倡导文明、健康、节约资源和保护环境的消费方式,反对浪费。

第六条 【社会对消费者的保护】保护消费者的合法权益是全社会的共同责任。

国家鼓励、支持一切组织和个人对损害消费者合法权益的行为进行社会监督。

大众传播媒介应当做好维护消费者合法权益的宣传,对损害消费者合法权益的行为进行舆论监督。

第二章 消费者的权利

第七条 【人身财产安全权】消费者在购买、使用商品和接受服务时享有人身、财产安全不受损害的权利。

消费者有权要求经营者提供的商品和服务,符合保障人身、财产安全的要求。

第八条 【知情权】消费者享有知悉其购买、使用的商品或者接受的服务的真实情况的权利。

消费者有权根据商品或者服务的不同情况,要求经营者提供商品的价格、产地、生产者、用途、性能、规格、等级、主要成份、生产日期、有效期限、检验合格证明、使用方法说明书、售后服务,或者服务的内容、规格、费用等有关情况。

第九条 【商品或者服务的选择权】消费者享有自主选择商品或者服务的权利。

消费者有权自主选择提供商品或者服务的经营者,自主选择商品品种或者服务方式,自主决定购买或者不购买任何一种商品、接受或者不接受任何一项服务。

消费者在自主选择商品或者服务时,有权进行比较、鉴别和挑选。

第十条 【公平交易权】消费者享有公平交易的权利。

消费者在购买商品或者接受服务时,有权获得质量保障、价格合理、计量正确等公平交易条件,有权拒绝经营者的强制交易行为。

第十一条 【获得赔偿权】消费者因购买、使用商品或者接受服务受到人身、财产损害的,享有依法获得赔偿的权利。

第十二条 【成立消费者维权组织权】消费者享有依法成立维护自身合法权益的社会组织的权利。

第十三条 【获得消费和消费者权益保护知识权】消费者享有获得有关消费和消费者权益保护方面的知识的权利。

消费者应当努力掌握所需商品或者服务的知识和使用技能,正确使用商品,提高自我保护意识。

第十四条 【受尊重和信息得到保护权】消费者在购买、使用商品和接受服务时,享有人格尊严、民族风俗习惯得到尊重的权利,享有个人信息依法得到保护的权利。

第十五条 【监督权】消费者享有对商品和服务以及保护消费者权益工作进行监督的权利。

消费者有权检举、控告侵害消费者权益的行为和国家机关及其工作人员在保护消费者权益工作中的违法失职行为,有权对保护消费者权益工作提出批评、建议。

第三章 经营者的义务

第十六条 【守法义务】经营者向消费者提供商品或者服务,应当依照本法和其他有关法律、法规的规定履行义务。

经营者和消费者有约定的,应当按照约定履行义务,但双方的约定不得违背法律、法规的规定。

经营者向消费者提供商品或者服务,应当恪守社会公德,诚信经营,保障消费者的合法权益;不得设定不公平、不合理的交易条件,不得强制交易。

第十七条 【接受监督义务】经营者应当听取消费者对其提供的商品或者服务的意见,接受消费者的监督。

第十八条 【保障消费者安全义务】经营者应当保证其提供的商品或者服务符合保障人身、财产安全的要求。对可能危及人身、财产安全的商品和服务，应当向消费者作出真实的说明和明确的警示，并说明和标明正确使用商品或者接受服务的方法以及防止危害发生的方法。

宾馆、商场、餐馆、银行、机场、车站、港口、影剧院等经营场所的经营者，应当对消费者尽到安全保障义务。

第十九条　【缺陷信息报告、告知和召回义务】经营者发现其提供的商品或者服务存在缺陷，有危及人身、财产安全危险的，应当立即向有关行政部门报告和告知消费者，并采取停止销售、警示、召回、无害化处理、销毁、停止生产或者服务等措施。采取召回措施的，经营者应当承担消费者因商品被召回支出的必要费用。

第二十条　【真实、全面信息告知义务】经营者向消费者提供有关商品或者服务的质量、性能、用途、有效期限等信息，应当真实、全面，不得作虚假或者引人误解的宣传。

经营者对消费者就其提供的商品或者服务的质量和使用方法等问题提出的询问，应当作出真实、明确的答复。

经营者提供商品或者服务应当明码标价。

第二十一条　【真实标识义务】经营者应当标明其真实名称和标记。

租赁他人柜台或者场地的经营者，应当标明其真实名称和标记。

第二十二条　【出具发票等交易单据义务】经营者提供商品或者服务，应当按照国家有关规定或者商业惯例向消费者出具发票等购货凭证或者服务单据；消费者索要发票等购货凭证或者服务单据的，经营者必须出具。

第二十三条　【质量保证义务】经营者应当保证在正常使用商品或者接受服务的情况下其提供的商品或者服务应当具有的质量、性能、用途和有效期限；但消费者在购买该商品或者接受该服务前已经知道其存在瑕疵，且存在该瑕疵不违反法律强制性规定的除外。

经营者以广告、产品说明、实物样品或者其他方式表明商品或者服务的质量状况的，应当保证其提供的商品或者服务的实际质量与表明的质量状况相符。

经营者提供的机动车、计算机、电视机、电冰箱、空调器、洗衣机等耐用商品或者装饰装修等服务，消费者自接受商品或者服务之日起六个月内发现瑕疵，发生争议的，由经营者承担有关瑕疵的举证责任。

第二十四条 【"三包"义务】经营者提供的商品或者服务不符合质量要求的,消费者可以依照国家规定、当事人约定退货,或者要求经营者履行更换、修理等义务。没有国家规定和当事人约定的,消费者可以自收到商品之日起七日内退货;七日后符合法定解除合同条件的,消费者可以及时退货,不符合法定解除合同条件的,可以要求经营者履行更换、修理等义务。

依照前款规定进行退货、更换、修理的,经营者应当承担运输等必要费用。

第二十五条 【无理由退货义务】经营者采用网络、电视、电话、邮购等方式销售商品,消费者有权自收到商品之日起七日内退货,且无需说明理由,但下列商品除外:

(一)消费者定作的;

(二)鲜活易腐的;

(三)在线下载或者消费者拆封的音像制品、计算机软件等数字化商品;

(四)交付的报纸、期刊。

除前款所列商品外,其他根据商品性质并经消费者在购买时确认不宜退货的商品,不适用无理由退货。

消费者退货的商品应当完好。经营者应当自收到退回商品之日起七日内返还消费者支付的商品价款。退回商品的运费由消费者承担;经营者和消费者另有约定的,按照约定。

第二十六条 【禁止经营者以格式条款等方式免责】经营者在经营活动中使用格式条款的,应当以显著方式提请消费者注意商品或者服务的数量和质量、价款或者费用、履行期限和方式、安全注意事项和风险警示、售后服务、民事责任等与消费者有重大利害关系的内容,并按照消费者的要求予以说明。

经营者不得以格式条款、通知、声明、店堂告示等方式,作出排除或者限制消费者权利、减轻或者免除经营者责任、加重消费者责任等对消费者不公平、不合理的规定,不得利用格式条款并借助技术手段强制交易。

格式条款、通知、声明、店堂告示等含有前款所列内容的,其内容无效。

第二十七条 【保护消费者人身权义务】经营者不得对消费者进行侮辱、诽谤,不得搜查消费者的身体及其携带的物品,不得侵犯消费者的人身自由。

第二十八条 【采用网络等方式提供商品或服务的信息告知义务】采用网络、电视、电话、邮购等方式提供商品或者服务的经营者,以及提供证券、保险、银行等金融服务的经营者,应当向消费者提供经营地址、联系方式、商品或者服务的数量和质量、价款或者费用、履行期限和方式、安全注意事项和风险警示、售后服务、民事责任等信息。

第二十九条 【保护消费者个人信息义务】经营者收集、使用消费者个人信息,应当遵循合法、正当、必要的原则,明示收集、使用信息的目的、方式和范围,并经消费者同意。经营者收集、使用消费者个人信息,应当公开其收集、使用规则,不得违反法律、法规的规定和双方的约定收集、使用信息。

经营者及其工作人员对收集的消费者个人信息必须严格保密,不得泄露、出售或者非法向他人提供。经营者应当采取技术措施和其他必要措施,确保信息安全,防止消费者个人信息泄露、丢失。在发生或者可能发生信息泄露、丢失的情况时,应当立即采取补救措施。

经营者未经消费者同意或者请求,或者消费者明确表示拒绝的,不得向其发送商业性信息。

第四章 国家对消费者合法权益的保护

第三十条 【立法体现消费者意愿】国家制定有关消费者权益的法律、法规、规章和强制性标准,应当听取消费者和消费者协会等组织的意见。

第三十一条 【政府监督】各级人民政府应当加强领导,组织、协调、督促有关行政部门做好保护消费者合法权益的工作,落实保护消费者合法权益的职责。

各级人民政府应当加强监督,预防危害消费者人身、财产安全行为的发生,及时制止危害消费者人身、财产安全的行为。

第三十二条 【执法主管部门保护消费者权益的义务】各级人民政府工商行政管理部门和其他有关行政部门应当依照法律、法规的规定,在各自的职责范围内,采取措施,保护消费者的合法权益。

有关行政部门应当听取消费者和消费者协会等组织对经营者交易

行为、商品和服务质量问题的意见,及时调查处理。

第三十三条 【抽查检验】有关行政部门在各自的职责范围内,应当定期或者不定期对经营者提供的商品和服务进行抽查检验,并及时向社会公布抽查检验结果。

有关行政部门发现并认定经营者提供的商品或者服务存在缺陷,有危及人身、财产安全危险的,应当立即责令经营者采取停止销售、警示、召回、无害化处理、销毁、停止生产或者服务等措施。

第三十四条 【违法惩处】有关国家机关应当依照法律、法规的规定,惩处经营者在提供商品和服务中侵害消费者合法权益的违法犯罪行为。

第三十五条 【诉讼保护】人民法院应当采取措施,方便消费者提起诉讼。对符合《中华人民共和国民事诉讼法》起诉条件的消费者权益争议,必须受理,及时审理。

第五章 消费者组织

第三十六条 【消费者组织的性质】消费者协会和其他消费者组织是依法成立的对商品和服务进行社会监督的保护消费者合法权益的社会组织。

第三十七条 【消费者协会的职责】消费者协会履行下列公益性职责:

(一)向消费者提供消费信息和咨询服务,提高消费者维护自身合法权益的能力,引导文明、健康、节约资源和保护环境的消费方式;

(二)参与制定有关消费者权益的法律、法规、规章和强制性标准;

(三)参与有关行政部门对商品和服务的监督、检查;

(四)就有关消费者合法权益的问题,向有关部门反映、查询,提出建议;

(五)受理消费者的投诉,并对投诉事项进行调查、调解;

(六)投诉事项涉及商品和服务质量问题的,可以委托具备资格的鉴定人鉴定,鉴定人应当告知鉴定意见;

(七)就损害消费者合法权益的行为,支持受损害的消费者提起诉讼或者依照本法提起诉讼;

(八)对损害消费者合法权益的行为,通过大众传播媒介予以揭露、批评。

各级人民政府对消费者协会履行职责应当予以必要的经费等

支持。

　　消费者协会应当认真履行保护消费者合法权益的职责,听取消费者的意见和建议,接受社会监督。

　　依法成立的其他消费者组织依照法律、法规及其章程的规定,开展保护消费者合法权益的活动。

第三十八条　【消费者组织不得从事的行为】消费者组织不得从事商品经营和营利性服务,不得以收取费用或者其他牟取利益的方式向消费者推荐商品和服务。

第六章　争议的解决

第三十九条　【争议解决途径】消费者和经营者发生消费者权益争议的,可以通过下列途径解决:

　　(一)与经营者协商和解;

　　(二)请求消费者协会或者依法成立的其他调解组织调解;

　　(三)向有关行政部门投诉;

　　(四)根据与经营者达成的仲裁协议提请仲裁机构仲裁;

　　(五)向人民法院提起诉讼。

第四十条　【赔偿请求权的行使】消费者在购买、使用商品时,其合法权益受到损害的,可以向销售者要求赔偿。销售者赔偿后,属于生产者的责任或者属于向销售者提供商品的其他销售者的责任的,销售者有权向生产者或者其他销售者追偿。

　　消费者或者其他受害人因商品缺陷造成人身、财产损害的,可以向销售者要求赔偿,也可以向生产者要求赔偿。属于生产者责任的,销售者赔偿后,有权向生产者追偿。属于销售者责任的,生产者赔偿后,有权向销售者追偿。

　　消费者在接受服务时,其合法权益受到损害的,可以向服务者要求赔偿。

第四十一条　【企业合并、分立的赔偿责任人的确定】消费者在购买、使用商品或者接受服务时,其合法权益受到损害,因原企业分立、合并的,可以向变更后承受其权利义务的企业要求赔偿。

第四十二条　【使用他人执照的赔偿责任人的确定】使用他人营业执照的违法经营者提供商品或者服务,损害消费者合法权益的,消费者可以向其要求赔偿,也可以向营业执照的持有人要求赔偿。

第四十三条 【展销会的举办者、柜台出租者的先行赔付责任】消费者在展销会、租赁柜台购买商品或者接受服务,其合法权益受到损害的,可以向销售者或者服务者要求赔偿。展销会结束或者柜台租赁期满后,也可以向展销会的举办者、柜台的出租者要求赔偿。展销会的举办者、柜台的出租者赔偿后,有权向销售者或者服务者追偿。

第四十四条 【网络交易平台的赔偿责任人】消费者通过网络交易平台购买商品或者接受服务,其合法权益受到损害的,可以向销售者或者服务者要求赔偿。网络交易平台提供者不能提供销售者或者服务者的真实名称、地址和有效联系方式的,消费者也可以向网络交易平台提供者要求赔偿;网络交易平台提供者作出更有利于消费者的承诺的,应当履行承诺。网络交易平台提供者赔偿后,有权向销售者或者服务者追偿。

网络交易平台提供者明知或者应知销售者或者服务者利用其平台侵害消费者合法权益,未采取必要措施的,依法与该销售者或者服务者承担连带责任。

第四十五条 【虚假广告的赔偿责任人】消费者因经营者利用虚假广告或者其他虚假宣传方式提供商品或者服务,其合法权益受到损害的,可以向经营者要求赔偿。广告经营者、发布者发布虚假广告的,消费者可以请求行政主管部门予以惩处。广告经营者、发布者不能提供经营者的真实名称、地址和有效联系方式的,应当承担赔偿责任。

广告经营者、发布者设计、制作、发布关系消费者生命健康商品或者服务的虚假广告,造成消费者损害的,应当与提供该商品或者服务的经营者承担连带责任。

社会团体或者其他组织、个人在关系消费者生命健康商品或者服务的虚假广告或者其他虚假宣传中向消费者推荐商品或者服务,造成消费者损害的,应当与提供该商品或者服务的经营者承担连带责任。

第四十六条 【消费者投诉】消费者向有关行政部门投诉的,该部门应当自收到投诉之日起七个工作日内,予以处理并告知消费者。

第四十七条 【消费者协会提起公益诉讼权】对侵害众多消费者合法权益的行为,中国消费者协会以及在省、自治区、直辖市设立的消费者协会,可以向人民法院提起诉讼。

第七章 法律责任

第四十八条 【承担民事责任的情形】经营者提供商品或者服务有下列情形之一的,除本法另有规定外,应当依照其他有关法律、法规的规定,承担民事责任:

(一)商品或者服务存在缺陷的;

(二)不具备商品应当具备的使用性能而出售时未作说明的;

(三)不符合在商品或者其包装上注明采用的商品标准的;

(四)不符合商品说明、实物样品等方式表明的质量状况的;

(五)生产国家明令淘汰的商品或者销售失效、变质的商品的;

(六)销售的商品数量不足的;

(七)服务的内容和费用违反约定的;

(八)对消费者提出的修理、重作、更换、退货、补足商品数量、退还货款和服务费用或者赔偿损失的要求,故意拖延或者无理拒绝的;

(九)法律、法规规定的其他损害消费者权益的情形。

经营者对消费者未尽到安全保障义务,造成消费者损害的,应当承担侵权责任。

第四十九条 【人身伤亡的民事责任】经营者提供商品或者服务,造成消费者或者其他受害人人身伤害的,应当赔偿医疗费、护理费、交通费等为治疗和康复支出的合理费用,以及因误工减少的收入。造成残疾的,还应当赔偿残疾生活辅助具费和残疾赔偿金。造成死亡的,还应当赔偿丧葬费和死亡赔偿金。

第五十条 【侵犯消费者人格权等的民事责任】经营者侵害消费者的人格尊严、侵犯消费者人身自由或者侵害消费者个人信息依法得到保护的权利的,应当停止侵害、恢复名誉、消除影响、赔礼道歉,并赔偿损失。

第五十一条 【精神损害赔偿】经营者有侮辱诽谤、搜查身体、侵犯人身自由等侵害消费者或者其他受害人人身权益的行为,造成严重精神损害的,受害人可以要求精神损害赔偿。

第五十二条 【财产损害赔偿责任】经营者提供商品或者服务,造成消费者财产损害的,应当依照法律规定或者当事人约定承担修理、重作、更换、退货、补足商品数量、退还货款和服务费用或者赔偿损失等民事责任。

第五十三条　【预付款方式销售的责任】经营者以预收款方式提供商品或者服务的,应当按照约定提供。未按照约定提供的,应当按照消费者的要求履行约定或者退回预付款;并应当承担预付款的利息、消费者必须支付的合理费用。

第五十四条　【商品不合格的退货责任】依法经有关行政部门认定为不合格的商品,消费者要求退货的,经营者应当负责退货。

第五十五条　【惩罚性赔偿】经营者提供商品或者服务有欺诈行为的,应当按照消费者的要求增加赔偿其受到的损失,增加赔偿的金额为消费者购买商品的价款或者接受服务的费用的三倍;增加赔偿的金额不足五百元的,为五百元。法律另有规定的,依照其规定。

　　经营者明知商品或者服务存在缺陷,仍然向消费者提供,造成消费者或者其他受害人死亡或者健康严重损害的,受害人有权要求经营者依照本法第四十九条、第五十一条等法律规定赔偿损失,并有权要求所受损失二倍以下的惩罚性赔偿。

第五十六条　【对经营者行政处罚的情形】经营者有下列情形之一,除承担相应的民事责任外,其他有关法律、法规对处罚机关和处罚方式有规定的,依照法律、法规的规定执行;法律、法规未作规定的,由工商行政管理部门或者其他有关行政部门责令改正,可以根据情节单处或者并处警告、没收违法所得、处以违法所得一倍以上十倍以下的罚款,没有违法所得的,处以五十万元以下的罚款;情节严重的,责令停业整顿、吊销营业执照:

　　(一)提供的商品或者服务不符合保障人身、财产安全要求的;

　　(二)在商品中掺杂、掺假,以假充真,以次充好,或者以不合格商品冒充合格商品的;

　　(三)生产国家明令淘汰的商品或者销售失效、变质的商品的;

　　(四)伪造商品的产地,伪造或者冒用他人的厂名、厂址,篡改生产日期,伪造或者冒用认证标志等质量标志的;

　　(五)销售的商品应当检验、检疫而未检验、检疫或者伪造检验、检疫结果的;

　　(六)对商品或者服务作虚假或者引人误解的宣传的;

　　(七)拒绝或者拖延有关行政部门责令对缺陷商品或者服务采取停止销售、警示、召回、无害化处理、销毁、停止生产或者服务等措施的;

（八）对消费者提出的修理、重作、更换、退货、补足商品数量、退还货款和服务费用或者赔偿损失的要求，故意拖延或者无理拒绝的；

（九）侵害消费者人格尊严、侵犯消费者人身自由或者侵害消费者个人信息依法得到保护的权利的；

（十）法律、法规规定的对损害消费者权益应当予以处罚的其他情形。

经营者有前款规定情形的，除依照法律、法规规定予以处罚外，处罚机关应当记入信用档案，向社会公布。

第五十七条 【刑事责任】经营者违反本法规定提供商品或者服务，侵害消费者合法权益，构成犯罪的，依法追究刑事责任。

第五十八条 【承担民事赔偿责任优先】经营者违反本法规定，应当承担民事赔偿责任和缴纳罚款、罚金，其财产不足以同时支付的，先承担民事赔偿责任。

第五十九条 【对行政处罚的复议或起诉】经营者对行政处罚决定不服的，可以依法申请行政复议或者提起行政诉讼。

第六十条 【阻碍执行职务的责任】以暴力、威胁等方法阻碍有关行政部门工作人员依法执行职务的，依法追究刑事责任；拒绝、阻碍有关行政部门工作人员依法执行职务，未使用暴力、威胁方法的，由公安机关依照《中华人民共和国治安管理处罚法》的规定处罚。

第六十一条 【执法者玩忽职守或包庇的责任】国家机关工作人员玩忽职守或者包庇经营者侵害消费者合法权益的行为的，由其所在单位或者上级机关给予行政处分；情节严重，构成犯罪的，依法追究刑事责任。

第八章　附　　则

第六十二条 【农资消费参照本法】农民购买、使用直接用于农业生产的生产资料，参照本法执行。

第六十三条 【施行日期】本法自1994年1月1日起施行。

中华人民共和国消费者权益保护法实施条例

1. 2024年3月15日国务院令第778号公布
2. 自2024年7月1日起施行

第一章 总 则

第一条 根据《中华人民共和国消费者权益保护法》(以下简称消费者权益保护法)等法律，制定本条例。

第二条 消费者权益保护工作坚持中国共产党的领导，坚持以人民为中心，遵循合法、公平、高效的原则。

第三条 国家加大消费者合法权益保护力度，建立和完善经营者守法、行业自律、消费者参与、政府监管和社会监督相结合的消费者权益保护共同治理体系。

第四条 国家统筹推进消费环境建设，营造安全放心的消费环境，增强消费对经济发展的基础性作用。

第五条 国家加强消费商品和服务的标准体系建设，鼓励经营者制定实施严于国家标准或者行业标准的企业标准，不断提升商品和服务质量。

第六条 国家倡导文明、健康、绿色的消费理念和消费方式，反对奢侈浪费。

第二章 消费者的权利和经营者的义务

第七条 消费者在购买商品、使用商品或者接受服务时，依法享有人身和财产安全不受损害的权利。

经营者向消费者提供商品或者服务(包括以奖励、赠送、试用等形式向消费者免费提供商品或者服务)，应当保证商品或者服务符合保障人身、财产安全的要求。免费提供的商品或者服务存在瑕疵但不违反法律强制性规定且不影响正常使用性能的，经营者应当在提供商品或者服务前如实告知消费者。

经营者应当保证其经营场所及设施符合保障人身、财产安全的要求,采取必要的安全防护措施,并设置相应的警示标识。消费者在经营场所遇到危险或者受到侵害时,经营者应当给予及时、必要的救助。

第八条　消费者认为经营者提供的商品或者服务可能存在缺陷,有危及人身、财产安全危险的,可以向经营者或者有关行政部门反映情况或者提出建议。

　　经营者发现其提供的商品或者服务可能存在缺陷,有危及人身、财产安全危险的,应当依照消费者权益保护法第十九条的规定及时采取相关措施。采取召回措施的,生产或者进口商品的经营者应当制定召回计划,发布召回信息,明确告知消费者享有的相关权利,保存完整的召回记录,并承担消费者因商品被召回所支出的必要费用。商品销售、租赁、修理、零部件生产供应、受委托生产等相关经营者应当依法履行召回相关协助和配合义务。

第九条　经营者应当采用通俗易懂的方式,真实、全面地向消费者提供商品或者服务相关信息,不得通过虚构经营者资质、资格或者所获荣誉,虚构商品或者服务交易信息、经营数据,篡改、编造、隐匿用户评价等方式,进行虚假或者引人误解的宣传,欺骗、误导消费者。

　　经营者不得在消费者不知情的情况下,对同一商品或者服务在同等交易条件下设置不同的价格或者收费标准。

第十条　经营者应当按照国家有关规定,以显著方式标明商品的品名、价格和计价单位或者服务的项目、内容、价格和计价方法等信息,做到价签目齐全、内容真实准确、标识清晰醒目。

　　经营者采取自动展期、自动续费等方式提供服务的,应当在消费者接受服务前和自动展期、自动续费等日期前,以显著方式提请消费者注意。

第十一条　消费者享有自主选择商品或者服务的权利。经营者不得以暴力、胁迫、限制人身自由等方式或者利用技术手段,强制或者变相强制消费者购买商品或者接受服务,或者排除、限制消费者选择其他经营者提供的商品或者服务。经营者通过搭配、组合等方式提供商品或者服务的,应当以显著方式提请消费者注意。

第十二条　经营者以商业宣传、产品推荐、实物展示或者通知、声明、店堂告示等方式提供商品或者服务,对商品或者服务的数量、质量、价格、售后服务、责任担等作出承诺的,应当向购买商品或者接受服务的消费者履行其所承诺的内容。

第十三条 经营者应当在其经营场所的显著位置标明其真实名称和标记。

经营者通过网络、电视、电话、邮购等方式提供商品或者服务的，应当在其首页、视频画面、语音、商品目录等处以显著方式标明或者说明其真实名称和标记。由其他经营者实际提供商品或者服务的，还应当向消费者提供该经营者的名称、经营地址、联系方式等信息。

经营者租赁他人柜台或者场地提供商品或者服务，或者通过宣讲、抽奖、集中式体验等方式提供商品或者服务的，应当以显著方式标明其真实名称和标记。柜台、场地的出租者应当建立场内经营管理制度，核验、更新、公示经营者的相关信息，供消费者查询。

第十四条 经营者通过网络直播等方式提供商品或者服务的，应当依法履行消费者权益保护相关义务。

直播营销平台经营者应当建立健全消费者权益保护制度，明确消费争议解决机制。发生消费争议的，直播营销平台经营者应当根据消费者的要求提供直播间运营者、直播营销人员相关信息以及相关经营活动记录等必要信息。

直播间运营者、直播营销人员发布的直播内容构成商业广告的，应当依照《中华人民共和国广告法》的有关规定履行广告发布者、广告经营者或者广告代言人的义务。

第十五条 经营者不得通过虚假或者引人误解的宣传，虚构或者夸大商品或者服务的治疗、保健、养生等功效，诱导老年人等消费者购买明显不符合其实际需求的商品或者服务。

第十六条 经营者提供网络游戏服务的，应当符合国家关于网络游戏服务相关时段、时长、功能和内容等方面的规定和标准，针对未成年人设置相应的时间管理、权限管理、消费管理等功能，在注册、登录等环节严格进行用户核验，依法保护未成年人身心健康。

第十七条 经营者使用格式条款的，应当遵守消费者权益保护法第二十六条的规定。经营者不得利用格式条款不合理地免除或者减轻其责任、加重消费者的责任或者限制消费者依法变更或者解除合同、选择诉讼或者仲裁解决消费争议、选择其他经营者的商品或者服务等权利。

第十八条 经营者与消费者约定承担退货、更换、修理等义务的有效期限不得低于国家有关规定的要求。有效期限自经营者向消费者交付商品或者提供服务完结之日起计算,需要经营者另行安装的商品,有效期限自商品安装完成之日起计算。经营者向消费者履行更换义务后,承担更换、修理等义务的有效期限自更换完成之日起重新计算。经营者修理的时间不计入上述有效期限。

经营者依照国家有关规定或者与消费者约定履行退货义务的,应当按照发票等购货凭证或者服务单据上显示的价格一次性退清相关款项。经营者能够证明消费者实际支付的价格与发票等购货凭证或者服务单据上显示的价格不一致的,按照消费者实际支付的价格退清相关款项。

第十九条 经营者通过网络、电视、电话、邮购等方式销售商品的,应当遵守消费者权益保护法第二十五条规定,不得擅自扩大不适用无理由退货的商品范围。

经营者应当以显著方式对不适用无理由退货的商品进行标注,提示消费者在购买时进行确认,不得将不适用无理由退货作为消费者默认同意的选项。未经消费者确认,经营者不得拒绝无理由退货。

消费者退货的商品应当完好。消费者基于查验需要打开商品包装,或者为确认商品的品质和功能进行合理调试而不影响商品原有品质、功能和外观的,经营者应当予以退货。

消费者无理由退货应当遵循诚实信用原则,不得利用无理由退货规则损害经营者和其他消费者的合法权益。

第二十条 经营者提供商品或者服务时收取押金的,应当事先与消费者约定退还押金的方式、程序和时限,不得对退还押金设置不合理条件。

消费者要求退还押金,符合押金退还条件的,经营者应当及时退还。

第二十一条 经营者决定停业或者迁移服务场所的,应当提前30日在其经营场所、网站、网店首页等的醒目位置公告经营者的有效联系方式等信息。

第二十二条 经营者以收取预付款方式提供商品或者服务的,应当与消费者订立书面合同,约定商品或者服务的具体内容、价款或者费用、预付款退还方式、违约责任等事项。

经营者收取预付款后,应当按照与消费者的约定提供商品或者服务,不得降低商品或者服务质量,不得任意加价。经营者未按照约定提供商品或者服务的,应当按照消费者的要求履行约定或者退还预付款。

经营者出现重大经营风险,有可能影响经营者按照合同约定或者交易习惯正常提供商品或者服务的,应当停止收取预付款。经营者决定停业或者迁移服务场所的,应当提前告知消费者,并履行本条例第二十一条规定的义务。消费者依照国家有关规定或者合同约定,有权要求经营者继续履行提供商品或者服务的义务,或者要求退还未消费的预付款余额。

第二十三条 经营者应当依法保护消费者的个人信息。经营者在提供商品或者服务时,不得过度收集消费者个人信息,不得采用一次概括授权、默认授权等方式,强制或者变相强制消费者同意收集、使用与经营活动无直接关系的个人信息。

经营者处理包含消费者的生物识别、宗教信仰、特定身份、医疗健康、金融账户、行踪轨迹等信息以及不满十四周岁未成年人的个人信息等敏感个人信息的,应当符合有关法律、行政法规的规定。

第二十四条 未经消费者同意,经营者不得向消费者发送商业性信息或者拨打商业性电话。消费者同意接收商业性信息或者商业性电话的,经营者应当提供明确、便捷的取消方式。消费者选择取消的,经营者应当立即停止发送商业性信息或者拨打商业性电话。

第三章　国家对消费者合法权益的保护

第二十五条 各级人民政府应当加强对消费者权益保护工作的指导,组织、协调、督促有关行政部门落实消费者权益保护工作职责,提升消费者权益保护工作的法治化水平。

第二十六条 消费者与经营者发生消费者权益争议的,可以向市场监督管理部门或者其他有关行政部门投诉。

自然人、法人或者其他组织可以向市场监督管理部门或者其他有关行政部门举报,反映经营者涉嫌违法的线索。

第二十七条 市场监督管理部门或者其他有关行政部门应当畅通和规范消费者投诉、举报渠道,完善投诉、举报处理流程,依法及时受理和处理投诉、举报,加强对投诉、举报信息的分析应用,开展消费预警和风险提示。

投诉、举报应当遵守法律、法规和有关规定,不得利用投诉、举报牟取不正当利益,侵害经营者的合法权益,扰乱市场经济秩序。

第二十八条 市场监督管理部门和其他有关行政部门应当加强消费者权益保护工作的协同配合和信息共享,依照法律、法规的规定,在各自的职责范围内,对经营者提供的商品和服务实施抽查检验等监管措施,及时查处侵害消费者合法权益的行为。

第二十九条 市场监督管理部门和其他有关行政部门应当加强消费领域信用体系建设,依法公示有关行政许可、行政处罚、抽查检验结果、消费投诉等信息,依法对违法失信经营者实施惩戒。

第三十条 有关行政部门应当加强消费知识的宣传普及,倡导文明、健康、绿色消费,提高消费者依法、理性维权的意识和能力;加强对经营者的普法宣传、行政指导和合规指引,提高经营者依法经营的意识。

第三十一条 国家完善绿色消费的标准、认证和信息披露体系,鼓励经营者对商品和服务作出绿色消费方面的信息披露或者承诺,依法查处虚假信息披露和承诺的行为。

第三十二条 行业协会商会等组织应当加强行业自律,引导、督促经营者守法诚信经营,制定的行业规则、自律规则、示范合同和相关标准等应当有利于保护消费者合法权益。

第三十三条 国家鼓励、支持一切组织和个人对损害消费者合法权益的行为进行社会监督。

大众传播媒介应当真实、客观、公正地报道涉及消费者权益的相关事项,加强消费者维权相关知识的宣传普及,对损害消费者合法权益的行为进行舆论监督。

第四章 消费者组织

第三十四条 消费者协会和其他依法成立的消费者组织应当按照消费者权益保护法的规定履行职责。

第三十五条 各级人民政府应当加强消费者协会组织建设,对消费者协会履行职责予以必要的经费等支持。

第三十六条 有关行政部门应当认真听取消费者协会的意见和建议。对于消费者协会向有关行政部门反映的侵害消费者合法权益的问题,有关行政部门应当及时调查处理并予以回复;对于立案查处的案件,有关行政部门应当将处理结果告知消费者协会。

第三十七条 消费者协会应当加强消费普法宣传和消费引导,向消费者提供消费维权服务与支持,提高消费者维护自身合法权益的能力。

　　消费者协会应当及时总结、推广保护消费者合法权益的典型案例和经验做法,引导、支持经营者依法合规开展经营活动。

第三十八条　消费者协会可以组织开展比较试验、消费调查、消费评议、投诉信息公示、对投诉商品提请鉴定、发布消费提示警示等,反映商品和服务状况、消费者意见和消费维权情况。

第三十九条　消费者协会可以就消费者权益保护事项向有关经营者、行业组织提出改进意见或者进行指导谈话,加强消费者、经营者、行业组织、专业机构、有关行政部门等各相关方的组织协调,推动解决涉及消费者合法权益保护的重要问题。

第四十条　消费者协会可以就消费者投诉的损害消费者合法权益的行为开展调查,与有关经营者核实情况,约请有关经营者到场陈述事实意见、提供证据资料等。

第四十一条　对侵害众多消费者合法权益的行为,中国消费者协会以及在省、自治区、直辖市设立的消费者协会,可以向人民法院提起诉讼。

第五章　争议的解决

第四十二条　消费者应当文明、理性消费,提高自我保护意识,依法维护自身合法权益,在发生消费争议时依法维权。

第四十三条　各级人民政府市场监督管理部门和其他有关行政部门应当推动、健全消费争议多元化解决机制,引导消费者依法通过协商、调解、投诉、仲裁、诉讼等方式维护自身合法权益。

第四十四条　经营者应当建立便捷、高效的投诉处理机制,及时解决消费争议。

　　鼓励和引导经营者建立健全首问负责、先行赔付、在线争议解决等制度,及时预防和解决消费争议。

第四十五条　消费者和经营者发生消费争议,请求消费者协会或者依法成立的其他调解组织进行调解的,相关组织应当及时处理。

第四十六条　消费者和经营者发生消费争议向市场监督管理部门或者其他有关行政部门投诉的,应当提供真实身份信息,有明确的被投诉人、具体的投诉请求和事实依据。

　　有关行政部门应当自收到投诉之日起 7 个工作日内,予以处理并告知消费者。对不符合规定的投诉决定不予受理的,应当告知消费者不予受理的理由和其他解决争议的途径。

有关行政部门受理投诉后,消费者和经营者同意调解的,有关行政部门应当依据职责及时调解,并在受理之日起60日内调解完毕;调解不成的应当终止调解。调解过程中需要鉴定、检测的,鉴定、检测时间不计算在60日内。

有关行政部门经消费者和经营者同意,可以依法将投诉委托消费者协会或者依法成立的其他调解组织调解。

第四十七条 因消费争议需要对商品或者服务质量进行鉴定、检测的,消费者和经营者可以协商确定鉴定、检测机构。无法协商一致的,受理消费者投诉的市场监督管理部门或者其他有关行政部门可以指定鉴定、检测机构。

对于重大、复杂、涉及众多消费者合法权益的消费争议,可以由市场监督管理部门或者其他有关行政部门纳入抽查检验程序,委托具备相应资质的机构进行鉴定、检测。

第六章 法律责任

第四十八条 经营者提供商品或者服务,违反消费者权益保护法和本条例有关规定,侵害消费者合法权益的,依法承担民事责任。

第四十九条 经营者提供商品或者服务有欺诈行为的,消费者有权根据消费者权益保护法第五十五条第一款的规定要求经营者予以赔偿。但是,商品或者服务的标签标识、说明书、宣传材料等存在不影响商品或者服务质量且不会对消费者造成误导的瑕疵的除外。

通过夹带、掉包、造假、篡改商品生产日期、捏造事实等方式骗取经营者的赔偿或者对经营者进行敲诈勒索的,不适用消费者权益保护法第五十五条第一款的规定,依照《中华人民共和国治安管理处罚法》等有关法律、法规处理;构成犯罪的,依法追究刑事责任。

第五十条 经营者违反本条例第十条至第十四条、第十六条、第十七条、第十九条至第二十一条规定,其他有关法律、法规对处罚机关和处罚方式有规定的,依照法律、法规的规定执行;法律、法规未作规定的,由市场监督管理部门或者其他有关行政部门责令改正,可以根据情节单处或者并处警告、没收违法所得、处以违法所得1倍以上5倍以下的罚款,没有违法所得的,处以 30 万元以下的罚款;情节严重的,责令停业整顿、吊销营业执照。

经营者违反本条例第二十二条规定的,由有关行政部门责令改正,可以根据情节单处或者并处警告、没收违法所得、处以违法所得 1 倍以上 10 倍以下的罚款,没有违法所得的,处以 50 万元以下的罚款;情节严重的,责令停业整顿、吊销营业执照。

经营者违反本条例其他规定的,依照消费者权益保护法第五十六条的规定予以处罚。

第五十一条 经营者主动消除或者减轻违法行为危害后果的,违法行为轻微并及时改正且没有造成危害后果的,或者初次违法且危害后果轻微并及时改正的,依照《中华人民共和国行政处罚法》的规定从轻、减轻或者不予处罚。

第五十二条 有关行政部门工作人员未按照本条例规定履行消费者权益保护职责,玩忽职守或者包庇经营者侵害消费者合法权益的行为的,依法给予处分;构成犯罪的,依法追究刑事责任。

第七章 附 则

第五十三条 本条例自 2024 年 7 月 1 日起施行。

中华人民共和国产品质量法

1. 1993 年 2 月 22 日第七届全国人民代表大会常务委员会第三十次会议通过
2. 根据 2000 年 7 月 8 日第九届全国人民代表大会常务委员会第十六次会议《关于修改〈中华人民共和国产品质量法〉的决定》第一次修正
3. 根据 2009 年 8 月 27 日第十一届全国人民代表大会常务委员会第十次会议《关于修改部分法律的决定》第二次修正
4. 根据 2018 年 12 月 29 日第十三届全国人民代表大会常务委员会第七次会议《关于修改〈中华人民共和国产品质量法〉等五部法律的决定》第三次修正

目 录

第一章 总 则

第二章 产品质量的监督
第三章 生产者、销售者的产品质量责任和义务
 第一节 生产者的产品质量责任和义务
 第二节 销售者的产品质量责任和义务
第四章 损害赔偿
第五章 罚　　则
第六章 附　　则

第一章 总　　则

第一条　【立法目的】为了加强对产品质量的监督管理,提高产品质量水平,明确产品质量责任,保护消费者的合法权益,维护社会经济秩序,制定本法。

第二条　【适用范围】在中华人民共和国境内从事产品生产、销售活动,必须遵守本法。

  本法所称产品是指经过加工、制作,用于销售的产品。

  建设工程不适用本法规定;但是,建设工程使用的建筑材料、建筑构配件和设备,属于前款规定的产品范围的,适用本法规定。

第三条　【生产者、销售者质量管理责任】生产者、销售者应当建立健全内部产品质量管理制度,严格实施岗位质量规范、质量责任以及相应的考核办法。

第四条　【责任依据】生产者、销售者依照本法规定承担产品质量责任。

第五条　【禁止性条款】禁止伪造或者冒用认证标志等质量标志;禁止伪造产品的产地,伪造或者冒用他人的厂名、厂址;禁止在生产、销售的产品中掺杂、掺假,以假充真,以次充好。

第六条　【国家扶持】国家鼓励推行科学的质量管理方法,采用先进的科学技术,鼓励企业产品质量达到并且超过行业标准、国家标准和国际标准。

  对产品质量管理先进和产品质量达到国际先进水平、成绩显著的单位和个人,给予奖励。

第七条　【政府职责】各级人民政府应当把提高产品质量纳入国民经济和社会发展规划,加强对产品质量工作的统筹规划和组织领导,引导、督促生产者、销售者加强产品质量管理,提高产品质量,组织各有关部

门依法采取措施,制止产品生产、销售中违反本法规定的行为,保障本法的施行。

第八条 【主管部门】国务院市场监督管理部门主管全国产品质量监督工作。国务院有关部门在各自的职责范围内负责产品质量监督工作。

县级以上地方市场监督管理部门主管本行政区域内的产品质量监督工作。县级以上地方人民政府有关部门在各自的职责范围内负责产品质量监督工作。

法律对产品质量的监督部门另有规定的,依照有关法律的规定执行。

第九条 【工作人员职责】各级人民政府工作人员和其他国家机关工作人员不得滥用职权、玩忽职守或者徇私舞弊,包庇、放纵本地区、本系统发生的产品生产、销售中违反本法规定的行为,或者阻挠、干预依法对产品生产、销售中违反本法规定的行为进行查处。

各级地方人民政府和其他国家机关有包庇、放纵产品生产、销售中违反本法规定的行为的,依法追究其主要负责人的法律责任。

第十条 【检举和奖励】任何单位和个人有权对违反本法规定的行为,向市场监督管理部门或者其他有关部门检举。

市场监督管理部门和有关部门应当为检举人保密,并按照省、自治区、直辖市人民政府的规定给予奖励。

第十一条 【市场准入】任何单位和个人不得排斥非本地区或者非本系统企业生产的质量合格产品进入本地区、本系统。

第二章　产品质量的监督

第十二条 【产品质量检验】产品质量应当检验合格,不得以不合格产品冒充合格产品。

第十三条 【产品安全】可能危及人体健康和人身、财产安全的工业产品,必须符合保障人体健康和人身、财产安全的国家标准、行业标准;未制定国家标准、行业标准的,必须符合保障人体健康和人身、财产安全的要求。

禁止生产、销售不符合保障人体健康和人身、财产安全的标准和要求的工业产品。具体管理办法由国务院规定。

第十四条 【质量体系认证】国家根据国际通用的质量管理标准,推行企业质量体系认证制度。企业根据自愿原则可以向国务院市场监督管理部门认可的或者国务院市场监督管理部门授权的部门认可的认证机构申请企业质量体系认证。经认证合格的,由认证机构颁发企业质量体系认证证书。

国家参照国际先进的产品标准和技术要求,推行产品质量认证制度。企业根据自愿原则可以向国务院市场监督管理部门认可的或者国务院市场监督管理部门授权的部门认可的认证机构申请产品质量认证。经认证合格的,由认证机构颁发产品质量认证证书,准许企业在产品或者其包装上使用产品质量认证标志。

第十五条 【质量监督检查】国家对产品质量实行以抽查为主要方式的监督检查制度,对可能危及人体健康和人身、财产安全的产品,影响国计民生的重要工业产品以及消费者、有关组织反映有质量问题的产品进行抽查。抽查的样品应当在市场上或者企业成品仓库内的待销产品中随机抽取。监督抽查工作由国务院市场监督管理部门规划和组织。县级以上地方市场监督管理部门在本行政区域内也可以组织监督抽查。法律对产品质量的监督检查另有规定的,依照有关法律的规定执行。

国家监督抽查的产品,地方不得另行重复抽查;上级监督抽查的产品,下级不得另行重复抽查。

根据监督抽查的需要,可以对产品进行检验。检验抽取样品的数量不得超过检验的合理需要,并不得向被检查人收取检验费用。监督抽查所需检验费用按照国务院规定列支。

生产者、销售者对抽查检验的结果有异议的,可以自收到检验结果之日起十五日内向实施监督抽查的市场监督管理部门或者其上级市场监督管理部门申请复检,由受理复检的市场监督管理部门作出复检结论。

第十六条 【质量检查配合】对依法进行的产品质量监督检查,生产者、销售者不得拒绝。

第十七条 【质量不合格的处理】依照本法规定进行监督抽查的产品质量不合格的,由实施监督抽查的市场监督管理部门责令其生产者、销售者限期改正。逾期不改正的,由省级以上人民政府市场监督管理部门予以公告;公告后经复查仍不合格的,责令停业,限期整顿;整顿期满后经复查产品质量仍不合格的,吊销营业执照。

监督抽查的产品有严重质量问题的,依照本法第五章的有关规定处罚。

第十八条 【对涉嫌违法行为的查处】县级以上市场监督管理部门根据已经取得的违法嫌疑证据或者举报,对涉嫌违反本法规定的行为进行查处时,可以行使下列职权:

(一)对当事人涉嫌从事违反本法的生产、销售活动的场所实施现场检查;

(二)向当事人的法定代表人、主要负责人和其他有关人员调查、了解与涉嫌从事违反本法的生产、销售活动有关的情况;

(三)查阅、复制当事人有关的合同、发票、帐簿以及其他有关资料;

(四)对有根据认为不符合保障人体健康和人身、财产安全的国家标准、行业标准的产品或者有其他严重质量问题的产品,以及直接用于生产、销售该项产品的原辅材料、包装物、生产工具,予以查封或者扣押。

第十九条 【检验机构资格】产品质量检验机构必须具备相应的检测条件和能力,经省级以上人民政府市场监督管理部门或者其授权的部门考核合格后,方可承担产品质量检验工作。法律、行政法规对产品质量检验机构另有规定的,依照有关法律、行政法规的规定执行。

第二十条 【中介机构设立】从事产品质量检验、认证的社会中介机构必须依法设立,不得与行政机关和其他国家机关存在隶属关系或者其他利益关系。

第二十一条 【质量检验及认证要求】产品质量检验机构、认证机构必须依法按照有关标准,客观、公正地出具检验结果或者认证证明。

产品质量认证机构应当依照国家规定对准许使用认证标志的产品进行认证后的跟踪检查;对不符合认证标准而使用认证标志的,要求其改正;情节严重的,取消其使用认证标志的资格。

第二十二条 【消费者权利】消费者有权就产品质量问题,向产品的生产者、销售者查询;向市场监督管理部门及有关部门申诉,接受申诉的部门应当负责处理。

第二十三条 【支持起诉】保护消费者权益的社会组织可以就消费者反映的产品质量问题建议有关部门负责处理,支持消费者对因产品质量造成的损害向人民法院起诉。

第二十四条 【产品质量状况公告】国务院和省、自治区、直辖市人民政府的市场监督管理部门应当定期发布其监督抽查的产品的质量状况公告。

第二十五条 【质检部门推荐禁止】市场监督管理部门或者其他国家机关以及产品质量检验机构不得向社会推荐生产者的产品；不得以对产品进行监制、监销等方式参与产品经营活动。

第三章　生产者、销售者的产品质量责任和义务

第一节　生产者的产品质量责任和义务

第二十六条 【生产者产品质量责任】生产者应当对其生产的产品质量负责。

产品质量应当符合下列要求：

（一）不存在危及人身、财产安全的不合理的危险，有保障人体健康和人身、财产安全的国家标准、行业标准的，应当符合该标准；

（二）具备产品应当具备的使用性能，但是，对产品存在使用性能的瑕疵作出说明的除外；

（三）符合在产品或者其包装上注明采用的产品标准，符合以产品说明、实物样品等方式表明的质量状况。

第二十七条 【标识要求】产品或者其包装上的标识必须真实，并符合下列要求：

（一）有产品质量检验合格证明；

（二）有中文标明的产品名称、生产厂厂名和厂址；

（三）根据产品的特点和使用要求，需要标明产品规格、等级、所含主要成份的名称和含量的，用中文相应予以标明；需要事先让消费者知晓的，应当在外包装上标明，或者预先向消费者提供有关资料；

（四）限期使用的产品，应当在显著位置清晰地标明生产日期和安全使用期或者失效日期；

（五）使用不当，容易造成产品本身损坏或者可能危及人身、财产安全的产品，应当有警示标志或者中文警示说明。

裸装的食品和其他根据产品的特点难以附加标识的裸装产品，可

以不附加产品标识。

第二十八条　【特殊产品包装】易碎、易燃、易爆、有毒、有腐蚀性、有放射性等危险物品以及储运中不能倒置和其他有特殊要求的产品,其包装质量必须符合相应要求,依照国家有关规定作出警示标志或者中文警示说明,标明储运注意事项。

第二十九条　【淘汰产品禁止生产】生产者不得生产国家明令淘汰的产品。

第三十条　【伪造产地、厂名、厂址的禁止】生产者不得伪造产地,不得伪造或者冒用他人的厂名、厂址。

第三十一条　【禁止伪造、冒用质量标志】生产者不得伪造或者冒用认证标志等质量标志。

第三十二条　【掺假禁止】生产者生产产品,不得掺杂、掺假,不得以假充真、以次充好,不得以不合格产品冒充合格产品。

第二节　销售者的产品质量责任和义务

第三十三条　【进货检验】销售者应当建立并执行进货检查验收制度,验明产品合格证明和其他标识。

第三十四条　【产品质量保持】销售者应当采取措施,保持销售产品的质量。

第三十五条　【失效产品禁止销售】销售者不得销售国家明令淘汰并停止销售的产品和失效、变质的产品。

第三十六条　【标识要求】销售者销售的产品的标识应当符合本法第二十七条的规定。

第三十七条　【伪造产地、厂址、厂名禁止】销售者不得伪造产地,不得伪造或者冒用他人的厂名、厂址。

第三十八条　【认证标志冒用、伪造禁止】销售者不得伪造或者冒用认证标志等质量标志。

第三十九条　【掺假禁止】销售者销售产品,不得掺杂、掺假,不得以假充真、以次充好,不得以不合格产品冒充合格产品。

第四章　损害赔偿

第四十条　【售出产品不合格时的处理】售出的产品有下列情形之一的,

销售者应当负责修理、更换、退货；给购买产品的消费者造成损失的，销售者应当赔偿损失：

（一）不具备产品应当具备的使用性能而事先未作说明的；

（二）不符合在产品或者其包装上注明采用的产品标准的；

（三）不符合以产品说明、实物样品等方式表明的质量状况的。

销售者依照前款规定负责修理、更换、退货、赔偿损失后，属于生产者的责任或者属于向销售者提供产品的其他销售者（以下简称供货者）的责任的，销售者有权向生产者、供货者追偿。

销售者未按照第一款规定给予修理、更换、退货或者赔偿损失的，由市场监督管理部门责令改正。

生产者之间，销售者之间，生产者与销售者之间订立的买卖合同、承揽合同有不同约定的，合同当事人按照合同约定执行。

第四十一条　【生产者责任承担情形】因产品存在缺陷造成人身、缺陷产品以外的其他财产（以下简称他人财产）损害的，生产者应当承担赔偿责任。

生产者能够证明有下列情形之一的，不承担赔偿责任：

（一）未将产品投入流通的；

（二）产品投入流通时，引起损害的缺陷尚不存在的；

（三）将产品投入流通时的科学技术水平尚不能发现缺陷的存在的。

第四十二条　【销售者责任承担情形】由于销售者的过错使产品存在缺陷，造成人身、他人财产损害的，销售者应当承担赔偿责任。

销售者不能指明缺陷产品的生产者也不能指明缺陷产品的供货者的，销售者应当承担赔偿责任。

第四十三条　【产品损害赔偿责任的承担】因产品存在缺陷造成人身、他人财产损害的，受害人可以向产品的生产者要求赔偿，也可以向产品的销售者要求赔偿。属于产品的生产者的责任，产品的销售者赔偿的，产品的销售者有权向产品的生产者追偿。属于产品的销售者的责任，产品的生产者赔偿的，产品的生产者有权向产品的销售者追偿。

第四十四条　【赔偿范围】因产品存在缺陷造成受害人人身伤害的，侵害人应当赔偿医疗费、治疗期间的护理费、因误工减少的收入等费用；造成残疾的，还应当支付残疾者生活自助具费、生活补助费、残疾赔偿金以及由其扶养的人所必需的生活费等费用;造成受害人死亡的,并应当支付丧葬费、死亡赔偿金以及由死者生前扶养的人所必需的生活费等费用。

因产品存在缺陷造成受害人财产损失的,侵害人应当恢复原状或者折价赔偿。受害人因此遭受其他重大损失的,侵害人应当赔偿损失。

第四十五条 【诉讼时效】因产品存在缺陷造成损害要求赔偿的诉讼时效期间为二年,自当事人知道或者应当知道其权益受到损害时起计算。

因产品存在缺陷造成损害要求赔偿的请求权,在造成损害的缺陷产品交付最初消费者满十年丧失;但是,尚未超过明示的安全使用期的除外。

第四十六条 【缺陷解释】本法所称缺陷,是指产品存在危及人身、他人财产安全的不合理的危险;产品有保障人体健康和人身、财产安全的国家标准、行业标准的,是指不符合该标准。

第四十七条 【质量纠纷解决办法】因产品质量发生民事纠纷时,当事人可以通过协商或者调解解决。当事人不愿通过协商、调解解决或者协商、调解不成的,可以根据当事人各方的协议向仲裁机构申请仲裁;当事人各方没有达成仲裁协议或者仲裁协议无效的,可以直接向人民法院起诉。

第四十八条 【质检委托】仲裁机构或者人民法院可以委托本法第十九条规定的产品质量检验机构,对有关产品质量进行检验。

第五章 罚 则

第四十九条 【违反安全标准规定的处理】生产、销售不符合保障人体健康和人身、财产安全的国家标准、行业标准的产品的,责令停止生产、销售,没收违法生产、销售的产品,并处违法生产、销售产品(包括已售出和未售出的产品,下同)货值金额等值以上三倍以下的罚款;有违法所得的,并处没收违法所得;情节严重的,吊销营业执照;构成犯罪的,依法追究刑事责任。

第五十条 【掺假处理】在产品中掺杂、掺假,以假充真,以次充好,或者以不合格产品冒充合格产品的,责令停止生产、销售,没收违法生产、销售的产品,并处违法生产、销售产品货值金额百分之五十以上三倍以下的罚款;有违法所得的,并处没收违法所得;情节严重的,吊销营业执照;构成犯罪的,依法追究刑事责任。

第五十一条　【生产禁止性产品处理】生产国家明令淘汰的产品的,销售国家明令淘汰并停止销售的产品的,责令停止生产、销售,没收违法生产、销售的产品,并处违法生产、销售产品货值金额等值以下的罚款;有违法所得的,并处没收违法所得;情节严重的,吊销营业执照。

第五十二条　【销售失效产品处理】销售失效、变质的产品的,责令停止销售,没收违法销售的产品,并处违法销售产品货值金额二倍以下的罚款;有违法所得的,并处没收违法所得;情节严重的,吊销营业执照;构成犯罪的,依法追究刑事责任。

第五十三条　【伪造产地、厂名、厂址的处理】伪造产品产地的,伪造或者冒用他人厂名、厂址的,伪造或者冒用认证标志等质量标志的,责令改正,没收违法生产、销售的产品,并处违法生产、销售产品货值金额等值以下的罚款;有违法所得的,并处没收违法所得;情节严重的,吊销营业执照。

第五十四条　【标识不合格的处理】产品标识不符合本法第二十七条规定的,责令改正;有包装的产品标识不符合本法第二十七条第(四)项、第(五)项规定的,情节严重的,责令停止生产、销售,并处违法生产、销售产品货值金额百分之三十以下的罚款;有违法所得的,并处没收违法所得。

第五十五条　【从轻情节】销售者销售本法第四十九条至第五十三条规定禁止销售的产品,有充分证据证明其不知道该产品为禁止销售的产品并如实说明其进货来源的,可以从轻或者减轻处罚。

第五十六条　【拒检处理】拒绝接受依法进行的产品质量监督检查的,给予警告,责令改正;拒不改正的,责令停业整顿;情节特别严重的,吊销营业执照。

第五十七条　【伪造检验证明的处理】产品质量检验机构、认证机构伪造检验结果或者出具虚假证明的,责令改正,对单位处五万元以上十万元以下的罚款,对直接负责的主管人员和其他直接责任人员处一万元以上五万元以下的罚款;有违法所得的,并处没收违法所得;情节严重的,取消其检验资格、认证资格;构成犯罪的,依法追究刑事责任。

产品质量检验机构、认证机构出具的检验结果或者证明不实,造成损失的,应当承担相应的赔偿责任;造成重大损失的,撤销其检验资格、认证资格。

产品质量认证机构违反本法第二十一条第二款的规定,对不符合认证标准而使用认证标志的产品,未依法要求其改正或者取消其使用认证标志资格的,对因产品不符合认证标准给消费者造成的损失,与产品的生产者、销售者承担连带责任;情节严重的,撤销其认证资格。

第五十八条 【团体、中介机构连带责任】社会团体、社会中介机构对产品质量作出承诺、保证,而该产品又不符合其承诺、保证的质量要求,给消费者造成损失的,与产品的生产者、销售者承担连带责任。

第五十九条 【广告误导处理】在广告中对产品质量作虚假宣传,欺骗和误导消费者的,依照《中华人民共和国广告法》的规定追究法律责任。

第六十条 【伪劣产品生产工具的没收责任】对生产者专门用于生产本法第四十九条、第五十一条所列的产品或者以假充真的产品的原辅材料、包装物、生产工具,应当予以没收。

第六十一条 【非法运输、保管仓储的处理】知道或者应当知道属于本法规定禁止生产、销售的产品而为其提供运输、保管、仓储等便利条件的,或者为以假充真的产品提供制假生产技术的,没收全部运输、保管、仓储或者提供制假生产技术的收入,并处违法收入百分之五十以上三倍以下的罚款;构成犯罪的,依法追究刑事责任。

第六十二条 【违反第49条至第52条的处理】服务业的经营者将本法第四十九条至第五十二条规定禁止销售的产品用于经营性服务的,责令停止使用;知道或者应当知道所使用的产品属于本法规定禁止销售的产品的,按照违法使用的产品(包括已使用和尚未使用的产品)的货值金额,依照本法对销售者的处罚规定处罚。

第六十三条 【封、押物品隐匿、变卖的处理】隐匿、转移、变卖、损毁被市场监督管理部门查封、扣押的物品的,处被隐匿、转移、变卖、损毁物品货值金额等值以上三倍以下的罚款;有违法所得的,并处没收违法所得。

第六十四条 【执行优先的规定】违反本法规定,应当承担民事赔偿责任和缴纳罚款、罚金,其财产不足以同时支付时,先承担民事赔偿责任。

第六十五条 【对政府工作人员的处罚】各级人民政府工作人员和其他国家机关工作人员有下列情形之一的,依法给予行政处分;构成犯罪的,依法追究刑事责任:

（一）包庇、放纵产品生产、销售中违反本法规定行为的；

　　（二）向从事违反本法规定的生产、销售活动的当事人通风报信、帮助其逃避查处的；

　　（三）阻挠、干预市场监督管理部门依法对产品生产、销售中违反本法规定的行为进行查处，造成严重后果的。

第六十六条　【质检部门超规索样和收取处理检验费】市场监督管理部门在产品质量监督抽查中超过规定的数量索取样品或者向被检查人收取检验费用的，由上级市场监督管理部门或者监察机关责令退还；情节严重的，对直接负责的主管人员和其他直接责任人员依法给予行政处分。

第六十七条　【质检部门违反第 25 条的处理】市场监督管理部门或者其他国家机关违反本法第二十五条的规定，向社会推荐生产者的产品或者以监制、监销等方式参与产品经营活动的，由其上级机关或者监察机关责令改正，消除影响，有违法收入的予以没收；情节严重的，对直接负责的主管人员和其他直接责任人员依法给予行政处分。

　　产品质量检验机构有前款所列违法行为的，由市场监督管理部门责令改正，消除影响，有违法收入的予以没收，可以并处违法收入一倍以下的罚款；情节严重的，撤销其质量检验资格。

第六十八条　【渎职处罚】市场监督管理部门的工作人员滥用职权、玩忽职守、徇私舞弊，构成犯罪的，依法追究刑事责任；尚不构成犯罪的，依法给予行政处分。

第六十九条　【阻扰公务的处罚】以暴力、威胁方法阻碍市场监督管理部门的工作人员依法执行职务的，依法追究刑事责任；拒绝、阻碍未使用暴力、威胁方法的，由公安机关依照治安管理处罚法的规定处罚。

第七十条　【处罚权限】本法第四十九条至第五十七条、第六十条至第六十三条规定的行政处罚由市场监督管理部门决定。法律、行政法规对行使行政处罚权的机关另有规定的，依照有关法律、行政法规的规定执行。

第七十一条　【没收产品处理】对依照本法规定没收的产品，依照国家有关规定进行销毁或者采取其他方式处理。

第七十二条　【货值计算】本法第四十九条至第五十四条、第六十二条、第六十三条所规定的货值金额以违法生产、销售产品的标价计算；没有标价的,按照同类产品的市场价格计算。

第六章 附 则

第七十三条 【特殊规定】军工产品质量监督管理办法,由国务院、中央军事委员会另行制定。

因核设施、核产品造成损害的赔偿责任,法律、行政法规另有规定的,依照其规定。

第七十四条 【施行日期】本法自1993年9月1日起施行。

最高人民法院关于审理消费民事公益诉讼案件适用法律若干问题的解释

1. 2016年2月1日最高人民法院审判委员会第1677次会议通过、2016年4月24日公布、自2016年5月1日起施行(法释〔2016〕10号)
2. 根据2020年12月23日最高人民法院审判委员会第1823次会议通过、2020年12月29日公布、自2021年1月1日起施行的《最高人民法院关于修改〈最高人民法院关于人民法院民事调解工作若干问题的规定〉等十九件民事诉讼类司法解释的决定》(法释〔2020〕20号)修正

为正确审理消费民事公益诉讼案件,根据《中华人民共和国民事诉讼法》《中华人民共和国民法典》《中华人民共和国消费者权益保护法》等法律规定,结合审判实践,制定本解释。

第一条 中国消费者协会以及在省、自治区、直辖市设立的消费者协会,对经营者侵害众多不特定消费者合法权益或者具有危及消费者人身、财产安全危险等损害社会公共利益的行为提起消费民事公益诉讼的,适用本解释。

法律规定或者全国人大及其常委会授权的机关和社会组织提起的消费民事公益诉讼,适用本解释。

第二条 经营者提供的商品或者服务具有下列情形之一的,适用消费者权益保护法第四十七条规定:

(一)提供的商品或者服务存在缺陷,侵害众多不特定消费者合法

权益的；

（二）提供的商品或者服务可能危及消费者人身、财产安全，未作出真实的说明和明确的警示，未标明正确使用商品或者接受服务的方法以及防止危害发生方法的；对提供的商品或者服务质量、性能、用途、有效期限等信息作虚假或引人误解宣传的；

（三）宾馆、商场、餐馆、银行、机场、车站、港口、影剧院、景区、体育场馆、娱乐场所等经营场所存在危及消费者人身、财产安全危险的；

（四）以格式条款、通知、声明、店堂告示等方式，作出排除或者限制消费者权利、减轻或者免除经营者责任、加重消费者责任等对消费者不公平、不合理规定的；

（五）其他侵害众多不特定消费者合法权益或者具有危及消费者人身、财产安全危险等损害社会公共利益的行为。

第三条 消费民事公益诉讼案件管辖适用《最高人民法院关于适用〈中华人民共和国民事诉讼法〉的解释》第二百八十五条的有关规定。

经最高人民法院批准，高级人民法院可以根据本辖区实际情况，在辖区内确定部分中级人民法院受理第一审消费民事公益诉讼案件。

第四条 提起消费民事公益诉讼应当提交下列材料：

（一）符合民事诉讼法第一百二十一条规定的起诉状，并按照被告人数提交副本；

（二）被告的行为侵害众多不特定消费者合法权益或者具有危及消费者人身、财产安全危险等损害社会公共利益的初步证据；

（三）消费者组织就涉诉事项已按照消费者权益保护法第三十七条第四项或者第五项的规定履行公益性职责的证明材料。

第五条 人民法院认为原告提出的诉讼请求不足以保护社会公共利益的，可以向其释明变更或者增加停止侵害等诉讼请求。

第六条 人民法院受理消费民事公益诉讼案件后，应当公告案件受理情况，并在立案之日起十日内书面告知相关行政主管部门。

第七条 人民法院受理消费民事公益诉讼案件后，依法可以提起诉讼的其他机关或者社会组织，可以在一审开庭前向人民法院申请参加诉讼。

人民法院准许参加诉讼的，列为共同原告；逾期申请的，不予准许。

第八条 有权提起消费民事公益诉讼的机关或者社会组织，可以依据民事诉讼法第八十一条规定申请保全证据。

第九条 人民法院受理消费民事公益诉讼案件后,因同一侵权行为受到损害的消费者申请参加诉讼的,人民法院应当告知其根据民事诉讼法第一百一十九条规定主张权利。

第十条 消费民事公益诉讼案件受理后,因同一侵权行为受到损害的消费者请求对其根据民事诉讼法第一百一十九条规定提起的诉讼予以中止,人民法院可以准许。

第十一条 消费民事公益诉讼案件审理过程中,被告提出反诉的,人民法院不予受理。

第十二条 原告在诉讼中承认对己方不利的事实,人民法院认为损害社会公共利益的,不予确认。

第十三条 原告在消费民事公益诉讼案件中,请求被告承担停止侵害、排除妨碍、消除危险、赔礼道歉等民事责任的,人民法院可予支持。

经营者利用格式条款或者通知、声明、店堂告示等,排除或者限制消费者权利、减轻或者免除经营者责任、加重消费者责任,原告认为对消费者不公平、不合理主张无效,人民法院应依法予以支持。

第十四条 消费民事公益诉讼案件裁判生效后,人民法院应当在十日内书面告知相关行政主管部门,并可发出司法建议。

第十五条 消费民事公益诉讼案件的裁判发生法律效力后,其他依法具有原告资格的机关或者社会组织就同一侵权行为另行提起消费民事公益诉讼的,人民法院不予受理。

第十六条 已为消费民事公益诉讼生效裁判认定的事实,因同一侵权行为受到损害的消费者根据民事诉讼法第一百一十九条规定提起的诉讼,原告、被告均无需举证证明,但当事人对该事实有异议并有相反证据足以推翻的除外。

消费民事公益诉讼生效裁判认定经营者存在不法行为,因同一侵权行为受到损害的消费者根据民事诉讼法第一百一十九条规定提起的诉讼,原告主张适用的,人民法院可予支持,但被告有相反证据足以推翻的除外。被告主张直接适用对其有利认定的,人民法院不予支持,被告仍应承担相应举证证明责任。

第十七条 原告为停止侵害、排除妨碍、消除危险采取合理预防、处置措施而发生的费用,请求被告承担的,人民法院应依法予以支持。

第十八条 原告及其诉讼代理人对侵权行为进行调查、取证的合理费用、鉴定费用、合理的律师代理费用，人民法院可根据实际情况予以相应支持。

第十九条 本解释自 2016 年 5 月 1 日起施行。

本解释施行后人民法院新受理的一审案件，适用本解释。

本解释施行前人民法院已经受理、施行后尚未审结的一审、二审案件，以及本解释施行前已经终审、施行后当事人申请再审或者按照审判监督程序决定再审的案件，不适用本解释。

最高人民法院关于审理预付式消费民事纠纷案件适用法律若干问题的解释

1. 2024 年 11 月 18 日最高人民法院审判委员会第 1932 次会议通过
2. 2025 年 3 月 13 日公布
3. 法释〔2025〕4 号
4. 自 2025 年 5 月 1 日起施行

为正确审理预付式消费民事纠纷案件，保护消费者和经营者权益，根据《中华人民共和国民法典》《中华人民共和国消费者权益保护法》《中华人民共和国民事诉讼法》等法律规定，结合审判实践，制定本解释。

第一条 在零售、住宿、餐饮、健身、出行、理发、美容、培训、养老、旅游等生活消费领域，经营者收取预付款后多次或者持续向消费者兑付商品或者提供服务产生的纠纷适用本解释。

第二条 不记名预付卡的持卡人起诉请求经营者承担民事责任的，人民法院应当依法受理。记名预付卡的实际持卡人与预付卡记载的持卡人不一致，但提供其系合法持卡人的初步证据，起诉请求经营者承担民事责任的，人民法院应当依法受理。

消费者提供其与经营者存在预付式消费合同关系的其他初步证据，起诉请求经营者承担民事责任的，人民法院应当依法受理。

第三条 监护人与经营者订立预付式消费合同，约定由经营者向被监护人兑付商品或者提供服务，监护人因预付式消费合同纠纷以被监护人名义起诉,请求经营者承担民事责任的,人民法院应当向监护人释明应以其本人名义起诉。

被监护人因接受商品或者服务权益受到损害,起诉请求经营者承担责任的,人民法院应当依法受理。

第四条 经营者允许他人使用其营业执照或者以其他方式允许他人使用其名义与消费者订立预付式消费合同,消费者请求经营者承担民事责任,经营者以其并非实际经营者为由提出抗辩的,人民法院对其抗辩不予支持。

第五条 同一品牌商业特许经营体系内企业标志或者注册商标使用权的特许人与消费者订立预付式消费合同,消费者因权益受到损害请求被特许人承担民事责任,存在下列情形之一的,人民法院应予支持:

(一)被特许人事先同意承担预付式消费合同义务;

(二)被特许人事后追认预付式消费合同;

(三)特许经营合同约定消费者可以直接请求被特许人向其履行债务;

(四)被特许人的行为使消费者有理由相信其受预付式消费合同约束。

消费者与被特许人订立预付式消费合同后,因权益受到损害请求特许人承担民事责任的,参照适用前款规定。

不存在前两款规定情形,但特许人对消费者损失产生或者扩大有过错,消费者请求特许人根据其过错承担民事责任的,人民法院应予支持。

第六条 商场场地出租者未要求租赁商场场地的经营者提供经营资质证明、营业执照,致使不具有资质的经营者租赁其场地收取消费者预付款并造成消费者损失,消费者请求场地出租者根据其过错承担民事责任的,人民法院应予支持。

场地出租者承担赔偿责任后,向租赁商场场地的经营者追偿的,人民法院应予支持。

第七条 经营者收取预付款后因经营困难不能按照合同约定兑付商品或者提供服务的,应当及时依法清算。经营者依法应当清算但未及时进行清算,造成消费者损失,消费者请求经营者的清算义务人依法承担民事责任的,人民法院应予支持。

第八条 经营者未与消费者就商品或者服务的质量、价款、履行期限、履行地点和履行方式等内容订立书面合同或者虽订立书面合同但对合同内容约定不明,依照民法典第五百一十条、第五百一十一条等规定对合同内容可以作出两种以上解释,消费者主张就合同内容作出对其有利的解释的,人民法院应予支持。

第九条 消费者依照消费者权益保护法第二十六条、民法典第四百九十七条等法律规定,主张经营者提供的下列格式条款无效的,人民法院应予支持:

(一)排除消费者依法解除合同或者请求返还预付款的权利;

(二)不合理地限制消费者转让预付式消费合同债权;

(三)约定消费者遗失记名预付卡后不补办;

(四)约定经营者有权单方变更兑付商品或者提供服务的价款、种类、质量、数量等合同实质性内容;

(五)免除经营者对所兑付商品或者提供服务的瑕疵担保责任或者造成消费者损失的赔偿责任;

(六)约定的解决争议方法不合理增加消费者维权成本;

(七)存在其他排除或者限制消费者权利、减轻或者免除经营者责任、加重消费者责任等对消费者不公平、不合理情形。

第十条 无民事行为能力人与经营者订立预付式消费合同,向经营者支付预付款,法定代理人请求确认合同无效、经营者返还预付款的,人民法院应予支持。

限制民事行为能力人与经营者订立预付式消费合同,向经营者支付预付款,法定代理人请求确认合同无效、经营者返还预付款的,人民法院应予支持,但该合同经法定代理人同意、追认或者预付款金额等合同内容与限制民事行为能力人的年龄、智力相适应的除外。

经营者主张从预付款中抵扣已经兑付商品或者提供服务价款的,人民法院依法予以支持,但经营者违反法律规定向未成年人提供网络付费游戏等服务的除外。

第十一条 消费者转让预付式消费合同债权的,自债权转让通知到达经营者时对经营者发生法律效力。债权转让对经营者发生效力后,受让人请求经营者依据预付式消费合同约定兑付商品或者提供服务的,人民法院依法予以支持。受让人请求经营者提供预付卡更名、修改密码等服务的,人民法院依法予以支持。

预付式消费合同约定经营者在履行期限内向消费者提供不限次数服务,消费者违反诚实信用原则,以债权转让的名义让多名消费者行使本应由一名消费者行使的权利、损害经营者利益,经营者主张债权转让行为对其不发生效力的,人民法院应予支持。

第十二条 经营者与消费者订立预付式消费合同后,未经消费者同意,单方提高商品或者服务的价格、降低商品或者服务的质量,消费者请求经营者按合同约定履行义务并承担相应违约责任的,人民法院应予支持。

第十三条 消费者请求解除预付式消费合同,经营者存在下列情形之一的,人民法院应予支持:

(一)变更经营场所给消费者接受商品或者服务造成明显不便;

(二)未经消费者同意将预付式消费合同义务转移给第三人;

(三)承诺在合同约定期限内提供不限次数服务却不能正常提供;

(四)法律规定或者合同约定消费者享有解除合同权利的其他情形。

预付式消费合同成立后,消费者身体健康等合同的基础条件发生了当事人在订立合同时无法预见、不属于商业风险的重大变化,继续履行合同对于消费者明显不公平的,消费者可以与经营者重新协商;在合理期限内协商不成,消费者请求人民法院变更或者解除预付式消费合同的,人民法院应予支持。

第十四条 消费者自付款之日起七日内请求经营者返还预付款本金的,人民法院应予支持,但存在下列情形之一的除外:

(一)消费者订立预付式消费合同时已经从经营者处获得过相同商品或者服务;

(二)消费者订立预付式消费合同时已经从其他经营者处获得过相同商品或者服务。

当事人就消费者无理由退款作出对消费者更有利的约定的,按照约定处理。

第十五条 预付式消费合同解除、无效、被撤销或者确定不发生效力,消费者请求经营者返还剩余预付款并支付利息的,人民法院应予支持。返还预付款本金应为预付款扣减已兑付商品或者提供服务的价款后的余额。

预付式消费合同解除、无效、被撤销或者确定不发生效力，当事人依照民法典第一百五十七条、第五百六十六条等规定请求赔偿其支付的合理费用等损失的，人民法院应予支持，但当事人因不可抗力或者情势变更解除合同的除外。

经营者支付给员工等人员的预付款提成不属于前款规定的合理费用。

第十六条 当事人对返还预付款利息计付标准有约定的，按照约定处理。没有约定或者约定不明，因经营者原因返还预付款的，按照预付式消费合同成立时一年期贷款市场报价利率计算利息；因消费者原因返还预付款的，按照预付式消费合同成立时中国人民银行公布的一年定期存款基准利率计算利息。

经营者依照行政主管部门要求已将预付款转入监管账户，消费者请求按被监管资金的实际利率计算应返还的被监管部分预付款利息的，人民法院应予支持。

第十七条 预付式消费合同解除、无效、被撤销或者确定不发生效力，消费者请求返还预付款的，自合同解除、被确认无效、被撤销或者确定不发生效力时起计算利息。

当事人就返还预付款利息起算时间作出对消费者更有利的约定或者法律另有规定的，按照当事人约定或者法律规定处理。

第十八条 非因消费者原因返还预付款的，人民法院按下列方式计算已兑付商品或者提供服务的价款：

（一）经营者向消费者提供折扣商品或者服务的，按折扣价计算已兑付商品或者提供服务的价款；

（二）经营者向消费者赠送消费金额的，根据消费者实付金额与实付金额加赠送金额之比计算优惠比例，按优惠比例计算已兑付商品或者提供服务的价款。

当事人就已兑付商品或者提供服务折价作出对消费者更有利的约定的，按照约定处理。

第十九条 因消费者原因返还预付款，经营者向消费者提供折扣商品、服务或者向消费者赠送消费金额的，人民法院应当按商品或者服务打折前的价格计算已兑付商品或者提供服务的价款。

消费者主张打折前的价格明显不合理，经营者不能提供打折前价格交易记录的,人民法院可以按照订立合同时履行地同类商品或者服务的市场价格计算已兑付商品或者提供服务的价款。

当事人就已兑付商品或者提供服务折价作出对消费者更有利的约定,按照约定处理。

第二十条 按折扣价或者优惠比例计算已兑付商品或者提供服务的价款未超出消费者预付款,但按打折前的价格计算已兑付商品或者提供服务的价款超出消费者预付款,经营者请求消费者支付按打折前的价格计算超出预付款部分价款的,人民法院不予支持。

第二十一条 经营者向消费者赠送商品或者服务,消费者在预付式消费合同解除、无效、被撤销、确定不发生效力后请求返还剩余预付款,经营者主张消费者返还或者折价补偿已经赠送的商品或者服务的,人民法院应当综合考虑已经赠送的商品或者服务的价值、预付式消费合同标的金额、合同履行情况、退款原因等因素,依照诚实信用原则对是否支持经营者主张作出认定。

第二十二条 预付式消费合同约定经营者在履行期限内向消费者提供不限次数服务,消费者请求按合同解除后的剩余履行期限与全部履行期限的比例计算应予返还的预付款的,人民法院应予支持。

经营者在预付式消费合同解除前已经停止提供商品或者服务,消费者请求按经营者停止提供商品或者服务后的剩余履行期限与全部履行期限的比例计算应予返还的预付款的,人民法院应予支持。

消费者因自身原因未在合同约定履行期限内要求经营者提供服务,请求返还预付款的,人民法院不予支持。

第二十三条 经营者收取预付款后终止营业,既不按照约定兑付商品或者提供服务又恶意逃避消费者申请退款,消费者请求经营者承担惩罚性赔偿责任的,人民法院依法予以支持。

经营者行为涉嫌刑事犯罪的,人民法院应当将犯罪线索移送公安机关。

第二十四条 消费者请求经营者对尚有资金余额的预付卡提供激活、换卡等服务的,人民法院应予支持。

消费者请求经营者对尚有资金余额的记名预付卡提供挂失和补办服务的,人民法院应予支持。

第二十五条 经营者控制合同文本或者记录消费内容、消费次数、消费金额、预付款余额等信息的证据，无正当理由拒不提交，消费者主张该证据的内容不利于经营者的，人民法院可以根据消费者的主张认定争议事实。

第二十六条　本解释所称预付卡为单用途商业预付卡，包括以磁条卡、芯片卡、纸券等为载体的实体卡和以密码、串码、图形、生物特征信息等为载体的虚拟卡。

因多用途预付卡产生的纠纷不适用本解释。

第二十七条　本解释自2025年5月1日起施行。

二、食品安全

中华人民共和国食品安全法

1. 2009年2月28日第十一届全国人民代表大会常务委员会第七次会议通过
2. 2015年4月24日第十二届全国人民代表大会常务委员会第十四次会议修订
3. 根据2018年12月29日第十三届全国人民代表大会常务委员会第七次会议《关于修改〈中华人民共和国产品质量法〉等五部法律的决定》第一次修正
4. 根据2021年4月29日第十三届全国人民代表大会常务委员会第二十八次会议《关于修改〈中华人民共和国道路交通安全法〉等八部法律的决定》第二次修正

目 录

第一章　总　则
第二章　食品安全风险监测和评估
第三章　食品安全标准
第四章　食品生产经营
　第一节　一般规定
　第二节　生产经营过程控制
　第三节　标签、说明书和广告
　第四节　特殊食品
第五章　食品检验
第六章　食品进出口
第七章　食品安全事故处置
第八章　监督管理
第九章　法律责任
第十章　附　则

第一章 总 则

第一条 【立法目的】为了保证食品安全,保障公众身体健康和生命安全,制定本法。

第二条 【调整范围】在中华人民共和国境内从事下列活动,应当遵守本法:

(一)食品生产和加工(以下称食品生产),食品销售和餐饮服务(以下称食品经营);

(二)食品添加剂的生产经营;

(三)用于食品的包装材料、容器、洗涤剂、消毒剂和用于食品生产经营的工具、设备(以下称食品相关产品)的生产经营;

(四)食品生产经营者使用食品添加剂、食品相关产品;

(五)食品的贮存和运输;

(六)对食品、食品添加剂、食品相关产品的安全管理。

供食用的源于农业的初级产品(以下称食用农产品)的质量安全管理,遵守《中华人民共和国农产品质量安全法》的规定。但是,食用农产品的市场销售、有关质量安全标准的制定、有关安全信息的公布和本法对农业投入品作出规定的,应当遵守本法的规定。

第三条 【食品安全工作方针】食品安全工作实行预防为主、风险管理、全程控制、社会共治,建立科学、严格的监督管理制度。

第四条 【食品生产经营者社会责任】食品生产经营者对其生产经营食品的安全负责。

食品生产经营者应当依照法律、法规和食品安全标准从事生产经营活动,保证食品安全,诚信自律,对社会和公众负责,接受社会监督,承担社会责任。

第五条 【食品安全监管体制】国务院设立食品安全委员会,其职责由国务院规定。

国务院食品安全监督管理部门依照本法和国务院规定的职责,对食品生产经营活动实施监督管理。

国务院卫生行政部门依照本法和国务院规定的职责,组织开展食品安全风险监测和风险评估,会同国务院食品安全监督管理部门制定并公布食品安全国家标准。

国务院其他有关部门依照本法和国务院规定的职责,承担有关食品安全工作。

第六条 【地方政府职责】县级以上地方人民政府对本行政区域的食品安全监督管理工作负责,统一领导、组织、协调本行政区域的食品安全监督管理工作以及食品安全突发事件应对工作,建立健全食品安全全程监督管理工作机制和信息共享机制。

县级以上地方人民政府依照本法和国务院的规定,确定本级食品安全监督管理、卫生行政部门和其他有关部门的职责。有关部门在各自职责范围内负责本行政区域的食品安全监督管理工作。

县级人民政府食品安全监督管理部门可以在乡镇或者特定区域设立派出机构。

第七条 【评议、考核制度】县级以上地方人民政府实行食品安全监督管理责任制。上级人民政府负责对下一级人民政府的食品安全监督管理工作进行评议、考核。县级以上地方人民政府负责对本级食品安全监督管理部门和其他有关部门的食品安全监督管理工作进行评议、考核。

第八条 【监督部门沟通配合】县级以上人民政府应当将食品安全工作纳入本级国民经济和社会发展规划,将食品安全工作经费列入本级政府财政预算,加强食品安全监督管理能力建设,为食品安全工作提供保障。

县级以上人民政府食品安全监督管理部门和其他有关部门应当加强沟通、密切配合,按照各自职责分工,依法行使职权,承担责任。

第九条 【行业协会等的责任】食品行业协会应当加强行业自律,按照章程建立健全行业规范和奖惩机制,提供食品安全信息、技术等服务,引导和督促食品生产经营者依法生产经营,推动行业诚信建设,宣传、普及食品安全知识。

消费者协会和其他消费者组织对违反本法规定,损害消费者合法权益的行为,依法进行社会监督。

第十条 【食品安全的宣传教育】各级人民政府应当加强食品安全的宣传教育,普及食品安全知识,鼓励社会组织、基层群众性自治组织、食品生产经营者开展食品安全法律、法规以及食品安全标准和知识的普及工作,倡导健康的饮食方式,增强消费者食品安全意识和自我保护能力。

新闻媒体应当开展食品安全法律、法规以及食品安全标准和知识的公益宣传，并对食品安全违法行为进行舆论监督。有关食品安全的宣传报道应当真实、公正。

第十一条　【食品安全基础研究】国家鼓励和支持开展与食品安全有关的基础研究、应用研究，鼓励和支持食品生产经营者为提高食品安全水平采用先进技术和先进管理规范。

　　国家对农药的使用实行严格的管理制度，加快淘汰剧毒、高毒、高残留农药，推动替代产品的研发和应用，鼓励使用高效低毒低残留农药。

第十二条　【举报违法行为】任何组织或者个人有权举报食品安全违法行为，依法向有关部门了解食品安全信息，对食品安全监督管理工作提出意见和建议。

第十三条　【表彰与奖励】对在食品安全工作中做出突出贡献的单位和个人，按照国家有关规定给予表彰、奖励。

第二章　食品安全风险监测和评估

第十四条　【食品安全风险监测制度】国家建立食品安全风险监测制度，对食源性疾病、食品污染以及食品中的有害因素进行监测。

　　国务院卫生行政部门会同国务院食品安全监督管理等部门，制定、实施国家食品安全风险监测计划。

　　国务院食品安全监督管理部门和其他有关部门获知有关食品安全风险信息后，应当立即核实并向国务院卫生行政部门通报。对有关部门通报的食品安全风险信息以及医疗机构报告的食源性疾病等有关疾病信息，国务院卫生行政部门应当会同国务院有关部门分析研究，认为必要的，及时调整国家食品安全风险监测计划。

　　省、自治区、直辖市人民政府卫生行政部门会同同级食品安全监督管理等部门，根据国家食品安全风险监测计划，结合本行政区域的具体情况，制定、调整本行政区域的食品安全风险监测方案，报国务院卫生行政部门备案并实施。

第十五条　【食品安全风险监测工作】承担食品安全风险监测工作的技术机构应当根据食品安全风险监测计划和监测方案开展监测工作，保证监测数据真实、准确，并按照食品安全风险监测计划和监测方案的要求报送监测数据和分析结果。

食品安全风险监测工作人员有权进入相关食用农产品种植养殖、食品生产经营场所采集样品、收集相关数据。采集样品应当按照市场价格支付费用。

第十六条　【食品安全风险监测结果通报】食品安全风险监测结果表明可能存在食品安全隐患的,县级以上人民政府卫生行政部门应当及时将相关信息通报同级食品安全监督管理等部门,并报告本级人民政府和上级人民政府卫生行政部门。食品安全监督管理等部门应当组织开展进一步调查。

第十七条　【食品安全风险评估制度】国家建立食品安全风险评估制度,运用科学方法,根据食品安全风险监测信息、科学数据以及有关信息,对食品、食品添加剂、食品相关产品中生物性、化学性和物理性危害因素进行风险评估。

国务院卫生行政部门负责组织食品安全风险评估工作,成立由医学、农业、食品、营养、生物、环境等方面的专家组成的食品安全风险评估专家委员会进行食品安全风险评估。食品安全风险评估结果由国务院卫生行政部门公布。

对农药、肥料、兽药、饲料和饲料添加剂等的安全性评估,应当有食品安全风险评估专家委员会的专家参加。

食品安全风险评估不得向生产经营者收取费用,采集样品应当按照市场价格支付费用。

第十八条　【食品安全风险评估情形】有下列情形之一的,应当进行食品安全风险评估:

(一)通过食品安全风险监测或者接到举报发现食品、食品添加剂、食品相关产品可能存在安全隐患的;

(二)为制定或者修订食品安全国家标准提供科学依据需要进行风险评估的;

(三)为确定监督管理的重点领域、重点品种需要进行风险评估的;

(四)发现新的可能危害食品安全因素的;

(五)需要判断某一因素是否构成食品安全隐患的;

(六)国务院卫生行政部门认为需要进行风险评估的其他情形。

第十九条 【食品安全风险评估配合协作】国务院食品安全监督管理、农业行政等部门在监督管理工作中发现需要进行食品安全风险评估的,应当向国务院卫生行政部门提出食品安全风险评估的建议,并提供风险来源、相关检验数据和结论等信息、资料。属于本法第十八条规定情形的,国务院卫生行政部门应当及时进行食品安全风险评估,并向国务院有关部门通报评估结果。

第二十条 【卫生、农业部门信息共享】省级以上人民政府卫生行政、农业行政部门应当及时相互通报食品、食用农产品安全风险监测信息。

国务院卫生行政、农业行政部门应当及时相互通报食品、食用农产品安全风险评估结果等信息。

第二十一条 【食品安全风险评估的作用】食品安全风险评估结果是制定、修订食品安全标准和实施食品安全监督管理的科学依据。

经食品安全风险评估,得出食品、食品添加剂、食品相关产品不安全结论的,国务院食品安全监督管理等部门应当依据各自职责立即向社会公告,告知消费者停止食用或者使用,并采取相应措施,确保该食品、食品添加剂、食品相关产品停止生产经营;需要制定、修订相关食品安全国家标准的,国务院卫生行政部门应当会同国务院食品安全监督管理部门立即制定、修订。

第二十二条 【食品安全风险警示】国务院食品安全监督管理部门应当会同国务院有关部门,根据食品安全风险评估结果、食品安全监督管理信息,对食品安全状况进行综合分析。对经综合分析表明可能具有较高程度安全风险的食品,国务院食品安全监督管理部门应当及时提出食品安全风险警示,并向社会公布。

第二十三条 【食品安全风险交流】县级以上人民政府食品安全监督管理部门和其他有关部门、食品安全风险评估专家委员会及其技术机构,应当按照科学、客观、及时、公开的原则,组织食品生产经营者、食品检验机构、认证机构、食品行业协会、消费者协会以及新闻媒体等,就食品安全风险评估信息和食品安全监督管理信息进行交流沟通。

第三章 食品安全标准

第二十四条 【制定食品安全标准的原则】制定食品安全标准,应当以保障公众身体健康为宗旨,做到科学合理、安全可靠。

第二十五条 【食品安全标准的强制性】食品安全标准是强制执行的标准。除食品安全标准外,不得制定其他食品强制性标准。

第二十六条 【食品安全标准的内容】食品安全标准应当包括下列内容:

　　(一)食品、食品添加剂、食品相关产品中的致病性微生物,农药残留、兽药残留、生物毒素、重金属等污染物质以及其他危害人体健康物质的限量规定;

　　(二)食品添加剂的品种、使用范围、用量;

　　(三)专供婴幼儿和其他特定人群的主辅食品的营养成分要求;

　　(四)对与卫生、营养等食品安全要求有关的标签、标志、说明书的要求;

　　(五)食品生产经营过程的卫生要求;

　　(六)与食品安全有关的质量要求;

　　(七)与食品安全有关的食品检验方法与规程;

　　(八)其他需要制定为食品安全标准的内容。

第二十七条 【食品安全国家标准的制定】食品安全国家标准由国务院卫生行政部门会同国务院食品安全监督管理部门制定、公布,国务院标准化行政部门提供国家标准编号。

　　食品中农药残留、兽药残留的限量规定及其检验方法与规程由国务院卫生行政部门、国务院农业行政部门会同国务院食品安全监督管理部门制定。

　　屠宰畜、禽的检验规程由国务院农业行政部门会同国务院卫生行政部门制定。

第二十八条 【食品安全国家标准的制定要求和程序】制定食品安全国家标准,应当依据食品安全风险评估结果并充分考虑食用农产品安全风险评估结果,参照相关的国际标准和国际食品安全风险评估结果,并将食品安全国家标准草案向社会公布,广泛听取食品生产经营者、消费者、有关部门等方面的意见。

　　食品安全国家标准应当经国务院卫生行政部门组织的食品安全国家标准审评委员会审查通过。食品安全国家标准审评委员会由医学、农业、食品、营养、生物、环境等方面的专家以及国务院有关部门、食品行业协会、消费者协会的代表组成,对食品安全国家标准草案的科学性和实用性等进行审查。

第二十九条 【食品安全地方标准】对地方特色食品,没有食品安全国家标准的,省、自治区、直辖市人民政府卫生行政部门可以制定并公布食品安全地方标准,报国务院卫生行政部门备案。食品安全国家标准制定后,该地方标准即行废止。

第三十条 【食品安全企业标准】国家鼓励食品生产企业制定严于食品安全国家标准或者地方标准的企业标准,在本企业适用,并报省、自治区、直辖市人民政府卫生行政部门备案。

第三十一条 【食品安全标准的公布】省级以上人民政府卫生行政部门应当在其网站上公布制定和备案的食品安全国家标准、地方标准和企业标准,供公众免费查阅、下载。

对食品安全标准执行过程中的问题,县级以上人民政府卫生行政部门应当会同有关部门及时给予指导、解答。

第三十二条 【食品安全标准的跟踪评价】省级以上人民政府卫生行政部门应当会同同级食品安全监督管理、农业行政等部门,分别对食品安全国家标准和地方标准的执行情况进行跟踪评价,并根据评价结果及时修订食品安全标准。

省级以上人民政府食品安全监督管理、农业行政等部门应当对食品安全标准执行中存在的问题进行收集、汇总,并及时向同级卫生行政部门通报。

食品生产经营者、食品行业协会发现食品安全标准在执行中存在问题的,应当立即向卫生行政部门报告。

第四章 食品生产经营

第一节 一般规定

第三十三条 【食品生产经营要求】食品生产经营应当符合食品安全标准,并符合下列要求:

(一)具有与生产经营的食品品种、数量相适应的食品原料处理和食品加工、包装、贮存等场所,保持该场所环境整洁,并与有毒、有害场所以及其他污染源保持规定的距离;

(二)具有与生产经营的食品品种、数量相适应的生产经营设备或者设施,有相应的消毒、更衣、盥洗、采光、照明、通风、防腐、防尘、防蝇、防鼠、防虫、洗涤以及处理废水、存放垃圾和废弃物的设备或者设施；

（三）有专职或者兼职的食品安全专业技术人员、食品安全管理人员和保证食品安全的规章制度；

（四）具有合理的设备布局和工艺流程，防止待加工食品与直接入口食品、原料与成品交叉污染，避免食品接触有毒物、不洁物；

（五）餐具、饮具和盛放直接入口食品的容器，使用前应当洗净、消毒，炊具、用具用后应当洗净，保持清洁；

（六）贮存、运输和装卸食品的容器、工具和设备应当安全、无害，保持清洁，防止食品污染，并符合保证食品安全所需的温度、湿度等特殊要求，不得将食品与有毒、有害物品一同贮存、运输；

（七）直接入口的食品应当使用无毒、清洁的包装材料、餐具、饮具和容器；

（八）食品生产经营人员应当保持个人卫生，生产经营食品时，应当将手洗净，穿戴清洁的工作衣、帽等；销售无包装的直接入口食品时，应当使用无毒、清洁的容器、售货工具和设备；

（九）用水应当符合国家规定的生活饮用水卫生标准；

（十）使用的洗涤剂、消毒剂应当对人体安全、无害；

（十一）法律、法规规定的其他要求。

非食品生产经营者从事食品贮存、运输和装卸的，应当符合前款第六项的规定。

第三十四条 【禁止生产经营的食品、食品添加剂、食品相关产品】禁止生产经营下列食品、食品添加剂、食品相关产品：

（一）用非食品原料生产的食品或者添加食品添加剂以外的化学物质和其他可能危害人体健康物质的食品，或者用回收食品作为原料生产的食品；

（二）致病性微生物，农药残留、兽药残留、生物毒素、重金属等污染物质以及其他危害人体健康的物质含量超过食品安全标准限量的食品、食品添加剂、食品相关产品；

（三）用超过保质期的食品原料、食品添加剂生产的食品、食品添加剂；

（四）超范围、超限量使用食品添加剂的食品；

（五）营养成分不符合食品安全标准的专供婴幼儿和其他特定人

群的主辅食品;

（六）腐败变质、油脂酸败、霉变生虫、污秽不洁、混有异物、掺假掺杂或者感官性状异常的食品、食品添加剂；

（七）病死、毒死或者死因不明的禽、畜、兽、水产动物肉类及其制品；

（八）未按规定进行检疫或者检疫不合格的肉类，或者未经检验或者检验不合格的肉类制品；

（九）被包装材料、容器、运输工具等污染的食品、食品添加剂；

（十）标注虚假生产日期、保质期或者超过保质期的食品、食品添加剂；

（十一）无标签的预包装食品、食品添加剂；

（十二）国家为防病等特殊需要明令禁止生产经营的食品；

（十三）其他不符合法律、法规或者食品安全标准的食品、食品添加剂、食品相关产品。

第三十五条　【食品生产经营许可】国家对食品生产经营实行许可制度。从事食品生产、食品销售、餐饮服务，应当依法取得许可。但是，销售食用农产品和仅销售预包装食品的，不需要取得许可。仅销售预包装食品的，应当报所在地县级以上地方人民政府食品安全监督管理部门备案。

县级以上地方人民政府食品安全监督管理部门应当依照《中华人民共和国行政许可法》的规定，审核申请人提交的本法第三十三条第一款第一项至第四项规定要求的相关资料，必要时对申请人的生产经营场所进行现场核查；对符合规定条件的，准予许可；对不符合规定条件的，不予许可并书面说明理由。

第三十六条　【食品生产加工小作坊和食品摊贩等的管理】食品生产加工小作坊和食品摊贩等从事食品生产经营活动，应当符合本法规定的与其生产经营规模、条件相适应的食品安全要求，保证所生产经营的食品卫生、无毒、无害，食品安全监督管理部门应当对其加强监督管理。

县级以上地方人民政府应当对食品生产加工小作坊、食品摊贩等进行综合治理，加强服务和统一规划，改善其生产经营环境，鼓励和支持其改进生产经营条件，进入集中交易市场、店铺等固定场所经营，或者在指定的临时经营区域、时段经营。

食品生产加工小作坊和食品摊贩等的具体管理办法由省、自治区、直辖市制定。

第三十七条 【"三新"产品许可】利用新的食品原料生产食品,或者生产食品添加剂新品种、食品相关产品新品种,应当向国务院卫生行政部门提交相关产品的安全性评估材料。国务院卫生行政部门应当自收到申请之日起六十日内组织审查;对符合食品安全要求的,准予许可并公布;对不符合食品安全要求的,不予许可并书面说明理由。

第三十八条 【食品中不得添加药品】生产经营的食品中不得添加药品,但是可以添加按照传统既是食品又是中药材的物质。按照传统既是食品又是中药材的物质目录由国务院卫生行政部门会同国务院食品安全监督管理部门制定、公布。

第三十九条 【食品添加剂生产许可】国家对食品添加剂生产实行许可制度。从事食品添加剂生产,应当具有与所生产食品添加剂品种相适应的场所、生产设备或者设施、专业技术人员和管理制度,并依照本法第三十五条第二款规定的程序,取得食品添加剂生产许可。

生产食品添加剂应当符合法律、法规和食品安全国家标准。

第四十条 【食品添加剂允许使用的条件和使用要求】食品添加剂应当在技术上确有必要且经过风险评估证明安全可靠,方可列入允许使用的范围;有关食品安全国家标准应当根据技术必要性和食品安全风险评估结果及时修订。

食品生产经营者应当按照食品安全国家标准使用食品添加剂。

第四十一条 【生产食品相关产品的要求】生产食品相关产品应当符合法律、法规和食品安全国家标准。对直接接触食品的包装材料等具有较高风险的食品相关产品,按照国家有关工业产品生产许可证管理的规定实施生产许可。食品安全监督管理部门应当加强对食品相关产品生产活动的监督管理。

第四十二条 【食品安全全程追溯制度】国家建立食品安全全程追溯制度。

食品生产经营者应当依照本法的规定,建立食品安全追溯体系,保证食品可追溯。国家鼓励食品生产经营者采用信息化手段采集、留存生产经营信息,建立食品安全追溯体系。

国务院食品安全监督管理部门会同国务院农业行政等有关部门建

立食品安全全程追溯协作机制。

第四十三条　【食品规模化生产和食品安全责任保险】地方各级人民政府应当采取措施鼓励食品规模化生产和连锁经营、配送。

国家鼓励食品生产经营企业参加食品安全责任保险。

第二节　生产经营过程控制

第四十四条　【企业的食品安全管理制度要求】食品生产经营企业应当建立健全食品安全管理制度，对职工进行食品安全知识培训，加强食品检验工作，依法从事生产经营活动。

食品生产经营企业的主要负责人应当落实企业食品安全管理制度，对本企业的食品安全工作全面负责。

食品生产经营企业应当配备食品安全管理人员，加强对其培训和考核。经考核不具备食品安全管理能力的，不得上岗。食品安全监督管理部门应当对企业食品安全管理人员随机进行监督抽查考核并公布考核情况。监督抽查考核不得收取费用。

第四十五条　【从业人员健康管理制度】食品生产经营者应当建立并执行从业人员健康管理制度。患有国务院卫生行政部门规定的有碍食品安全疾病的人员，不得从事接触直接入口食品的工作。

从事接触直接入口食品工作的食品生产经营人员应当每年进行健康检查，取得健康证明后方可上岗工作。

第四十六条　【生产企业实施控制要求】食品生产企业应当就下列事项制定并实施控制要求，保证所生产的食品符合食品安全标准：

（一）原料采购、原料验收、投料等原料控制；

（二）生产工序、设备、贮存、包装等生产关键环节控制；

（三）原料检验、半成品检验、成品出厂检验等检验控制；

（四）运输和交付控制。

第四十七条　【自查制度】食品生产经营者应当建立食品安全自查制度，定期对食品安全状况进行检查评价。生产经营条件发生变化，不再符合食品安全要求的，食品生产经营者应当立即采取整改措施；有发生食品安全事故潜在风险的，应当立即停止食品生产经营活动，并向所在地县级人民政府食品安全监督管理部门报告。

第四十八条　【鼓励食品生产经营企业符合良好生产规范】国家鼓励食

品生产经营企业符合良好生产规范要求,实施危害分析与关键控制点体系,提高食品安全管理水平。

对通过良好生产规范、危害分析与关键控制点体系认证的食品生产经营企业,认证机构应当依法实施跟踪调查;对不再符合认证要求的企业,应当依法撤销认证,及时向县级以上人民政府食品安全监督管理部门通报,并向社会公布。认证机构实施跟踪调查不得收取费用。

第四十九条 【农业投入品的使用】食用农产品生产者应当按照食品安全标准和国家有关规定使用农药、肥料、兽药、饲料和饲料添加剂等农业投入品,严格执行农业投入品使用安全间隔期或者休药期的规定,不得使用国家明令禁止的农业投入品。禁止将剧毒、高毒农药用于蔬菜、瓜果、茶叶和中草药材等国家规定的农作物。

食用农产品的生产企业和农民专业合作经济组织应当建立农业投入品使用记录制度。

县级以上人民政府农业行政部门应当加强对农业投入品使用的监督管理和指导,建立健全农业投入品安全使用制度。

第五十条 【食品生产者的进货查验记录制度】食品生产者采购食品原料、食品添加剂、食品相关产品,应当查验供货者的许可证和产品合格证明;对无法提供合格证明的食品原料,应当按照食品安全标准进行检验;不得采购或者使用不符合食品安全标准的食品原料、食品添加剂、食品相关产品。

食品生产企业应当建立食品原料、食品添加剂、食品相关产品进货查验记录制度,如实记录食品原料、食品添加剂、食品相关产品的名称、规格、数量、生产日期或者生产批号、保质期、进货日期以及供货者名称、地址、联系方式等内容,并保存相关凭证。记录和凭证保存期限不得少于产品保质期满后六个月;没有明确保质期的,保存期限不得少于二年。

第五十一条 【食品出厂检验记录制度】食品生产企业应当建立食品出厂检验记录制度,查验出厂食品的检验合格证和安全状况,如实记录食品的名称、规格、数量、生产日期或者生产批号、保质期、检验合格证号、销售日期以及购货者名称、地址、联系方式等内容,并保存相关凭证。记录和凭证保存期限应当符合本法第五十条第二款的规定。

第五十二条 【食品原料、食品添加剂、食品相关产品的质量检验】食品、食品添加剂、食品相关产品的生产者,应当按照食品安全标准对所生产的食品、食品添加剂、食品相关产品进行检验,检验合格后方可出厂或者销售。

第五十三条　【食品经营者的进货查验记录制度】食品经营者采购食品,应当查验供货者的许可证和食品出厂检验合格证或者其他合格证明(以下称合格证明文件)。

食品经营企业应当建立食品进货查验记录制度,如实记录食品的名称、规格、数量、生产日期或者生产批号、保质期、进货日期以及供货者名称、地址、联系方式等内容,并保存相关凭证。记录和凭证保存期限应当符合本法第五十条第二款的规定。

实行统一配送经营方式的食品经营企业,可以由企业总部统一查验供货者的许可证和食品合格证明文件,进行食品进货查验记录。

从事食品批发业务的经营企业应当建立食品销售记录制度,如实记录批发食品的名称、规格、数量、生产日期或者生产批号、保质期、销售日期以及购货者名称、地址、联系方式等内容,并保存相关凭证。记录和凭证保存期限应当符合本法第五十条第二款的规定。

第五十四条　【食品经营者贮存食品的要求】食品经营者应当按照保证食品安全的要求贮存食品,定期检查库存食品,及时清理变质或者超过保质期的食品。

食品经营者贮存散装食品,应当在贮存位置标明食品的名称、生产日期或者生产批号、保质期、生产者名称及联系方式等内容。

第五十五条　【餐饮服务提供者原料控制要求】餐饮服务提供者应当制定并实施原料控制要求,不得采购不符合食品安全标准的食品原料。倡导餐饮服务提供者公开加工过程,公示食品原料及其来源等信息。

餐饮服务提供者在加工过程中应当检查待加工的食品及原料,发现有本法第三十四条第六项规定情形的,不得加工或者使用。

第五十六条　【餐饮服务提供者的食品安全管理】餐饮服务提供者应当定期维护食品加工、贮存、陈列等设施、设备;定期清洗、校验保温设施及冷藏、冷冻设施。

餐饮服务提供者应当按照要求对餐具、饮具进行清洗消毒,不得使用未经清洗消毒的餐具、饮具;餐饮服务提供者委托清洗消毒餐具、饮具的,应当委托符合本法规定条件的餐具、饮具集中消毒服务单位。

第五十七条 【集中用餐单位的要求】学校、托幼机构、养老机构、建筑工地等集中用餐单位的食堂应当严格遵守法律、法规和食品安全标准;从供餐单位订餐的,应当从取得食品生产经营许可的企业订购,并按照要求对订购的食品进行查验。供餐单位应当严格遵守法律、法规和食品安全标准,当餐加工,确保食品安全。

学校、托幼机构、养老机构、建筑工地等集中用餐单位的主管部门应当加强对集中用餐单位的食品安全教育和日常管理,降低食品安全风险,及时消除食品安全隐患。

第五十八条 【餐具、饮具集中消毒服务单位的要求】餐具、饮具集中消毒服务单位应当具备相应的作业场所、清洗消毒设备或者设施,用水和使用的洗涤剂、消毒剂应当符合相关食品安全国家标准和其他国家标准、卫生规范。

餐具、饮具集中消毒服务单位应当对消毒餐具、饮具进行逐批检验,检验合格后方可出厂,并应当随附消毒合格证明。消毒后的餐具、饮具应当在独立包装上标注单位名称、地址、联系方式、消毒日期以及使用期限等内容。

第五十九条 【食品添加剂生产者的出厂检验记录制度】食品添加剂生产者应当建立食品添加剂出厂检验记录制度,查验出厂产品的检验合格证和安全状况,如实记录食品添加剂的名称、规格、数量、生产日期或者生产批号、保质期、检验合格证号、销售日期以及购货者名称、地址、联系方式等相关内容,并保存相关凭证。记录和凭证保存期限应当符合本法第五十条第二款的规定。

第六十条 【食品添加剂经营者的进货查验记录制度】食品添加剂经营者采购食品添加剂,应当依法查验供货者的许可证和产品合格证明文件,如实记录食品添加剂的名称、规格、数量、生产日期或者生产批号、保质期、进货日期以及供货者名称、地址、联系方式等内容,并保存相关凭证。记录和凭证保存期限应当符合本法第五十条第二款的规定。

第六十一条 【集中交易市场等的食品安全管理责任】集中交易市场的开办者、柜台出租者和展销会举办者,应当依法审查入场食品经营者的许可证,明确其食品安全管理责任,定期对其经营环境和条件进行检查,发现其有违反本法规定行为的,应当及时制止并立即报告所在地县级人民政府食品安全监督管理部门。

第六十二条 【网络食品交易第三方平台提供者的义务】网络食品交易第三方平台提供者应当对入网食品经营者进行实名登记,明确其食品安全管理责任;依法应当取得许可证的,还应当审查其许可证。

网络食品交易第三方平台提供者发现入网食品经营者有违反本法规定行为的,应当及时制止并立即报告所在地县级人民政府食品安全监督管理部门;发现严重违法行为的,应当立即停止提供网络交易平台服务。

第六十三条 【食品召回制度】国家建立食品召回制度。食品生产者发现其生产的食品不符合食品安全标准或者有证据证明可能危害人体健康的,应当立即停止生产,召回已经上市销售的食品,通知相关生产经营者和消费者,并记录召回和通知情况。

食品经营者发现其经营的食品有前款规定情形的,应当立即停止经营,通知相关生产经营者和消费者,并记录停止经营和通知情况。食品生产者认为应当召回的,应当立即召回。由于食品经营者的原因造成其经营的食品有前款规定情形的,食品经营者应当召回。

食品生产经营者应当对召回的食品采取无害化处理、销毁等措施,防止其再次流入市场。但是,对因标签、标志或者说明书不符合食品安全标准而被召回的食品,食品生产者在采取补救措施且能保证食品安全的情况下可以继续销售;销售时应当向消费者明示补救措施。

食品生产经营者应当将食品召回和处理情况向所在地县级人民政府食品安全监督管理部门报告;需要对召回的食品进行无害化处理、销毁的,应当提前报告时间、地点。食品安全监督管理部门认为必要的,可以实施现场监督。

食品生产经营者未依照本条规定召回或者停止经营的,县级以上人民政府食品安全监督管理部门可以责令其召回或者停止经营。

第六十四条 【食用农产品批发市场的管理】食用农产品批发市场应当配备检验设备和检验人员或者委托符合本法规定的食品检验机构,对进入该批发市场销售的食用农产品进行抽样检验;发现不符合食品安全标准的,应当要求销售者立即停止销售,并向食品安全监督管理部门报告。

第六十五条 【食用农产品销售者进货查验记录制度】食用农产品销售者应当建立食用农产品进货查验记录制度,如实记录食用农产品的名称、数量、进货日期以及供货者名称、地址、联系方式等内容,并保存相关凭证。记录和凭证保存期限不得少于六个月。

第六十六条 【食用农产品销售环节使用食品添加剂和包装材料的要求】进入市场销售的食用农产品在包装、保鲜、贮存、运输中使用保鲜剂、防腐剂等食品添加剂和包装材料等食品相关产品,应当符合食品安全国家标准。

第三节 标签、说明书和广告

第六十七条 【预包装食品标签】预包装食品的包装上应当有标签。标签应当标明下列事项:

(一)名称、规格、净含量、生产日期;

(二)成分或者配料表;

(三)生产者的名称、地址、联系方式;

(四)保质期;

(五)产品标准代号;

(六)贮存条件;

(七)所使用的食品添加剂在国家标准中的通用名称;

(八)生产许可证编号;

(九)法律、法规或者食品安全标准规定应当标明的其他事项。

专供婴幼儿和其他特定人群的主辅食品,其标签还应当标明主要营养成分及其含量。

食品安全国家标准对标签标注事项另有规定的,从其规定。

第六十八条 【散装食品标注的要求】食品经营者销售散装食品,应当在散装食品的容器、外包装上标明食品的名称、生产日期或者生产批号、保质期以及生产经营者名称、地址、联系方式等内容。

第六十九条 【转基因食品的标示】生产经营转基因食品应当按照规定显著标示。

第七十条 【食品添加剂标签、说明书和包装的要求】食品添加剂应当有标签、说明书和包装。标签、说明书应当载明本法第六十七条第一款第一项至第六项、第八项、第九项规定的事项,以及食品添加剂的使用范围、用量、使用方法,并在标签上载明"食品添加剂"字样。

第七十一条 【标签、说明书的真实性要求】食品和食品添加剂的标签、说明书,不得含有虚假内容,不得涉及疾病预防、治疗功能。生产经营者对其提供的标签、说明书的内容负责。

食品和食品添加剂的标签、说明书应当清楚、明显,生产日期、保质期等事项应当显著标注,容易辨识。

食品和食品添加剂与其标签、说明书的内容不符的,不得上市销售。

第七十二条 【预包装食品的销售要求】食品经营者应当按照食品标签标示的警示标志、警示说明或者注意事项的要求销售食品。

第七十三条 【食品广告要求】食品广告的内容应当真实合法,不得含有虚假内容,不得涉及疾病预防、治疗功能。食品生产经营者对食品广告内容的真实性、合法性负责。

县级以上人民政府食品安全监督管理部门和其他有关部门以及食品检验机构、食品行业协会不得以广告或者其他形式向消费者推荐食品。消费者组织不得以收取费用或者其他牟取利益的方式向消费者推荐食品。

第四节 特殊食品

第七十四条 【特殊食品严格监管原则】国家对保健食品、特殊医学用途配方食品和婴幼儿配方食品等特殊食品实行严格监督管理。

第七十五条 【保健食品原料目录和功能目录】保健食品声称保健功能,应当具有科学依据,不得对人体产生急性、亚急性或者慢性危害。

保健食品原料目录和允许保健食品声称的保健功能目录,由国务院食品安全监督管理部门会同国务院卫生行政部门、国家中医药管理部门制定、调整并公布。

保健食品原料目录应当包括原料名称、用量及其对应的功效;列入保健食品原料目录的原料只能用于保健食品生产,不得用于其他食品生产。

第七十六条 【保健食品注册和备案制度】使用保健食品原料目录以外原料的保健食品和首次进口的保健食品应当经国务院食品安全监督管理部门注册。但是,首次进口的保健食品中属于补充维生素、矿物质等营养物质的,应当报国务院食品安全监督管理部门备案。其他保健食品应当报省、自治区、直辖市人民政府食品安全监督管理部门备案。

进口的保健食品应当是出口国（地区）主管部门准许上市销售的产品。

第七十七条　【保健食品注册和备案的材料】依法应当注册的保健食品，注册时应当提交保健食品的研发报告、产品配方、生产工艺、安全性和保健功能评价、标签、说明书等材料及样品，并提供相关证明文件。国务院食品安全监督管理部门经组织技术审评，对符合安全和功能声称要求的，准予注册；对不符合要求的，不予注册并书面说明理由。对使用保健食品原料目录以外原料的保健食品作出准予注册决定的，应当及时将该原料纳入保健食品原料目录。

依法应当备案的保健食品，备案时应当提交产品配方、生产工艺、标签、说明书以及表明产品安全性和保健功能的材料。

第七十八条　【保健食品标签和说明书】保健食品的标签、说明书不得涉及疾病预防、治疗功能，内容应当真实，与注册或者备案的内容相一致，载明适宜人群、不适宜人群、功效成分或者标志性成分及其含量等，并声明"本品不能代替药物"。保健食品的功能和成分应当与标签、说明书相一致。

第七十九条　【保健食品广告】保健食品广告除应当符合本法第七十三条第一款的规定外，还应当声明"本品不能代替药物"；其内容应当经生产企业所在地省、自治区、直辖市人民政府食品安全监督管理部门审查批准，取得保健食品广告批准文件。省、自治区、直辖市人民政府食品安全监督管理部门应当公布并及时更新已经批准的保健食品广告目录以及批准的广告内容。

第八十条　【特殊医学用途配方食品】特殊医学用途配方食品应当经国务院食品安全监督管理部门注册。注册时，应当提交产品配方、生产工艺、标签、说明书以及表明产品安全性、营养充足性和特殊医学用途临床效果的材料。

特殊医学用途配方食品广告适用《中华人民共和国广告法》和其他法律、行政法规关于药品广告管理的规定。

第八十一条　【婴幼儿配方食品】婴幼儿配方食品生产企业应当实施从原料进厂到成品出厂的全过程质量控制，对出厂的婴幼儿配方食品实施逐批检验，保证食品安全。

生产婴幼儿配方食品使用的生鲜乳、辅料等食品原料、食品添加剂等,应当符合法律、行政法规的规定和食品安全国家标准,保证婴幼儿生长发育所需的营养成分。

婴幼儿配方食品生产企业应当将食品原料、食品添加剂、产品配方及标签等事项向省、自治区、直辖市人民政府食品安全监督管理部门备案。

婴幼儿配方乳粉的产品配方应当经国务院食品安全监督管理部门注册。注册时,应当提交配方研发报告和其他表明配方科学性、安全性的材料。

不得以分装方式生产婴幼儿配方乳粉,同一企业不得用同一配方生产不同品牌的婴幼儿配方乳粉。

第八十二条 【材料的真实性和保密等要求】保健食品、特殊医学用途配方食品、婴幼儿配方乳粉的注册人或者备案人应当对其提交材料的真实性负责。

省级以上人民政府食品安全监督管理部门应当及时公布注册或者备案的保健食品、特殊医学用途配方食品、婴幼儿配方乳粉目录,并对注册或者备案中获知的企业商业秘密予以保密。

保健食品、特殊医学用途配方食品、婴幼儿配方乳粉生产企业应当按照注册或者备案的产品配方、生产工艺等技术要求组织生产。

第八十三条 【特殊食品生产质量管理体系】生产保健食品,特殊医学用途配方食品、婴幼儿配方食品和其他专供特定人群的主辅食品的企业,应当按照良好生产规范的要求建立与所生产食品相适应的生产质量管理体系,定期对该体系的运行情况进行自查,保证其有效运行,并向所在地县级人民政府食品安全监督管理部门提交自查报告。

第五章 食品检验

第八十四条 【食品检验机构】食品检验机构按照国家有关认证认可的规定取得资质认定后,方可从事食品检验活动。但是,法律另有规定的除外。

食品检验机构的资质认定条件和检验规范,由国务院食品安全监督管理部门规定。

符合本法规定的食品检验机构出具的检验报告具有同等效力。

县级以上人民政府应当整合食品检验资源,实现资源共享。

第八十五条 【食品检验人】食品检验由食品检验机构指定的检验人独立进行。

检验人应当依照有关法律、法规的规定,并按照食品安全标准和检验规范对食品进行检验,尊重科学,恪守职业道德,保证出具的检验数据和结论客观、公正,不得出具虚假检验报告。

第八十六条 【检验机构与检验人负责制】食品检验实行食品检验机构与检验人负责制。食品检验报告应当加盖食品检验机构公章,并有检验人的签名或者盖章。食品检验机构和检验人对出具的食品检验报告负责。

第八十七条 【监督抽检】县级以上人民政府食品安全监督管理部门应当对食品进行定期或者不定期的抽样检验,并依据有关规定公布检验结果,不得免检。进行抽样检验,应当购买抽取的样品,委托符合本法规定的食品检验机构进行检验,并支付相关费用;不得向食品生产经营者收取检验费和其他费用。

第八十八条 【复检】对依照本法规定实施的检验结论有异议的,食品生产经营者可以自收到检验结论之日起七个工作日内向实施抽样检验的食品安全监督管理部门或者其上一级食品安全监督管理部门提出复检申请,由受理复检申请的食品安全监督管理部门在公布的复检机构名录中随机确定复检机构进行复检。复检机构出具的复检结论为最终检验结论。复检机构与初检机构不得为同一机构。复检机构名录由国务院认证认可监督管理、食品安全监督管理、卫生行政、农业行政等部门共同公布。

采用国家规定的快速检测方法对食用农产品进行抽查检测,被抽查人对检测结果有异议的,可以自收到检测结果时起四小时内申请复检。复检不得采用快速检测方法。

第八十九条 【自行检验和委托检验】食品生产企业可以自行对所生产的食品进行检验,也可以委托符合本法规定的食品检验机构进行检验。

食品行业协会和消费者协会等组织、消费者需要委托食品检验机构对食品进行检验的,应当委托符合本法规定的食品检验机构进行。

第九十条 【食品添加剂检验】食品添加剂的检验,适用本法有关食品检验的规定。

第六章 食品进出口

第九十一条 【进出口食品安全的监督管理部门】国家出入境检验检疫部门对进出口食品安全实施监督管理。

第九十二条 【进口食品、食品添加剂、食品相关产品的要求】进口的食品、食品添加剂、食品相关产品应当符合我国食品安全国家标准。

进口的食品、食品添加剂应当经出入境检验检疫机构依照进出口商品检验相关法律、行政法规的规定检验合格。

进口的食品、食品添加剂应当按照国家出入境检验检疫部门的要求随附合格证明材料。

第九十三条 【进口尚无食品安全国家标准食品等的程序】进口尚无食品安全国家标准的食品,由境外出口商、境外生产企业或者其委托的进口商向国务院卫生行政部门提交所执行的相关国家(地区)标准或者国际标准。国务院卫生行政部门对相关标准进行审查,认为符合食品安全要求的,决定暂予适用,并及时制定相应的食品安全国家标准。进口利用新的食品原料生产的食品或者进口食品添加剂新品种、食品相关产品新品种,依照本法第三十七条的规定办理。

出入境检验检疫机构按照国务院卫生行政部门的要求,对前款规定的食品、食品添加剂、食品相关产品进行检验。检验结果应当公开。

第九十四条 【境外出口商、境外生产企业、进口商的义务】境外出口商、境外生产企业应当保证向我国出口的食品、食品添加剂、食品相关产品符合本法以及我国其他有关法律、行政法规的规定和食品安全国家标准的要求,并对标签、说明书的内容负责。

进口商应当建立境外出口商、境外生产企业审核制度,重点审核前款规定的内容;审核不合格的,不得进口。

发现进口食品不符合我国食品安全国家标准或者有证据证明可能危害人体健康的,进口商应当立即停止进口,并依照本法第六十三条的规定召回。

第九十五条 【进口食品、食品添加剂、食品相关产品风险的应对措施】境外发生的食品安全事件可能对我国境内造成影响,或者在进口食品、食品添加剂、食品相关产品中发现严重食品安全问题的,国家出入境检验检疫部门应当及时采取风险预警或者控制措施,并向国务院食品安全监督管理、卫生行政、农业行政部门通报。接到通报的部门应当及时采取相应措施。

县级以上人民政府食品安全监督管理部门对国内市场上销售的进口食品、食品添加剂实施监督管理。发现存在严重食品安全问题的,国务院食品安全监督管理部门应当及时向国家出入境检验检疫部门通报。国家出入境检验检疫部门应当及时采取相应措施。

第九十六条 【境外出口商、代理商、进口商和境外食品生产企业的备案与注册】向我国境内出口食品的境外出口商或者代理商、进口食品的进口商应当向国家出入境检验检疫部门备案。向我国境内出口食品的境外食品生产企业应当经国家出入境检验检疫部门注册。已经注册的境外食品生产企业提供虚假材料,或者因其自身的原因致使进口食品发生重大食品安全事故的,国家出入境检验检疫部门应当撤销注册并公告。

国家出入境检验检疫部门应当定期公布已经备案的境外出口商、代理商、进口商和已经注册的境外食品生产企业名单。

第九十七条 【进口预包装食品、食品添加剂的标签、说明书】进口的预包装食品、食品添加剂应当有中文标签;依法应当有说明书的,还应当有中文说明书。标签、说明书应当符合本法以及我国其他有关法律、行政法规的规定和食品安全国家标准的要求,并载明食品的原产地以及境内代理商的名称、地址、联系方式。预包装食品没有中文标签、中文说明书或者标签、说明书不符合本条规定的,不得进口。

第九十八条 【食品、食品添加剂的进口和销售记录制度】进口商应当建立食品、食品添加剂进口和销售记录制度,如实记录食品、食品添加剂的名称、规格、数量、生产日期、生产或者进口批号、保质期、境外出口商和购货者名称、地址及联系方式、交货日期等内容,并保存相关凭证。记录和凭证保存期限应当符合本法第五十条第二款的规定。

第九十九条 【出口食品的监督管理】出口食品生产企业应当保证其出口食品符合进口国(地区)的标准或者合同要求。

出口食品生产企业和出口食品原料种植、养殖场应当向国家出入境检验检疫部门备案。

第一百条 【进出口食品安全信息及信用管理】国家出入境检验检疫部门应当收集、汇总下列进出口食品安全信息,并及时通报相关部门、机构和企业：

（一）出入境检验检疫机构对进出口食品实施检验检疫发现的食品安全信息；

（二）食品行业协会和消费者协会等组织、消费者反映的进口食品安全信息；

（三）国际组织、境外政府机构发布的风险预警信息及其他食品安全信息，以及境外食品行业协会等组织、消费者反映的食品安全信息；

（四）其他食品安全信息。

国家出入境检验检疫部门应当对进出口食品的进口商、出口商和出口食品生产企业实施信用管理，建立信用记录，并依法向社会公布。对有不良记录的进口商、出口商和出口食品生产企业，应当加强对其进出口食品的检验检疫。

第一百零一条　【国家出入境检验检疫部门的评估和审查职责】国家出入境检验检疫部门可以对向我国境内出口食品的国家（地区）的食品安全管理体系和食品安全状况进行评估和审查，并根据评估和审查结果，确定相应检验检疫要求。

第七章　食品安全事故处置

第一百零二条　【食品安全事故应急预案】国务院组织制定国家食品安全事故应急预案。

县级以上地方人民政府应当根据有关法律、法规的规定和上级人民政府的食品安全事故应急预案以及本行政区域的实际情况，制定本行政区域的食品安全事故应急预案，并报上一级人民政府备案。

食品安全事故应急预案应当对食品安全事故分级、事故处置组织指挥体系与职责、预防预警机制、处置程序、应急保障措施等作出规定。

食品生产经营企业应当制定食品安全事故处置方案，定期检查本企业各项食品安全防范措施的落实情况，及时消除事故隐患。

第一百零三条　【应急处置、报告、通报】发生食品安全事故的单位应当立即采取措施，防止事故扩大。事故单位和接收病人进行治疗的单位应当及时向事故发生地县级人民政府食品安全监督管理、卫生行政部门报告。

县级以上人民政府农业行政等部门在日常监督管理中发现食品安

全事故或者接到事故举报,应当立即向同级食品安全监督管理部门通报。

发生食品安全事故,接到报告的县级人民政府食品安全监督管理部门应当按照应急预案的规定向本级人民政府和上级人民政府食品安全监督管理部门报告。县级人民政府和上级人民政府食品安全监督管理部门应当按照应急预案的规定上报。

任何单位和个人不得对食品安全事故隐瞒、谎报、缓报,不得隐匿、伪造、毁灭有关证据。

第一百零四条 【医疗机构报告】医疗机构发现其接收的病人属于食源性疾病病人或者疑似病人的,应当按照规定及时将相关信息向所在地县级人民政府卫生行政部门报告。县级人民政府卫生行政部门认为与食品安全有关的,应当及时通报同级食品安全监督管理部门。

县级以上人民政府卫生行政部门在调查处理传染病或者其他突发公共卫生事件中发现与食品安全相关的信息,应当及时通报同级食品安全监督管理部门。

第一百零五条 【防止、减轻社会危害的措施】县级以上人民政府食品安全监督管理部门接到食品安全事故的报告后,应当立即会同同级卫生行政、农业行政等部门进行调查处理,并采取下列措施,防止或者减轻社会危害:

(一)开展应急救援工作,组织救治因食品安全事故导致人身伤害的人员;

(二)封存可能导致食品安全事故的食品及其原料,并立即进行检验;对确认属于被污染的食品及其原料,责令食品生产经营者依照本法第六十三条的规定召回或者停止经营;

(三)封存被污染的食品相关产品,并责令进行清洗消毒;

(四)做好信息发布工作,依法对食品安全事故及其处理情况进行发布,并对可能产生的危害加以解释、说明。

发生食品安全事故需要启动应急预案的,县级以上人民政府应当立即成立事故处置指挥机构,启动应急预案,依照前款和应急预案的规定进行处置。

发生食品安全事故,县级以上疾病预防控制机构应当对事故现场进行卫生处理,并对与事故有关的因素开展流行病学调查,有关部门应当予以协助。县级以上疾病预防控制机构应当向同级食品安全监督管理、卫生行政部门提交流行病学调查报告。

第一百零六条 【事故责任调查】发生食品安全事故,设区的市级以上人民政府食品安全监督管理部门应当立即会同有关部门进行事故责任调查,督促有关部门履行职责,向本级人民政府和上一级人民政府食品安全监督管理部门提出事故责任调查处理报告。

涉及两个以上省、自治区、直辖市的重大食品安全事故由国务院食品安全监督管理部门依照前款规定组织事故责任调查。

第一百零七条 【事故责任调查原则、主要任务】调查食品安全事故,应当坚持实事求是、尊重科学的原则,及时、准确查清事故性质和原因,认定事故责任,提出整改措施。

调查食品安全事故,除了查明事故单位的责任,还应当查明有关监督管理部门、食品检验机构、认证机构及其工作人员的责任。

第一百零八条 【调查部分的权力】食品安全事故调查部门有权向有关单位和个人了解与事故有关的情况,并要求提供相关资料和样品。有关单位和个人应当予以配合,按照要求提供相关资料和样品,不得拒绝。

任何单位和个人不得阻挠、干涉食品安全事故的调查处理。

第八章 监督管理

第一百零九条 【食品安全风险分级管理】县级以上人民政府食品安全监督管理部门根据食品安全风险监测、风险评估结果和食品安全状况等,确定监督管理的重点、方式和频次,实施风险分级管理。

县级以上地方人民政府组织本级食品安全监督管理、农业行政等部门制定本行政区域的食品安全年度监督管理计划,向社会公布并组织实施。

食品安全年度监督管理计划应当将下列事项作为监督管理的重点:

(一)专供婴幼儿和其他特定人群的主辅食品;

(二)保健食品生产过程中的添加行为和按照注册或者备案的技术要求组织生产的情况,保健食品标签、说明书以及宣传材料中有关功能宣传的情况;

（三）发生食品安全事故风险较高的食品生产经营者；

（四）食品安全风险监测结果表明可能存在食品安全隐患的事项。

第一百一十条　【食品安全监督检查措施】县级以上人民政府食品安全监督管理部门履行食品安全监督管理职责，有权采取下列措施，对生产经营者遵守本法的情况进行监督检查：

（一）进入生产经营场所实施现场检查；

（二）对生产经营的食品、食品添加剂、食品相关产品进行抽样检验；

（三）查阅、复制有关合同、票据、账簿以及其他有关资料；

（四）查封、扣押有证据证明不符合食品安全标准或者有证据证明存在安全隐患以及用于违法生产经营的食品、食品添加剂、食品相关产品；

（五）查封违法从事生产经营活动的场所。

第一百一十一条　【临时限量值和临时检验方法】对食品安全风险评估结果证明食品存在安全隐患，需要制定、修订食品安全标准的，在制定、修订食品安全标准前，国务院卫生行政部门应当及时会同国务院有关部门规定食品中有害物质的临时限量值和临时检验方法，作为生产经营和监督管理的依据。

第一百一十二条　【快速检测】县级以上人民政府食品安全监督管理部门在食品安全监督管理工作中可以采用国家规定的快速检测方法对食品进行抽查检测。

对抽查检测结果表明可能不符合食品安全标准的食品，应当依照本法第八十七条的规定进行检验。抽查检测结果确定有关食品不符合食品安全标准的，可以作为行政处罚的依据。

第一百一十三条　【食品安全信用档案】县级以上人民政府食品安全监督管理部门应当建立食品生产经营者食品安全信用档案，记录许可颁发、日常监督检查结果、违法行为查处等情况，依法向社会公布并实时更新；对有不良信用记录的食品生产经营者增加监督检查频次，对违法行为情节严重的食品生产经营者，可以通报投资主管部门、证券监督管理机构和有关的金融机构。

第一百一十四条　【对食品生产经营者进行责任约谈】食品生产经营过程中存在食品安全隐患，未及时采取措施消除的，县级以上人民政府食品安全监督管理部门可以对食品生产经营者的法定代表人或者主要负责人进行责任约谈。食品生产经营者应当立即采取措施，进行整改，消除隐患。责任约谈情况和整改情况应当纳入食品生产经营者食品安全信用档案。

第一百一十五条　【有奖举报】县级以上人民政府食品安全监督管理等部门应当公布本部门的电子邮件地址或者电话，接受咨询、投诉、举报。接到咨询、投诉、举报，对属于本部门职责的，应当受理并在法定期限内及时答复、核实、处理；对不属于本部门职责的，应当移交有权处理的部门并书面通知咨询、投诉、举报人。有权处理的部门应当在法定期限内及时处理，不得推诿。对查证属实的举报，给予举报人奖励。

有关部门应当对举报人的信息予以保密，保护举报人的合法权益。举报人举报所在企业的，该企业不得以解除、变更劳动合同或者其他方式对举报人进行打击报复。

第一百一十六条　【加强食品安全执法人员管理】县级以上人民政府食品安全监督管理等部门应当加强对执法人员食品安全法律、法规、标准和专业知识与执法能力等的培训，并组织考核。不具备相应知识和能力的，不得从事食品安全执法工作。

食品生产经营者、食品行业协会、消费者协会等发现食品安全执法人员在执法过程中有违反法律、法规规定的行为以及不规范执法行为的，可以向本级或者上级人民政府食品安全监督管理等部门或者监察机关投诉、举报。接到投诉、举报的部门或者机关应当进行核实，并将经核实的情况向食品安全执法人员所在部门通报；涉嫌违法违纪的，按照本法和有关规定处理。

第一百一十七条　【对食品安全监管部门等进行责任约谈】县级以上人民政府食品安全监督管理等部门未及时发现食品安全系统性风险，未及时消除监督管理区域内的食品安全隐患的，本级人民政府可以对其主要负责人进行责任约谈。

地方人民政府未履行食品安全职责，未及时消除区域性重大食品安全隐患的，上级人民政府可以对其主要负责人进行责任约谈。

被约谈的食品安全监督管理等部门、地方人民政府应当立即采取措施，对食品安全监督管理工作进行整改。

责任约谈情况和整改情况应当纳入地方人民政府和有关部门食

安全监督管理工作评议、考核记录。

第一百一十八条 【食品安全信息统一公布】国家建立统一的食品安全信息平台,实行食品安全信息统一公布制度。国家食品安全总体情况、食品安全风险警示信息、重大食品安全事故及其调查处理信息和国务院确定需要统一公布的其他信息由国务院食品安全监督管理部门统一公布。食品安全风险警示信息和重大食品安全事故及其调查处理信息的影响限于特定区域的,也可以由有关省、自治区、直辖市人民政府食品安全监督管理部门公布。未经授权不得发布上述信息。

县级以上人民政府食品安全监督管理、农业行政部门依据各自职责公布食品安全日常监督管理信息。

公布食品安全信息,应当做到准确、及时,并进行必要的解释说明,避免误导消费者和社会舆论。

第一百一十九条 【食品安全信息的报告、通报制度】县级以上地方人民政府食品安全监督管理、卫生行政、农业行政部门获知本法规定需要统一公布的信息,应当向上级主管部门报告,由上级主管部门立即报告国务院食品安全监督管理部门;必要时,可以直接向国务院食品安全监督管理部门报告。

县级以上人民政府食品安全监督管理、卫生行政、农业行政部门应当相互通报获知的食品安全信息。

第一百二十条 【不得编造、散布虚假食品安全信息】任何单位和个人不得编造、散布虚假食品安全信息。

县级以上人民政府食品安全监督管理部门发现可能误导消费者和社会舆论的食品安全信息,应当立即组织有关部门、专业机构、相关食品生产经营者等进行核实、分析,并及时公布结果。

第一百二十一条 【涉嫌食品安全犯罪案件处理】县级以上人民政府食品安全监督管理等部门发现涉嫌食品安全犯罪的,应当按照有关规定及时将案件移送公安机关。对移送的案件,公安机关应当及时审查;认为有犯罪事实需要追究刑事责任的,应当立案侦查。

公安机关在食品安全犯罪案件侦查过程中认为没有犯罪事实,或者犯罪事实显著轻微,不需要追究刑事责任,但依法应当追究行政责任的,应当及时将案件移送食品安全监督管理等部门和监察机关,有关部门应当依法处理。

公安机关商请食品安全监督管理、生态环境等部门提供检验结论、认定意见以及对涉案物品进行无害化处理等协助的,有关部门应当及时提供,予以协助。

第九章 法律责任

第一百二十二条 【未经许可从事食品生产经营活动等的法律责任】 违反本法规定,未取得食品生产经营许可从事食品生产经营活动,或者未取得食品添加剂生产许可从事食品添加剂生产活动的,由县级以上人民政府食品安全监督管理部门没收违法所得和违法生产经营的食品、食品添加剂以及用于违法生产经营的工具、设备、原料等物品;违法生产经营的食品、食品添加剂货值金额不足一万元的,并处五万元以上十万元以下罚款;货值金额一万元以上的,并处货值金额十倍以上二十倍以下罚款。

明知从事前款规定的违法行为,仍为其提供生产经营场所或者其他条件的,由县级以上人民政府食品安全监督管理部门责令停止违法行为,没收违法所得,并处五万元以上十万元以下罚款;使消费者的合法权益受到损害的,应当与食品、食品添加剂生产经营者承担连带责任。

第一百二十三条 【八类最严重违法食品生产经营行为的法律责任】 违反本法规定,有下列情形之一,尚不构成犯罪的,由县级以上人民政府食品安全监督管理部门没收违法所得和违法生产经营的食品,并可以没收用于违法生产经营的工具、设备、原料等物品;违法生产经营的食品货值金额不足一万元的,并处十万元以上十五万元以下罚款;货值金额一万元以上的,并处货值金额十五倍以上三十倍以下罚款;情节严重的,吊销许可证,并可以由公安机关对其直接负责的主管人员和其他直接责任人员处五日以上十五日以下拘留:

(一)用非食品原料生产食品、在食品中添加食品添加剂以外的化学物质和其他可能危害人体健康的物质,或者用回收食品作为原料生产食品,或者经营上述食品;

(二)生产经营营养成分不符合食品安全标准的专供婴幼儿和其他特定人群的主辅食品;

(三)经营病死、毒死或者死因不明的禽、畜、兽、水产动物肉类,或者生产经营其制品；

（四）经营未按规定进行检疫或者检疫不合格的肉类，或者生产经营未经检验或者检验不合格的肉类制品；

（五）生产经营国家为防病等特殊需要明令禁止生产经营的食品；

（六）生产经营添加药品的食品。

明知从事前款规定的违法行为，仍为其提供生产经营场所或者其他条件的，由县级以上人民政府食品安全监督管理部门责令停止违法行为，没收违法所得，并处十万元以上二十万元以下罚款；使消费者的合法权益受到损害的，应当与食品生产经营者承担连带责任。

违法使用剧毒、高毒农药的，除依照有关法律、法规规定给予处罚外，可以由公安机关依照第一款规定给予拘留。

第一百二十四条 【十一类违法生产经营行为的法律责任】违反本法规定，有下列情形之一，尚不构成犯罪的，由县级以上人民政府食品安全监督管理部门没收违法所得和违法生产经营的食品、食品添加剂，并可以没收用于违法生产经营的工具、设备、原料等物品；违法生产经营的食品、食品添加剂货值金额不足一万元的，并处五万元以上十万元以下罚款；货值金额一万元以上的，并处货值金额十倍以上二十倍以下罚款；情节严重的，吊销许可证：

（一）生产经营致病性微生物，农药残留、兽药残留、生物毒素、重金属等污染物质以及其他危害人体健康的物质含量超过食品安全标准限量的食品、食品添加剂；

（二）用超过保质期的食品原料、食品添加剂生产食品、食品添加剂，或者经营上述食品、食品添加剂；

（三）生产经营超范围、超限量使用食品添加剂的食品；

（四）生产经营腐败变质、油脂酸败、霉变生虫、污秽不洁、混有异物、掺假掺杂或者感官性状异常的食品、食品添加剂；

（五）生产经营标注虚假生产日期、保质期或者超过保质期的食品、食品添加剂；

（六）生产经营未按规定注册的保健食品、特殊医学用途配方食品、婴幼儿配方乳粉，或者未按注册的产品配方、生产工艺等技术要求组织生产；

（七）以分装方式生产婴幼儿配方乳粉，或者同一企业以同一配方

生产不同品牌的婴幼儿配方乳粉;

(八)利用新的食品原料生产食品,或者生产食品添加剂新品种,未通过安全性评估;

(九)食品生产经营者在食品安全监督管理部门责令其召回或者停止经营后,仍拒不召回或者停止经营。

除前款和本法第一百二十三条、第一百二十五条规定的情形外,生产经营不符合法律、法规或者食品安全标准的食品、食品添加剂的,依照前款规定给予处罚。

生产食品相关产品新品种,未通过安全性评估,或者生产不符合食品安全标准的食品相关产品的,由县级以上人民政府食品安全监督管理部门依照第一款规定给予处罚。

第一百二十五条 【四类违法生产经营行为的法律责任】违反本法规定,有下列情形之一的,由县级以上人民政府食品安全监督管理部门没收违法所得和违法生产经营的食品、食品添加剂,并可以没收用于违法生产经营的工具、设备、原料等物品;违法生产经营的食品、食品添加剂货值金额不足一万元的,并处五千元以上五万元以下罚款;货值金额一万元以上的,并处货值金额五倍以上十倍以下罚款;情节严重的,责令停产停业,直至吊销许可证:

(一)生产经营被包装材料、容器、运输工具等污染的食品、食品添加剂;

(二)生产经营无标签的预包装食品、食品添加剂或者标签、说明书不符合本法规定的食品、食品添加剂;

(三)生产经营转基因食品未按规定进行标示;

(四)食品生产经营者采购或者使用不符合食品安全标准的食品原料、食品添加剂、食品相关产品。

生产经营的食品、食品添加剂的标签、说明书存在瑕疵但不影响食品安全且不会对消费者造成误导的,由县级以上人民政府食品安全监督管理部门责令改正;拒不改正的,处二千元以下罚款。

第一百二十六条 【生产经营过程违法行为的法律责任】违反本法规定,有下列情形之一的,由县级以上人民政府食品安全监督管理部门责令改正,给予警告;拒不改正的,处五千元以上五万元以下罚款;情节严重的,责令停产停业,直至吊销许可证:

（一）食品、食品添加剂生产者未按规定对采购的食品原料和生产的食品、食品添加剂进行检验；

（二）食品生产经营企业未按规定建立食品安全管理制度，或者未按规定配备或者培训、考核食品安全管理人员；

（三）食品、食品添加剂生产经营者进货时未查验许可证和相关证明文件，或者未按规定建立并遵守进货查验记录、出厂检验记录和销售记录制度；

（四）食品生产经营企业未制定食品安全事故处置方案；

（五）餐具、饮具和盛放直接入口食品的容器，使用前未经洗净、消毒或者清洗消毒不合格，或者餐饮服务设施、设备未按规定定期维护、清洗、校验；

（六）食品生产经营者安排未取得健康证明或者患有国务院卫生行政部门规定的有碍食品安全疾病的人员从事接触直接入口食品的工作；

（七）食品经营者未按规定要求销售食品；

（八）保健食品生产企业未按规定向食品安全监督管理部门备案，或者未按备案的产品配方、生产工艺等技术要求组织生产；

（九）婴幼儿配方食品生产企业未将食品原料、食品添加剂、产品配方、标签等向食品安全监督管理部门备案；

（十）特殊食品生产企业未按规定建立生产质量管理体系并有效运行，或者未定期提交自查报告；

（十一）食品生产经营者未定期对食品安全状况进行检查评价，或者生产经营条件发生变化，未按规定处理；

（十二）学校、托幼机构、养老机构、建筑工地等集中用餐单位未按规定履行食品安全管理责任；

（十三）食品生产企业、餐饮服务提供者未按规定制定、实施生产经营过程控制要求。

餐具、饮具集中消毒服务单位违反本法规定用水，使用洗涤剂、消毒剂，或者出厂的餐具、饮具未按规定检验合格并随附消毒合格证明，或者未按规定在独立包装上标注相关内容的，由县级以上人民政府卫生行政部门依照前款规定给予处罚。

食品相关产品生产者未按规定对生产的食品相关产品进行检验

的,由县级以上人民政府食品安全监督管理部门依照第一款规定给予处罚。

食用农产品销售者违反本法第六十五条规定的,由县级以上人民政府食品安全监督管理部门依照第一款规定给予处罚。

第一百二十七条 【食品生产加工小作坊、食品摊贩等的违法行为如何处罚】对食品生产加工小作坊、食品摊贩等的违法行为的处罚,依照省、自治区、直辖市制定的具体管理办法执行。

第一百二十八条 【事故单位违法行为的法律责任】违反本法规定,事故单位在发生食品安全事故后未进行处置、报告的,由有关主管部门按照各自职责分工责令改正,给予警告;隐匿、伪造、毁灭有关证据的,责令停产停业,没收违法所得,并处十万元以上五十万元以下罚款;造成严重后果的,吊销许可证。

第一百二十九条 【进出口违法行为的法律责任】违反本法规定,有下列情形之一的,由出入境检验检疫机构依照本法第一百二十四条的规定给予处罚:

(一)提供虚假材料,进口不符合我国食品安全国家标准的食品、食品添加剂、食品相关产品;

(二)进口尚无食品安全国家标准的食品,未提交所执行的标准并经国务院卫生行政部门审查,或者进口利用新的食品原料生产的食品或者进口食品添加剂新品种、食品相关产品新品种,未通过安全性评估;

(三)未遵守本法的规定出口食品;

(四)进口商在有关主管部门责令其依照本法规定召回进口的食品后,仍拒不召回。

违反本法规定,进口商未建立并遵守食品、食品添加剂进口和销售记录制度、境外出口商或者生产企业审核制度的,由出入境检验检疫机构依照本法第一百二十六条的规定给予处罚。

第一百三十条 【集中交易市场违法行为的法律责任】违反本法规定,集中交易市场的开办者、柜台出租者、展销会的举办者允许未依法取得许可的食品经营者进入市场销售食品,或者未履行检查、报告等义务的,由县级以上人民政府食品安全监督管理部门责令改正,没收违法所得,并处五万元以上二十万元以下罚款;造成严重后果的,责令停业,直至由原发证部门吊销许可证;使消费者的合法权益受到损害的,应当与食品经营者承担连带责任。

食用农产品批发市场违反本法第六十四条规定的,依照前款规定承担责任。

第一百三十一条 【网络食品交易违法行为的法律责任】违反本法规定,网络食品交易第三方平台提供者未对入网食品经营者进行实名登记、审查许可证,或者未履行报告、停止提供网络交易平台服务等义务的,由县级以上人民政府食品安全监督管理部门责令改正,没收违法所得,并处五万元以上二十万元以下罚款;造成严重后果的,责令停业,直至由原发证部门吊销许可证;使消费者的合法权益受到损害的,应当与食品经营者承担连带责任。

消费者通过网络食品交易第三方平台购买食品,其合法权益受到损害的,可以向入网食品经营者或者食品生产者要求赔偿。网络食品交易第三方平台提供者不能提供入网食品经营者的真实名称、地址和有效联系方式的,由网络食品交易第三方平台提供者赔偿。网络食品交易第三方平台提供者赔偿后,有权向入网食品经营者或者食品生产者追偿。网络食品交易第三方平台提供者作出更有利于消费者承诺的,应当履行其承诺。

第一百三十二条 【食品贮存、运输和装卸违法行为的法律责任】违反本法规定,未按要求进行食品贮存、运输和装卸的,由县级以上人民政府食品安全监督管理等部门按照各自职责分工责令改正,给予警告;拒不改正的,责令停产停业,并处一万元以上五万元以下罚款;情节严重的,吊销许可证。

第一百三十三条 【拒绝、阻挠、干涉开展食品安全工作等的法律责任】违反本法规定,拒绝、阻挠、干涉有关部门、机构及其工作人员依法开展食品安全监督检查、事故调查处理、风险监测和风险评估的,由有关主管部门按照各自职责分工责令停产停业,并处二千元以上五万元以下罚款;情节严重的,吊销许可证;构成违反治安管理行为的,由公安机关依法给予治安管理处罚。

违反本法规定,对举报人以解除、变更劳动合同或者其他方式打击报复的,应当依照有关法律的规定承担责任。

第一百三十四条 【屡次违法的法律责任】食品生产经营者在一年内累

计三次因违反本法规定受到责令停产停业、吊销许可证以外处罚的,由食品安全监督管理部门责令停产停业,直至吊销许可证。

第一百三十五条 【严重违法犯罪者的从业禁止】被吊销许可证的食品生产经营者及其法定代表人、直接负责的主管人员和其他直接责任人员自处罚决定作出之日起五年内不得申请食品生产经营许可,或者从事食品生产经营管理工作、担任食品生产经营企业食品安全管理人员。

因食品安全犯罪被判处有期徒刑以上刑罚的,终身不得从事食品生产经营管理工作,也不得担任食品生产经营企业食品安全管理人员。

食品生产经营者聘用人员违反前两款规定的,由县级以上人民政府食品安全监督管理部门吊销许可证。

第一百三十六条 【食品经营者免予处罚的情形】食品经营者履行了本法规定的进货查验等义务,有充分证据证明其不知道所采购的食品不符合食品安全标准,并能如实说明其进货来源的,可以免予处罚,但应当依法没收其不符合食品安全标准的食品;造成人身、财产或者其他损害的,依法承担赔偿责任。

第一百三十七条 【提供虚假食品安全风险监测、评估信息的法律责任】违反本法规定,承担食品安全风险监测、风险评估工作的技术机构、技术人员提供虚假监测、评估信息的,依法对技术机构直接负责的主管人员和技术人员给予撤职、开除处分;有执业资格的,由授予其资格的主管部门吊销执业证书。

第一百三十八条 【虚假检验报告的法律责任】违反本法规定,食品检验机构、食品检验人员出具虚假检验报告的,由授予其资质的主管部门或者机构撤销该食品检验机构的检验资质,没收所收取的检验费用,并处检验费用五倍以上十倍以下罚款,检验费用不足一万元的,并处五万元以上十万元以下罚款;依法对食品检验机构直接负责的主管人员和食品检验人员给予撤职或者开除处分;导致发生重大食品安全事故的,对直接负责的主管人员和食品检验人员给予开除处分。

违反本法规定,受到开除处分的食品检验机构人员,自处分决定作出之日起十年内不得从事食品检验工作;因食品安全违法行为受到刑事处罚或者因出具虚假检验报告导致发生重大食品安全事故受到开除处分的食品检验机构人员,终身不得从事食品检验工作。食品检验机构聘用不得从事食品检验工作的人员的,由授予其资质的主管部门或者机构撤销该食品检验机构的检验资质。

食品检验机构出具虚假检验报告,使消费者的合法权益受到损害的,应当与食品生产经营者承担连带责任。

第一百三十九条 【虚假认证的法律责任】违反本法规定,认证机构出具虚假认证结论,由认证认可监督管理部门没收所收取的认证费用,并处认证费用五倍以上十倍以下罚款,认证费用不足一万元的,并处五万元以上十万元以下罚款;情节严重的,责令停业,直至撤销认证机构批准文件,并向社会公布;对直接负责的主管人员和负有直接责任的认证人员,撤销其执业资格。

认证机构出具虚假认证结论,使消费者的合法权益受到损害的,应当与食品生产经营者承担连带责任。

第一百四十条 【虚假宣传和违法推荐食品的法律责任】违反本法规定,在广告中对食品作虚假宣传,欺骗消费者,或者发布未取得批准文件、广告内容与批准文件不一致的保健食品广告的,依照《中华人民共和国广告法》的规定给予处罚。

广告经营者、发布者设计、制作、发布虚假食品广告,使消费者的合法权益受到损害的,应当与食品生产经营者承担连带责任。

社会团体或者其他组织、个人在虚假广告或者其他虚假宣传中向消费者推荐食品,使消费者的合法权益受到损害的,应当与食品生产经营者承担连带责任。

违反本法规定,食品安全监督管理等部门、食品检验机构、食品行业协会以广告或者其他形式向消费者推荐食品,消费者组织以收取费用或者其他牟取利益的方式向消费者推荐食品的,由有关主管部门没收违法所得,依法对直接负责的主管人员和其他直接责任人员给予记大过、降级或者撤职处分;情节严重的,给予开除处分。

对食品作虚假宣传且情节严重的,由省级以上人民政府食品安全监督管理部门决定暂停销售该食品,并向社会公布;仍然销售该食品的,由县级以上人民政府食品安全监督管理部门没收违法所得和违法销售的食品,并处二万元以上五万元以下罚款。

第一百四十一条 【编造、散布虚假信息的法律责任】违反本法规定,编造、散布虚假食品安全信息,构成违反治安管理行为的,由公安机关依法给予治安管理处罚。

媒体编造、散布虚假食品安全信息的,由有关主管部门依法给予处罚,并对直接负责的主管人员和其他直接责任人员给予处分;使公民、法人或者其他组织的合法权益受到损害的,依法承担消除影响、恢复名誉、赔偿损失、赔礼道歉等民事责任。

第一百四十二条 【食品安全事故处置有关法律责任】违反本法规定,县级以上地方人民政府有下列行为之一的,对直接负责的主管人员和其他直接责任人员给予记大过处分;情节较重的,给予降级或者撤职处分;情节严重的,给予开除处分;造成严重后果的,其主要负责人还应当引咎辞职:

(一)对发生在本行政区域内的食品安全事故,未及时组织协调有关部门开展有效处置,造成不良影响或者损失的;

(二)对本行政区域内涉及多环节的区域性食品安全问题,未及时组织整治,造成不良影响或者损失的;

(三)隐瞒、谎报、缓报食品安全事故的;

(四)本行政区域内发生特别重大食品安全事故,或者连续发生重大食品安全事故的。

第一百四十三条 【政府不作为有关法律责任】违反本法规定,县级以上地方人民政府有下列行为之一的,对直接负责的主管人员和其他直接责任人员给予警告、记过或者记大过处分;造成严重后果的,给予降级或者撤职处分:

(一)未确定有关部门的食品安全监督管理职责,未建立健全食品安全全程监督管理工作机制和信息共享机制,未落实食品安全监督管理责任制的;

(二)未制定本行政区域的食品安全事故应急预案,或者发生食品安全事故后未按规定立即成立事故处置指挥机构、启动应急预案的。

第一百四十四条 【监管部门有关法律责任】违反本法规定,县级以上人民政府食品安全监督管理、卫生行政、农业行政等部门有下列行为之一的,对直接负责的主管人员和其他直接责任人员给予记大过处分;情节较重的,给予降级或者撤职处分;情节严重的,给予开除处分;造成严重后果的,其主要负责人还应当引咎辞职:

(一)隐瞒、谎报、缓报食品安全事故的;

(二)未按规定查处食品安全事故,或者接到食品安全事故报告未

及时处理,造成事故扩大或者蔓延;

(三)经食品安全风险评估得出食品、食品添加剂、食品相关产品不安全结论后,未及时采取相应措施,造成食品安全事故或者不良社会影响;

(四)对不符合条件的申请人准予许可,或者超越法定职权准予许可;

(五)不履行食品安全监督管理职责,导致发生食品安全事故。

第一百四十五条　【监管部门有关法律责任】违反本法规定,县级以上人民政府食品安全监督管理、卫生行政、农业行政等部门有下列行为之一,造成不良后果的,对直接负责的主管人员和其他直接责任人员给予警告、记过或者记大过处分;情节较重的,给予降级或者撤职处分;情节严重的,给予开除处分:

(一)在获知有关食品安全信息后,未按规定向上级主管部门和本级人民政府报告,或者未按规定相互通报;

(二)未按规定公布食品安全信息;

(三)不履行法定职责,对查处食品安全违法行为不配合,或者滥用职权、玩忽职守、徇私舞弊。

第一百四十六条　【行政检查和行政强制法律责任】食品安全监督管理等部门在履行食品安全监督管理职责过程中,违法实施检查、强制等执法措施,给生产经营者造成损失的,应当依法予以赔偿,对直接负责的主管人员和其他直接责任人员依法给予处分。

第一百四十七条　【民事责任优先原则】违反本法规定,造成人身、财产或者其他损害的,依法承担赔偿责任。生产经营者财产不足以同时承担民事赔偿责任和缴纳罚款、罚金时,先承担民事赔偿责任。

第一百四十八条　【首付责任制和惩罚性赔偿】消费者因不符合食品安全标准的食品受到损害的,可以向经营者要求赔偿损失,也可以向生产者要求赔偿损失。接到消费者赔偿要求的生产经营者,应当实行首负责任制,先行赔付,不得推诿;属于生产者责任的,经营者赔偿后有权向生产者追偿;属于经营者责任的,生产者赔偿后有权向经营者追偿。

生产不符合食品安全标准的食品或者经营明知是不符合食品安全标准的食品,消费者除要求赔偿损失外,还可以向生产者或者经营者要求支付价款十倍或者损失三倍的赔偿金;增加赔偿的金额不足一千元的,为一千元。但是,食品的标签、说明书存在不影响食品安全且不会对消费者造成误导的瑕疵的除外。

第一百四十九条 【刑事责任】违反本法规定,构成犯罪的,依法追究刑事责任。

第十章 附 则

第一百五十条 【用语含义】本法下列用语的含义:

食品,指各种供人食用或者饮用的成品和原料以及按照传统既是食品又是中药材的物品,但是不包括以治疗为目的的物品。

食品安全,指食品无毒、无害,符合应当有的营养要求,对人体健康不造成任何急性、亚急性或者慢性危害。

预包装食品,指预先定量包装或者制作在包装材料、容器中的食品。

食品添加剂,指为改善食品品质和色、香、味以及为防腐、保鲜和加工工艺的需要而加入食品中的人工合成或者天然物质,包括营养强化剂。

用于食品的包装材料和容器,指包装、盛放食品或者食品添加剂用的纸、竹、木、金属、搪瓷、陶瓷、塑料、橡胶、天然纤维、化学纤维、玻璃等制品和直接接触食品或者食品添加剂的涂料。

用于食品生产经营的工具、设备,指在食品或者食品添加剂生产、销售、使用过程中直接接触食品或者食品添加剂的机械、管道、传送带、容器、用具、餐具等。

用于食品的洗涤剂、消毒剂,指直接用于洗涤或者消毒食品、餐具、饮具以及直接接触食品的工具、设备或者食品包装材料和容器的物质。

食品保质期,指食品在标明的贮存条件下保持品质的期限。

食源性疾病,指食品中致病因素进入人体引起的感染性、中毒性等疾病,包括食物中毒。

食品安全事故,指食源性疾病、食品污染等源于食品,对人体健康有危害或者可能有危害的事故。

第一百五十一条 【转基因食品和食盐的有关管理规定】转基因食品和食盐的食品安全管理,本法未作规定的,适用其他法律、行政法规的规定。

第一百五十二条 【铁路、民航的食品安全管理】铁路、民航运营中食品安全的管理办法由国务院食品安全监督管理部门会同国务院有关部门依照本法制定。

保健食品的具体管理办法由国务院食品安全监督管理部门依照本法制定。

食品相关产品生产活动的具体管理办法由国务院食品安全监督管理部门依照本法制定。

国境口岸食品的监督管理由出入境检验检疫机构依照本法以及有关法律、行政法规的规定实施。

军队专用食品和自供食品的食品安全管理办法由中央军事委员会依照本法制定。

第一百五十三条 【监管体制的调整】国务院根据实际需要,可以对食品安全监督管理体制作出调整。

第一百五十四条 【施行日期】本法自2015年10月1日起施行。

中华人民共和国食品安全法实施条例

1. 2009年7月20日国务院令第557号公布
2. 根据2016年2月6日国务院令第666号《关于修改部分行政法规的决定》修订
3. 2019年10月11日国务院令第721号修订公布
4. 自2019年12月1日起施行

第一章 总　　则

第一条 根据《中华人民共和国食品安全法》(以下简称食品安全法),制定本条例。

第二条 食品生产经营者应当依照法律、法规和食品安全标准从事生产经营活动,建立健全食品安全管理制度,采取有效措施预防和控制食品安全风险,保证食品安全。

第三条 国务院食品安全委员会负责分析食品安全形势,研究部署、统筹指导食品安全工作,提出食品安全监督管理的重大政策措施,督促落实食品安全监督管理责任。县级以上地方人民政府食品安全委员会按照本级人民政府规定的职责开展工作。

第四条　县级以上人民政府建立统一权威的食品安全监督管理体制,加强食品安全监督管理能力建设。

县级以上人民政府食品安全监督管理部门和其他有关部门应当依法履行职责,加强协调配合,做好食品安全监督管理工作。

乡镇人民政府和街道办事处应当支持、协助县级人民政府食品安全监督管理部门及其派出机构依法开展食品安全监督管理工作。

第五条　国家将食品安全知识纳入国民素质教育内容,普及食品安全科学常识和法律知识,提高全社会的食品安全意识。

第二章　食品安全风险监测和评估

第六条　县级以上人民政府卫生行政部门会同同级食品安全监督管理等部门建立食品安全风险监测会商机制,汇总、分析风险监测数据,研判食品安全风险,形成食品安全风险监测分析报告,报本级人民政府;县级以上地方人民政府卫生行政部门还应当将食品安全风险监测分析报告同时报上一级人民政府卫生行政部门。食品安全风险监测会商的具体办法由国务院卫生行政部门会同国务院食品安全监督管理等部门制定。

第七条　食品安全风险监测结果表明存在食品安全隐患,食品安全监督管理等部门经进一步调查确认有必要通知相关食品生产经营者的,应当及时通知。

接到通知的食品生产经营者应当立即进行自查,发现食品不符合食品安全标准或者有证据证明可能危害人体健康的,应当依照食品安全法第六十三条的规定停止生产、经营,实施食品召回,并报告相关情况。

第八条　国务院卫生行政、食品安全监督管理等部门发现需要对农药、肥料、兽药、饲料和饲料添加剂等进行安全性评估的,应当向国务院农业行政部门提出安全性评估建议。国务院农业行政部门应当及时组织评估,并向国务院有关部门通报评估结果。

第九条　国务院食品安全监督管理部门和其他有关部门建立食品安全风险信息交流机制,明确食品安全风险信息交流的内容、程序和要求。

第三章　食品安全标准

第十条　国务院卫生行政部门会同国务院食品安全监督管理、农业行政等部门制定食品安全国家标准规划及其年度实施计划。国务院卫生行政部门应当在其网站上公布食品安全国家标准规划及其年度实施计划的草案，公开征求意见。

第十一条　省、自治区、直辖市人民政府卫生行政部门依照食品安全法第二十九条的规定制定食品安全地方标准，应当公开征求意见。省、自治区、直辖市人民政府卫生行政部门应当自食品安全地方标准公布之日起30个工作日内，将地方标准报国务院卫生行政部门备案。国务院卫生行政部门发现备案的食品安全地方标准违反法律、法规或者食品安全国家标准的，应当及时予以纠正。

　　食品安全地方标准依法废止的，省、自治区、直辖市人民政府卫生行政部门应当及时在其网站上公布废止情况。

第十二条　保健食品、特殊医学用途配方食品、婴幼儿配方食品等特殊食品不属于地方特色食品，不得对其制定食品安全地方标准。

第十三条　食品安全标准公布后，食品生产经营者可以在食品安全标准规定的实施日期之前实施并公开提前实施情况。

第十四条　食品生产企业不得制定低于食品安全国家标准或者地方标准要求的企业标准。食品生产企业制定食品安全指标严于食品安全国家标准或者地方标准的企业标准的，应当报省、自治区、直辖市人民政府卫生行政部门备案。

　　食品生产企业制定企业标准的，应当公开，供公众免费查阅。

第四章　食品生产经营

第十五条　食品生产经营许可的有效期为5年。

　　食品生产经营者的生产经营条件发生变化，不再符合食品生产经营要求的，食品生产经营者应当立即采取整改措施；需要重新办理许可手续的，应当依法办理。

第十六条　国务院卫生行政部门应当及时公布新的食品原料、食品添加剂新品种和食品相关产品新品种目录以及所适用的食品安全国家标准。

对按照传统既是食品又是中药材的物质目录,国务院卫生行政部门会同国务院食品安全监督管理部门应当及时更新。

第十七条 国务院食品安全监督管理部门会同国务院农业行政等有关部门明确食品安全全程追溯基本要求,指导食品生产经营者通过信息化手段建立、完善食品安全追溯体系。

食品安全监督管理等部门应当将婴幼儿配方食品等针对特定人群的食品以及其他食品安全风险较高或者销售量大的食品的追溯体系建设作为监督检查的重点。

第十八条 食品生产经营者应当建立食品安全追溯体系,依照食品安全法的规定如实记录并保存进货查验、出厂检验、食品销售等信息,保证食品可追溯。

第十九条 食品生产经营企业的主要负责人对本企业的食品安全工作全面负责,建立并落实本企业的食品安全责任制,加强供货者管理、进货查验和出厂检验、生产经营过程控制、食品安全自查等工作。食品生产经营企业的食品安全管理人员应当协助企业主要负责人做好食品安全管理工作。

第二十条 食品生产经营企业应当加强对食品安全管理人员的培训和考核。食品安全管理人员应当掌握与其岗位相适应的食品安全法律、法规、标准和专业知识,具备食品安全管理能力。食品安全监督管理部门应当对企业食品安全管理人员进行随机监督抽查考核。考核指南由国务院食品安全监督管理部门制定、公布。

第二十一条 食品、食品添加剂生产经营者委托生产食品、食品添加剂的,应当委托取得食品生产许可、食品添加剂生产许可的生产者生产,并对其生产行为进行监督,对委托生产的食品、食品添加剂的安全负责。受托方应当依照法律、法规、食品安全标准以及合同约定进行生产,对生产行为负责,并接受委托方的监督。

第二十二条 食品生产经营者不得在食品生产、加工场所贮存依照本条例第六十三条规定制定的名录中的物质。

第二十三条 对食品进行辐照加工,应当遵守食品安全国家标准,并按照食品安全国家标准的要求对辐照加工食品进行检验和标注。

第二十四条 贮存、运输对温度、湿度等有特殊要求的食品,应当具备保温、冷藏或者冷冻等设备设施,并保持有效运行。

第二十五条　食品生产经营者委托贮存、运输食品的,应当对受托方的食品安全保障能力进行审核,并监督受托方按照保证食品安全的要求贮存、运输食品。受托方应当保证食品贮存、运输条件符合食品安全的要求,加强食品贮存、运输过程管理。

接受食品生产经营者委托贮存、运输食品的,应当如实记录委托方和收货方的名称、地址、联系方式等内容。记录保存期限不得少于贮存、运输结束后2年。

非食品生产经营者从事对温度、湿度等有特殊要求的食品贮存业务的,应当自取得营业执照之日起30个工作日内向所在地县级人民政府食品安全监督管理部门备案。

第二十六条　餐饮服务提供者委托餐具饮具集中消毒服务单位提供清洗消毒服务的,应当查验、留存餐具饮具集中消毒服务单位的营业执照复印件和消毒合格证明。保存期限不得少于消毒餐具饮具使用期限到期后6个月。

第二十七条　餐具饮具集中消毒服务单位应当建立餐具饮具出厂检验记录制度,如实记录出厂餐具饮具的数量、消毒日期和批号、使用期限、出厂日期以及委托方名称、地址、联系方式等内容。出厂检验记录保存期限不得少于消毒餐具饮具使用期限到期后6个月。消毒后的餐具饮具应当在独立包装上标注单位名称、地址、联系方式、消毒日期和批号以及使用期限等内容。

第二十八条　学校、托幼机构、养老机构、建筑工地等集中用餐单位的食堂应当执行原料控制、餐具饮具清洗消毒、食品留样等制度,并依照食品安全法第四十七条的规定定期开展食堂食品安全自查。

承包经营集中用餐单位食堂的,应当依法取得食品经营许可,并对食堂的食品安全负责。集中用餐单位应当督促承包方落实食品安全管理制度,承担管理责任。

第二十九条　食品生产经营者应当对变质、超过保质期或者回收的食品进行显著标示或者单独存放在有明确标志的场所,及时采取无害化处理、销毁等措施并如实记录。

食品安全法所称回收食品,是指已经售出,因违反法律、法规、食品安全标准或者超过保质期等原因,被召回或者退回的食品,不包括依照食品安全法第六十三条第三款的规定可以继续销售的食品。

第三十条 县级以上地方人民政府根据需要建设必要的食品无害化处理和销毁设施。食品生产经营者可以按照规定使用政府建设的设施对食品进行无害化处理或者予以销毁。

第三十一条 食品集中交易市场的开办者、食品展销会的举办者应当在市场开业或者展销会举办前向所在地县级人民政府食品安全监督管理部门报告。

第三十二条 网络食品交易第三方平台提供者应当妥善保存入网食品经营者的登记信息和交易信息。县级以上人民政府食品安全监督管理部门开展食品安全监督检查、食品安全案件调查处理、食品安全事故处置确需了解有关信息的,经其负责人批准,可以要求网络食品交易第三方平台提供者提供,网络食品交易第三方平台提供者应当按照要求提供。县级以上人民政府食品安全监督管理部门及其工作人员对网络食品交易第三方平台提供者提供的信息依法负有保密义务。

第三十三条 生产经营转基因食品应当显著标示,标示办法由国务院食品安全监督管理部门会同国务院农业行政部门制定。

第三十四条 禁止利用包括会议、讲座、健康咨询在内的任何方式对食品进行虚假宣传。食品安全监督管理部门发现虚假宣传行为的,应当依法及时处理。

第三十五条 保健食品生产工艺有原料提取、纯化等前处理工序的,生产企业应当具备相应的原料前处理能力。

第三十六条 特殊医学用途配方食品生产企业应当按照食品安全国家标准规定的检验项目对出厂产品实施逐批检验。

特殊医学用途配方食品中的特定全营养配方食品应当通过医疗机构或者药品零售企业向消费者销售。医疗机构、药品零售企业销售特定全营养配方食品的,不需要取得食品经营许可,但是应当遵守食品安全法和本条例关于食品销售的规定。

第三十七条 特殊医学用途配方食品中的特定全营养配方食品广告按照处方药广告管理,其他类别的特殊医学用途配方食品广告按照非处方药广告管理。

第三十八条 对保健食品之外的其他食品,不得声称具有保健功能。

对添加食品安全国家标准规定的选择性添加物质的婴幼儿配方食品,不得以选择性添加物质命名。

第三十九条 特殊食品的标签、说明书内容应当与注册或者备案的标签、说明书一致。销售特殊食品，应当核对食品标签、说明书内容是否与注册或者备案的标签、说明书一致，不一致的不得销售。省级以上人民政府食品安全监督管理部门应当在其网站上公布注册或者备案的特殊食品的标签、说明书。

特殊食品不得与普通食品或者药品混放销售。

第五章 食品检验

第四十条 对食品进行抽样检验，应当按照食品安全标准、注册或者备案的特殊食品的产品技术要求以及国家有关规定确定的检验项目和检验方法进行。

第四十一条 对可能掺杂掺假的食品，按照现有食品安全标准规定的检验项目和检验方法以及依照食品安全法第一百一十一条和本条例第六十三条规定制定的检验项目和检验方法无法检验的，国务院食品安全监督管理部门可以制定补充检验项目和检验方法，用于对食品的抽样检验、食品安全案件调查处理和食品安全事故处置。

第四十二条 依照食品安全法第八十八条的规定申请复检的，申请人应当向复检机构先行支付复检费用。复检结论表明食品不合格的，复检费用由复检申请人承担；复检结论表明食品合格的，复检费用由实施抽样检验的食品安全监督管理部门承担。

复检机构无正当理由不得拒绝承担复检任务。

第四十三条 任何单位和个人不得发布未依法取得资质认定的食品检验机构出具的食品检验信息，不得利用上述检验信息对食品、食品生产经营者进行等级评定，欺骗、误导消费者。

第六章 食品进出口

第四十四条 进口商进口食品、食品添加剂，应当按照规定向出入境检验检疫机构报检，如实申报产品相关信息，并随附法律、行政法规规定的合格证明材料。

第四十五条 进口食品运达口岸后，应当存放在出入境检验检疫机构指定或者认可的场所；需要移动的，应当按照出入境检验检疫机构的要求采取必要的安全防护措施。大宗散装进口食品应当在卸货口岸进行检验。

第四十六条 国家出入境检验检疫部门根据风险管理需要,可以对部分食品实行指定口岸进口。

第四十七条 国务院卫生行政部门依照食品安全法第九十三条的规定对境外出口商、境外生产企业或者其委托的进口商提交的相关国家(地区)标准或者国际标准进行审查,认为符合食品安全要求的,决定暂予适用并予以公布;暂予适用的标准公布前,不得进口尚无食品安全国家标准的食品。

食品安全国家标准中通用标准已经涵盖的食品不属于食品安全法第九十三条规定的尚无食品安全国家标准的食品。

第四十八条 进口商应当建立境外出口商、境外生产企业审核制度,重点审核境外出口商、境外生产企业制定和执行食品安全风险控制措施的情况以及向我国出口的食品是否符合食品安全法、本条例和其他有关法律、行政法规的规定以及食品安全国家标准的要求。

第四十九条 进口商依照食品安全法第九十四条第三款的规定召回进口食品的,应当将食品召回和处理情况向所在地县级人民政府食品安全监督管理部门和所在地出入境检验检疫机构报告。

第五十条 国家出入境检验检疫部门发现已经注册的境外食品生产企业不再符合注册要求的,应当责令其在规定期限内整改,整改期间暂停进口其生产的食品;经整改仍不符合注册要求的,国家出入境检验检疫部门应当撤销境外食品生产企业注册并公告。

第五十一条 对通过我国良好生产规范、危害分析与关键控制点体系认证的境外生产企业,认证机构应当依法实施跟踪调查。对不再符合认证要求的企业,认证机构应当依法撤销认证并向社会公布。

第五十二条 境外发生的食品安全事件可能对我国境内造成影响,或者在进口食品、食品添加剂、食品相关产品中发现严重食品安全问题的,国家出入境检验检疫部门应当及时进行风险预警,并可以对相关的食品、食品添加剂、食品相关产品采取下列控制措施:

(一)退货或者销毁处理;

(二)有条件地限制进口;

(三)暂停或者禁止进口。

第五十三条 出口食品、食品添加剂的生产企业应当保证其出口食品、食品添加剂符合进口国家(地区)的标准或者合同要求;我国缔结或者参加的国际条约、协定有要求的,还应当符合国际条约、协定的要求。

第七章 食品安全事故处置

第五十四条 食品安全事故按照国家食品安全事故应急预案实行分级管理。县级以上人民政府食品安全监督管理部门会同同级有关部门负责食品安全事故调查处理。

县级以上人民政府应当根据实际情况及时修改、完善食品安全事故应急预案。

第五十五条 县级以上人民政府应当完善食品安全事故应急管理机制,改善应急装备,做好应急物资储备和应急队伍建设,加强应急培训、演练。

第五十六条 发生食品安全事故的单位应当对导致或者可能导致食品安全事故的食品及原料、工具、设备、设施等,立即采取封存等控制措施。

第五十七条 县级以上人民政府食品安全监督管理部门接到食品安全事故报告后,应当立即会同同级卫生行政、农业行政等部门依照食品安全法第一百零五条的规定进行调查处理。食品安全监督管理部门应当对事故单位封存的食品及原料、工具、设备、设施等予以保护,需要封存而事故单位尚未封存的应当直接封存或者责令事故单位立即封存,并通知疾病预防控制机构对与事故有关的因素开展流行病学调查。

疾病预防控制机构应当在调查结束后向同级食品安全监督管理、卫生行政部门同时提交流行病学调查报告。

任何单位和个人不得拒绝、阻挠疾病预防控制机构开展流行病学调查。有关部门应当对疾病预防控制机构开展流行病学调查予以协助。

第五十八条 国务院食品安全监督管理部门会同国务院卫生行政、农业行政等部门定期对全国食品安全事故情况进行分析,完善食品安全监督管理措施,预防和减少事故的发生。

第八章 监督管理

第五十九条 设区的市级以上人民政府食品安全监督管理部门根据监督管理工作需要,可以对由下级人民政府食品安全监督管理部门负责日常监督管理的食品生产经营者实施随机监督检查,也可以组织下级人民政府食品安全监督管理部门对食品生产经营者实施异地监督检查。

  设区的市级以上人民政府食品安全监督管理部门认为必要的,可以直接调查处理下级人民政府食品安全监督管理部门管辖的食品安全违法案件,也可以指定其他下级人民政府食品安全监督管理部门调查处理。

第六十条 国家建立食品安全检查员制度,依托现有资源加强职业化检查员队伍建设,强化考核培训,提高检查员专业化水平。

第六十一条 县级以上人民政府食品安全监督管理部门依照食品安全法第一百一十条的规定实施查封、扣押措施,查封、扣押的期限不得超过30日;情况复杂的,经实施查封、扣押措施的食品安全监督管理部门负责人批准,可以延长,延长期限不得超过45日。

第六十二条 网络食品交易第三方平台多次出现入网食品经营者违法经营或者入网食品经营者的违法经营行为造成严重后果的,县级以上人民政府食品安全监督管理部门可以对网络食品交易第三方平台提供者的法定代表人或者主要负责人进行责任约谈。

第六十三条 国务院食品安全监督管理部门会同国务院卫生行政等部门根据食源性疾病信息、食品安全风险监测信息和监督管理信息等,对发现的添加或者可能添加到食品中的非食品用化学物质和其他可能危害人体健康的物质,制定名录及检测方法并予以公布。

第六十四条 县级以上地方人民政府卫生行政部门应当对餐具饮具集中消毒服务单位进行监督检查,发现不符合法律、法规、国家相关标准以及相关卫生规范等要求的,应当及时调查处理。监督检查的结果应当向社会公布。

第六十五条 国家实行食品安全违法行为举报奖励制度,对查证属实的举报,给予举报人奖励。举报人举报所在企业食品安全重大违法犯罪行为的,应当加大奖励力度。有关部门应当对举报人的信息予以保密,保护举报人的合法权益。食品安全违法行为举报奖励办法由国务院食品安全监督管理部门会同国务院财政等有关部门制定。

  食品安全违法行为举报奖励资金纳入各级人民政府预算。

第六十六条 国务院食品安全监督管理部门应当会同国务院有关部门建立守信联合激励和失信联合惩戒机制,结合食品生产经营者信用档案,建立严重违法生产经营者黑名单制度,将食品安全信用状况与准入、融资、信贷、征信等相衔接,及时向社会公布。

第九章 法 律 责 任

第六十七条 有下列情形之一的,属于食品安全法第一百二十三条至第一百二十六条、第一百三十二条以及本条例第七十二条、第七十三条规定的情节严重情形:

(一)违法行为涉及的产品货值金额 2 万元以上或者违法行为持续时间 3 个月以上;

(二)造成食源性疾病并出现死亡病例,或者造成 30 人以上食源性疾病但未出现死亡病例;

(三)故意提供虚假信息或者隐瞒真实情况;

(四)拒绝、逃避监督检查;

(五)因违反食品安全法律、法规受到行政处罚后 1 年内又实施同一性质的食品安全违法行为,或者因违反食品安全法律、法规受到刑事处罚后又实施食品安全违法行为;

(六)其他情节严重的情形。

对情节严重的违法行为处以罚款时,应当依法从重从严。

第六十八条 有下列情形之一的,依照食品安全法第一百二十五条第一款、本条例第七十五条的规定给予处罚:

(一)在食品生产、加工场所贮存依照本条例第六十三条规定制定的名录中的物质;

(二)生产经营的保健食品之外的食品的标签、说明书声称具有保健功能;

(三)以食品安全国家标准规定的选择性添加物质命名婴幼儿配方食品;

(四)生产经营的特殊食品的标签、说明书内容与注册或者备案的标签、说明书不一致。

第六十九条 有下列情形之一的,依照食品安全法第一百二十六条第一款、本条例第七十五条的规定给予处罚:

(一)接受食品生产经营者委托贮存、运输食品,未按照规定记录保存信息;

（二）餐饮服务提供者未查验、留存餐具饮具集中消毒服务单位的营业执照复印件和消毒合格证明；

（三）食品生产经营者未按照规定对变质、超过保质期或者回收的食品进行标示或者存放，或者未及时对上述食品采取无害化处理、销毁等措施并如实记录；

（四）医疗机构和药品零售企业之外的单位或者个人向消费者销售特殊医学用途配方食品中的特定全营养配方食品；

（五）将特殊食品与普通食品或者药品混放销售。

第七十条 除食品安全法第一百二十五条第一款、第一百二十六条规定的情形外，食品生产经营者的生产经营行为不符合食品安全法第三十三条第一款第五项、第七项至第十项的规定，或者不符合有关食品生产经营过程要求的食品安全国家标准的，依照食品安全法第一百二十六条第一款、本条例第七十五条的规定给予处罚。

第七十一条 餐具饮具集中消毒服务单位未按照规定建立并遵守出厂检验记录制度的，由县级以上人民政府卫生行政部门依照食品安全法第一百二十六条第一款、本条例第七十五条的规定给予处罚。

第七十二条 从事对温度、湿度等有特殊要求的食品贮存业务的非食品生产经营者，食品集中交易市场的开办者、食品展销会的举办者，未按照规定备案或者报告的，由县级以上人民政府食品安全监督管理部门责令改正，给予警告；拒不改正的，处1万元以上5万元以下罚款；情节严重的，责令停产停业，并处5万元以上20万元以下罚款。

第七十三条 利用会议、讲座、健康咨询等方式对食品进行虚假宣传的，由县级以上人民政府食品安全监督管理部门责令消除影响，有违法所得的，没收违法所得；情节严重的，依照食品安全法第一百四十条第五款的规定进行处罚；属于单位违法的，还应当依照本条例第七十五条的规定对单位的法定代表人、主要负责人、直接负责的主管人员和其他直接责任人员给予处罚。

第七十四条 食品生产经营者生产经营的食品符合食品安全标准但不符合食品所标注的企业标准规定的食品安全指标的，由县级以上人民政府食品安全监督管理部门给予警告，并责令食品经营者停止经营该食品，责令食品生产企业改正；拒不停止经营或者改正的，没收不符合企业标准规定的食品安全指标的食品，货值金额不足1万元的，并处1万元以上5万元以下罚款,货值金额1万元以上的,并处货值金额5倍以上10倍以下罚款。

第七十五条　食品生产经营企业等单位有食品安全法规定的违法情形,除依照食品安全法的规定给予处罚外,有下列情形之一的,对单位的法定代表人、主要负责人、直接负责的主管人员和其他直接责任人员处以其上一年度从本单位取得收入的1倍以上10倍以下罚款:

(一)故意实施违法行为;

(二)违法行为性质恶劣;

(三)违法行为造成严重后果。

属于食品安全法第一百二十五条第二款规定情形的,不适用前款规定。

第七十六条　食品生产经营者依照食品安全法第六十三条第一款、第二款的规定停止生产、经营,实施食品召回,或者采取其他有效措施减轻或者消除食品安全风险,未造成危害后果的,可以从轻或者减轻处罚。

第七十七条　县级以上地方人民政府食品安全监督管理等部门对有食品安全法第一百二十三条规定的违法情形且情节严重,可能需要行政拘留的,应当及时将案件及有关材料移送同级公安机关。公安机关认为需要补充材料的,食品安全监督管理等部门应当及时提供。公安机关经审查认为不符合行政拘留条件的,应当及时将案件及有关材料退回移送的食品安全监督管理等部门。

第七十八条　公安机关对发现的食品安全违法行为,经审查没有犯罪事实或者立案侦查后认为不需要追究刑事责任,但依法应当予以行政拘留的,应当及时作出行政拘留的处罚决定;不需要予以行政拘留但依法应当追究其他行政责任的,应当及时将案件及有关材料移送同级食品安全监督管理等部门。

第七十九条　复检机构无正当理由拒绝承担复检任务的,由县级以上人民政府食品安全监督管理部门给予警告,无正当理由1年内2次拒绝承担复检任务的,由国务院有关部门撤销其复检机构资质并向社会公布。

第八十条　发布未依法取得资质认定的食品检验机构出具的食品检验信息,或者利用上述检验信息对食品、食品生产经营者进行等级评定,欺骗、误导消费者的，由县级以上人民政府食品安全监督管理部门责令改正，有违法所得的，没收违法所得，并处 10 万元以上 50 万元以下罚款；拒不改正的，处 50 万元以上 100 万元以下罚款；构成违反治安管理行为的，由公安机关依法给予治安管理处罚。

第八十一条　食品安全监督管理部门依照食品安全法、本条例对违法单位或者个人处以 30 万元以上罚款的，由设区的市级以上人民政府食品安全监督管理部门决定。罚款具体处罚权限由国务院食品安全监督管理部门规定。

第八十二条　阻碍食品安全监督管理等部门工作人员依法执行职务，构成违反治安管理行为的，由公安机关依法给予治安管理处罚。

第八十三条　县级以上人民政府食品安全监督管理等部门发现单位或者个人违反食品安全法第一百二十条第一款规定，编造、散布虚假食品安全信息，涉嫌构成违反治安管理行为的，应当将相关情况通报同级公安机关。

第八十四条　县级以上人民政府食品安全监督管理部门及其工作人员违法向他人提供网络食品交易第三方平台提供者提供的信息的，依照食品安全法第一百四十五条的规定给予处分。

第八十五条　违反本条例规定，构成犯罪的，依法追究刑事责任。

第十章　附　则

第八十六条　本条例自 2019 年 12 月 1 日起施行。

中华人民共和国农产品质量安全法

1. 2006 年 4 月 29 日第十届全国人民代表大会常务委员会第二十一次会议通过
2. 根据 2018 年 10 月 26 日第十三届全国人民代表大会常务委员会第六次会议《关于修改〈中华人民共和国野生动物保护法〉等十五部法律的决定》修正
3. 2022 年 9 月 2 日第十三届全国人民代表大会常务委员会第三十六次会议修订

目　录

第一章　总　则

第二章　农产品质量安全风险管理和标准制定
第三章　农产品产地
第四章　农产品生产
第五章　农产品销售
第六章　监督管理
第七章　法律责任
第八章　附　　则

第一章　总　　则

第一条　【立法目的】为了保障农产品质量安全,维护公众健康,促进农业和农村经济发展,制定本法。

第二条　【农产品及农产品质量安全的含义】本法所称农产品,是指来源于种植业、林业、畜牧业和渔业等的初级产品,即在农业活动中获得的植物、动物、微生物及其产品。

　　本法所称农产品质量安全,是指农产品质量达到农产品质量安全标准,符合保障人的健康、安全的要求。

第三条　【适用范围】与农产品质量安全有关的农产品生产经营及其监督管理活动,适用本法。

　　《中华人民共和国食品安全法》对食用农产品的市场销售、有关质量安全标准的制定、有关安全信息的公布和农业投入品已经作出规定的,应当遵守其规定。

第四条　【监督管理制度】国家加强农产品质量安全工作,实行源头治理、风险管理、全程控制,建立科学、严格的监督管理制度,构建协同、高效的社会共治体系。

第五条　【国务院各部门的监督管理职责】国务院农业农村主管部门、市场监督管理部门依照本法和规定的职责,对农产品质量安全实施监督管理。

　　国务院其他有关部门依照本法和规定的职责承担农产品质量安全的有关工作。

第六条　【地方各级政府的监督管理职责】县级以上地方人民政府对本行政区域的农产品质量安全工作负责,统一领导、组织、协调本行政区域的农产品质量安全工作,建立健全农产品质量安全工作机制,提高农产品质量安全水平。

县级以上地方人民政府应当依照本法和有关规定，确定本级农业农村主管部门、市场监督管理部门和其他有关部门的农产品质量安全监督管理工作职责。各有关部门在职责范围内负责本行政区域的农产品质量安全监督管理工作。

乡镇人民政府应当落实农产品质量安全监督管理责任，协助上级人民政府及其有关部门做好农产品质量安全监督管理工作。

第七条 【生产经营者责任】农产品生产经营者应当对其生产经营的农产品质量安全负责。

农产品生产经营者应当依照法律、法规和农产品质量安全标准从事生产经营活动，诚信自律，接受社会监督，承担社会责任。

第八条 【加强农产品质量安全监管】县级以上人民政府应当将农产品质量安全管理工作纳入本级国民经济和社会发展规划，所需经费列入本级预算，加强农产品质量安全监督管理能力建设。

第九条 【标准化生产】国家引导、推广农产品标准化生产，鼓励和支持生产绿色优质农产品，禁止生产、销售不符合国家规定的农产品质量安全标准的农产品。

第十条 【科技研究】国家支持农产品质量安全科学技术研究，推行科学的质量安全管理方法，推广先进安全的生产技术。国家加强农产品质量安全科学技术国际交流与合作。

第十一条 【加强农产品质量安全宣传】各级人民政府及有关部门应当加强农产品质量安全知识的宣传，发挥基层群众性自治组织、农村集体经济组织的优势和作用，指导农产品生产经营者加强质量安全管理，保障农产品消费安全。

新闻媒体应当开展农产品质量安全法律、法规和农产品质量安全知识的公益宣传，对违法行为进行舆论监督。有关农产品质量安全的宣传报道应当真实、公正。

第十二条 【农民专业合作社和农产品行业协会的职责】农民专业合作社和农产品行业协会等应当及时为其成员提供生产技术服务，建立农产品质量安全管理制度，健全农产品质量安全控制体系，加强自律管理。

第二章　农产品质量安全风险管理和标准制定

第十三条　【风险监测制度】国家建立农产品质量安全风险监测制度。

国务院农业农村主管部门应当制定国家农产品质量安全风险监测计划，并对重点区域、重点农产品品种进行质量安全风险监测。省、自治区、直辖市人民政府农业农村主管部门应当根据国家农产品质量安全风险监测计划，结合本行政区域农产品生产经营实际，制定本行政区域的农产品质量安全风险监测实施方案，并报国务院农业农村主管部门备案。县级以上地方人民政府农业农村主管部门负责组织实施本行政区域的农产品质量安全风险监测。

县级以上人民政府市场监督管理部门和其他有关部门获知有关农产品质量安全风险信息后，应当立即核实并向同级农业农村主管部门通报。接到通报的农业农村主管部门应当及时上报。制定农产品质量安全风险监测计划、实施方案的部门应当及时研究分析，必要时进行调整。

第十四条　【风险评估制度】国家建立农产品质量安全风险评估制度。

国务院农业农村主管部门应当设立农产品质量安全风险评估专家委员会，对可能影响农产品质量安全的潜在危害进行风险分析和评估。国务院卫生健康、市场监督管理等部门发现需要对农产品进行质量安全风险评估的，应当向国务院农业农村主管部门提出风险评估建议。

农产品质量安全风险评估专家委员会由农业、食品、营养、生物、环境、医学、化工等方面的专家组成。

第十五条　【风险监测、评估工作的开展】国务院农业农村主管部门应当根据农产品质量安全风险监测、风险评估结果采取相应的管理措施，并将农产品质量安全风险监测、风险评估结果及时通报国务院市场监督管理、卫生健康等部门和有关省、自治区、直辖市人民政府农业农村主管部门。

县级以上人民政府农业农村主管部门开展农产品质量安全风险监测和风险评估工作时，可以根据需要进入农产品产地、储存场所及批发、零售市场。采集样品应当按照市场价格支付费用。

第十六条　【农产品质量安全标准体系】国家建立健全农产品质量安全标准体系，确保严格实施。农产品质量安全标准是强制执行的标准，包括以下与农产品质量安全有关的要求：

（一）农业投入品质量要求、使用范围、用法、用量、安全间隔期和休药期规定；

（二）农产品产地环境、生产过程管控、储存、运输要求；

（三）农产品关键成分指标等要求；

（四）与屠宰畜禽有关的检验规程；

（五）其他与农产品质量安全有关的强制性要求。

《中华人民共和国食品安全法》对食用农产品的有关质量安全标准作出规定的，依照其规定执行。

第十七条　【标准的制定和发布】 农产品质量安全标准的制定和发布，依照法律、行政法规的规定执行。

制定农产品质量安全标准应当充分考虑农产品质量安全风险评估结果，并听取农产品生产经营者、消费者、有关部门、行业协会等的意见，保障农产品消费安全。

第十八条　【标准的修订】 农产品质量安全标准应当根据科学技术发展水平以及农产品质量安全的需要，及时修订。

第十九条　【标准的推进实施】 农产品质量安全标准由农业农村主管部门商有关部门推进实施。

第三章　农产品产地

第二十条　【产地监测制度】 国家建立健全农产品产地监测制度。

县级以上地方人民政府农业农村主管部门应当会同同级生态环境、自然资源等部门制定农产品产地监测计划，加强农产品产地安全调查、监测和评价工作。

第二十一条　【特定农产品禁止生产区域的划定和管理】 县级以上地方人民政府农业农村主管部门应当会同同级生态环境、自然资源等部门按照保障农产品质量安全的要求，根据农产品品种特性和产地安全调查、监测、评价结果，依照土壤污染防治等法律、法规的规定提出划定特定农产品禁止生产区域的建议，报本级人民政府批准后实施。

任何单位和个人不得在特定农产品禁止生产区域种植、养殖、捕捞、采集特定农产品和建立特定农产品生产基地。

特定农产品禁止生产区域划定和管理的具体办法由国务院农业农

村主管部门商国务院生态环境、自然资源等部门制定。

第二十二条　【禁止违法向农产品产地排放或者倾倒有毒有害物质】任何单位和个人不得违反有关环境保护法律、法规的规定向农产品产地排放或者倾倒废水、废气、固体废物或者其他有毒有害物质。

农业生产用水和用作肥料的固体废物,应当符合法律、法规和国家有关强制性标准的要求。

第二十三条　【农业投入品的使用和处置】农产品生产者应当科学合理使用农药、兽药、肥料、农用薄膜等农业投入品,防止对农产品产地造成污染。

农药、肥料、农用薄膜等农业投入品的生产者、经营者、使用者应当按照国家有关规定回收并妥善处置包装物和废弃物。

第二十四条　【改善农产品生产条件】县级以上人民政府应当采取措施,加强农产品基地建设,推进农业标准化示范建设,改善农产品的生产条件。

第四章　农产品生产

第二十五条　【制定技术要求和操作规程,加强培训和指导】县级以上地方人民政府农业农村主管部门应当根据本地区的实际情况,制定保障农产品质量安全的生产技术要求和操作规程,并加强对农产品生产经营者的培训和指导。

农业技术推广机构应当加强对农产品生产经营者质量安全知识和技能的培训。国家鼓励科研教育机构开展农产品质量安全培训。

第二十六条　【加强农产品质量安全管理】农产品生产企业、农民专业合作社、农业社会化服务组织应当加强农产品质量安全管理。

农产品生产企业应当建立农产品质量安全管理制度,配备相应的技术人员;不具备配备条件的,应当委托具有专业技术知识的人员进行农产品质量安全指导。

国家鼓励和支持农产品生产企业、农民专业合作社、农业社会化服务组织建立和实施危害分析和关键控制点体系,实施良好农业规范,提高农产品质量安全管理水平。

第二十七条　【农产品生产记录】农产品生产企业、农民专业合作社、农业社会化服务组织应当建立农产品生产记录,如实记载下列事项:

（一）使用农业投入品的名称、来源、用法、用量和使用、停用的日期；

　　（二）动物疫病、农作物病虫害的发生和防治情况；

　　（三）收获、屠宰或者捕捞的日期。

　　农产品生产记录应当至少保存二年。禁止伪造、变造农产品生产记录。

　　国家鼓励其他农产品生产者建立农产品生产记录。

第二十八条　【农业投入品许可制度及其监督抽查】对可能影响农产品质量安全的农药、兽药、饲料和饲料添加剂、肥料、兽医器械，依照有关法律、行政法规的规定实行许可制度。

　　省级以上人民政府农业农村主管部门应当定期或者不定期组织对可能危及农产品质量安全的农药、兽药、饲料和饲料添加剂、肥料等农业投入品进行监督抽查，并公布抽查结果。

　　农药、兽药经营者应当依照有关法律、行政法规的规定建立销售台账，记录购买者、销售日期和药品施用范围等内容。

第二十九条　【依法、科学使用农业投入品】农产品生产经营者应当依照有关法律、行政法规和国家有关强制性标准、国务院农业农村主管部门的规定，科学合理使用农药、兽药、饲料和饲料添加剂、肥料等农业投入品，严格执行农业投入品使用安全间隔期或者休药期的规定；不得超范围、超剂量使用农业投入品危及农产品质量安全。

　　禁止在农产品生产经营过程中使用国家禁止使用的农业投入品以及其他有毒有害物质。

第三十条　【农产品生产场所及使用物品的质量要求】农产品生产场所以及生产活动中使用的设施、设备、消毒剂、洗涤剂等应当符合国家有关质量安全规定，防止污染农产品。

第三十一条　【农业投入品的安全使用制度】县级以上人民政府农业农村主管部门应当加强对农业投入品使用的监督管理和指导，建立健全农业投入品的安全使用制度，推广农业投入品科学使用技术，普及安全、环保农业投入品的使用。

第三十二条　【打造农产品品牌】国家鼓励和支持农产品生产经营者选用优质特色农产品品种，采用绿色生产技术和全程质量控制技术，生产绿色优质农产品，实施分等分级，提高农产品品质，打造农产品品牌。

第三十三条 【保障冷链农产品质量安全】国家支持农产品产地冷链物流基础设施建设,健全有关农产品冷链物流标准、服务规范和监管保障机制,保障冷链物流农产品畅通高效、安全便捷,扩大高品质市场供给。

　　从事农产品冷链物流的生产经营者应当依照法律、法规和有关农产品质量安全标准,加强冷链技术创新与应用、质量安全控制,执行对冷链物流农产品及其包装、运输工具、作业环境等的检验检测检疫要求,保证冷链农产品质量安全。

第五章　农产品销售

第三十四条 【农产品质量安全监测】销售的农产品应当符合农产品质量安全标准。

　　农产品生产企业、农民专业合作社应当根据质量安全控制要求自行或者委托检测机构对农产品质量安全进行检测;经检测不符合农产品质量安全标准的农产品,应当及时采取管控措施,且不得销售。

　　农业技术推广等机构应当为农户等农产品生产经营者提供农产品检测技术服务。

第三十五条 【农产品包装、保鲜、储存、运输的要求】农产品在包装、保鲜、储存、运输中所使用的保鲜剂、防腐剂、添加剂、包装材料等,应当符合国家有关强制性标准以及其他农产品质量安全规定。

　　储存、运输农产品的容器、工具和设备应当安全、无害。禁止将农产品与有毒有害物质一同储存、运输,防止污染农产品。

第三十六条 【禁止销售的农产品】有下列情形之一的农产品,不得销售:

　　(一)含有国家禁止使用的农药、兽药或者其他化合物;

　　(二)农药、兽药等化学物质残留或者含有的重金属等有毒有害物质不符合农产品质量安全标准;

　　(三)含有的致病性寄生虫、微生物或者生物毒素不符合农产品质量安全标准;

　　(四)未按照国家有关强制性标准以及其他农产品质量安全规定使用保鲜剂、防腐剂、添加剂、包装材料等,或者使用的保鲜剂、防腐剂、添加剂、包装材料等不符合国家有关强制性标准以及其他质量安全规定;

(五)病死、毒死或者死因不明的动物及其产品;

(六)其他不符合农产品质量安全标准的情形。

对前款规定不得销售的农产品,应当依照法律、法规的规定进行处置。

第三十七条 【农产品批发市场、农产品销售企业和食品生产者对农产品的检测、查验和检验】农产品批发市场应当按照规定设立或者委托检测机构,对进场销售的农产品质量安全状况进行抽查检测;发现不符合农产品质量安全标准的,应当要求销售者立即停止销售,并向所在地市场监督管理、农业农村等部门报告。

农产品销售企业对其销售的农产品,应当建立健全进货检查验收制度;经查验不符合农产品质量安全标准的,不得销售。

食品生产者采购农产品等食品原料,应当依照《中华人民共和国食品安全法》的规定查验许可证和合格证明,对无法提供合格证明的,应当按照规定进行检验。

第三十八条 【农产品的包装或者附加标识及要求】农产品生产企业、农民专业合作社以及从事农产品收购的单位或者个人销售的农产品,按照规定应当包装或者附加承诺达标合格证等标识的,须经包装或者附加标识后方可销售。包装物或者标识上应当按照规定标明产品的品名、产地、生产者、生产日期、保质期、产品质量等级等内容;使用添加剂的,还应当按照规定标明添加剂的名称。具体办法由国务院农业农村主管部门制定。

第三十九条 【承诺达标合格证】农产品生产企业、农民专业合作社应当执行法律、法规的规定和国家有关强制性标准,保证其销售的农产品符合农产品质量安全标准,并根据质量安全控制、检测结果等开具承诺达标合格证,承诺不使用禁用的农药、兽药及其他化合物且使用的常规农药、兽药残留不超标等。鼓励和支持农户销售农产品时开具承诺达标合格证。法律、行政法规对畜禽产品的质量安全合格证明有特别规定的,应当遵守其规定。

从事农产品收购的单位或者个人应当按照规定收取、保存承诺达标合格证或者其他质量安全合格证明,对其收购的农产品进行混装或者分装后销售的,应当按照规定开具承诺达标合格证。

农产品批发市场应当建立健全农产品承诺达标合格证查验等

制度。

县级以上人民政府农业农村主管部门应当做好承诺达标合格证有关工作的指导服务,加强日常监督检查。

农产品质量安全承诺达标合格证管理办法由国务院农业农村主管部门会同国务院有关部门制定。

第四十条　【网络销售的管理】农产品生产经营者通过网络平台销售农产品的,应当依照本法和《中华人民共和国电子商务法》《中华人民共和国食品安全法》等法律、法规的规定,严格落实质量安全责任,保证其销售的农产品符合质量安全标准。网络平台经营者应当依法加强对农产品生产经营者的管理。

第四十一条　【质量安全追溯管理】国家对列入农产品质量安全追溯目录的农产品实施追溯管理。国务院农业农村主管部门应当会同国务院市场监督管理等部门建立农产品质量安全追溯协作机制。农产品质量安全追溯管理办法和追溯目录由国务院农业农村主管部门会同国务院市场监督管理等部门制定。

国家鼓励具备信息化条件的农产品生产经营者采用现代信息技术手段采集、留存生产记录、购销记录等生产经营信息。

第四十二条　【农产品质量标志和地理标志】农产品质量符合国家规定的有关优质农产品标准的,农产品生产经营者可以申请使用农产品质量标志。禁止冒用农产品质量标志。

国家加强地理标志农产品保护和管理。

第四十三条　【转基因农产品的标识】属于农业转基因生物的农产品,应当按照农业转基因生物安全管理的有关规定进行标识。

第四十四条　【农产品检疫】依法需要实施检疫的动植物及其产品,应当附具检疫标志、检疫证明。

第六章　监督管理

第四十五条　【全程监管协作机制】县级以上人民政府农业农村主管部门和市场监督管理等部门应当建立健全农产品质量安全全程监督管理协作机制,确保农产品从生产到消费各环节的质量安全。

县级以上人民政府农业农村主管部门和市场监督管理部门应当加强收购、储存、运输过程中农产品质量安全监督管理的协调配合和执法衔接,及时通报和共享农产品质量安全监督管理信息,并按照职责权限,发布有关农产品质量安全日常监督管理信息。

第四十六条 【监督抽查和质量安全风险分级管理】县级以上人民政府农业农村主管部门应当根据农产品质量安全风险监测、风险评估结果和农产品质量安全状况等,制定监督抽查计划,确定农产品质量安全监督抽查的重点、方式和频次,并实施农产品质量安全风险分级管理。

第四十七条 【随机抽查机制】县级以上人民政府农业农村主管部门应当建立健全随机抽查机制,按照监督抽查计划,组织开展农产品质量安全监督抽查。

农产品质量安全监督抽查检测应当委托符合本法规定条件的农产品质量安全检测机构进行。监督抽查不得向被抽查人收取费用,抽取的样品应当按照市场价格支付费用,并不得超过国务院农业农村主管部门规定的数量。

上级农业农村主管部门监督抽查的同批次农产品,下级农业农村主管部门不得另行重复抽查。

第四十八条 【检测机构】农产品质量安全检测应当充分利用现有的符合条件的检测机构。

从事农产品质量安全检测的机构,应当具备相应的检测条件和能力,由省级以上人民政府农业农村主管部门或者其授权的部门考核合格。具体办法由国务院农业农村主管部门制定。

农产品质量安全检测机构应当依法经资质认定。

第四十九条 【检测工作人员和机构的要求】从事农产品质量安全检测工作的人员,应当具备相应的专业知识和实际操作技能,遵纪守法,恪守职业道德。

农产品质量安全检测机构对出具的检测报告负责。检测报告应当客观公正,检测数据应当真实可靠,禁止出具虚假检测报告。

第五十条 【快速检测方法及其结果的效力】县级以上地方人民政府农业农村主管部门可以采用国务院农业农村主管部门会同国务院市场监督管理等部门认定的快速检测方法,开展农产品质量安全监督抽查检测。抽查检测结果确定有关农产品不符合农产品质量安全标准的,可以作为行政处罚的证据。

第五十一条 【对检测结果有异议的处理】农产品生产经营者对监督抽

查检测结果有异议的,可以自收到检测结果之日起五个工作日内,向实施农产品质量安全监督抽查的农业农村主管部门或者其上一级农业农村主管部门申请复检。复检机构与初检机构不得为同一机构。

采用快速检测方法进行农产品质量安全监督抽查检测,被抽查人对检测结果有异议的,可以自收到检测结果时起四小时内申请复检。复检不得采用快速检测方法。

复检机构应当自收到复检样品之日起七个工作日内出具检测报告。

因检测结果错误给当事人造成损害的,依法承担赔偿责任。

第五十二条 【日常检查】县级以上地方人民政府农业农村主管部门应当加强对农产品生产的监督管理,开展日常检查,重点检查农产品产地环境、农业投入品购买和使用、农产品生产记录、承诺达标合格证开具等情况。

国家鼓励和支持基层群众性自治组织建立农产品质量安全信息员工作制度,协助开展有关工作。

第五十三条 【监督检查的措施及生产经营者的协助、配合义务】开展农产品质量安全监督检查,有权采取下列措施:

(一)进入生产经营场所进行现场检查,调查了解农产品质量安全的有关情况;

(二)查阅、复制农产品生产记录、购销台账等与农产品质量安全有关的资料;

(三)抽样检测生产经营的农产品和使用的农业投入品以及其他有关产品;

(四)查封、扣押有证据证明存在农产品质量安全隐患或者经检测不符合农产品质量安全标准的农产品;

(五)查封、扣押有证据证明可能危及农产品质量安全或者经检测不符合产品质量标准的农业投入品以及其他有毒有害物质;

(六)查封、扣押用于违法生产经营农产品的设施、设备、场所以及运输工具;

(七)收缴伪造的农产品质量标志。

农产品生产经营者应当协助、配合农产品质量安全监督检查,不得拒绝、阻挠。

第五十四条 【信用体系建设】县级以上人民政府农业农村等部门应当加强农产品质量安全信用体系建设，建立农产品生产经营者信用记录，记载行政处罚等信息，推进农产品质量安全信用信息的应用和管理。

第五十五条 【未及时处理质量安全隐患的后果】农产品生产经营过程中存在质量安全隐患，未及时采取措施消除的，县级以上地方人民政府农业农村主管部门可以对农产品生产经营者的法定代表人或者主要负责人进行责任约谈。农产品生产经营者应当立即采取措施，进行整改，消除隐患。

第五十六条 【社会监督和投诉举报制度】国家鼓励消费者协会和其他单位或者个人对农产品质量安全进行社会监督，对农产品质量安全监督管理工作提出意见和建议。任何单位和个人有权对违反本法的行为进行检举控告、投诉举报。

县级以上人民政府农业农村主管部门应当建立农产品质量安全投诉举报制度，公开投诉举报渠道，收到投诉举报后，应当及时处理。对不属于本部门职责的，应当移交有权处理的部门并书面通知投诉举报人。

第五十七条 【执法人员的专业技术培训及考核】县级以上地方人民政府农业农村主管部门应当加强对农产品质量安全执法人员的专业技术培训并组织考核。不具备相应知识和能力的，不得从事农产品质量安全执法工作。

第五十八条 【人民政府履职不力的后果】上级人民政府应当督促下级人民政府履行农产品质量安全职责。对农产品质量安全责任落实不力、问题突出的地方人民政府，上级人民政府可以对其主要负责人进行责任约谈。被约谈的地方人民政府应当立即采取整改措施。

第五十九条 【质量安全突发事件应急预案】国务院农业农村主管部门应当会同国务院有关部门制定国家农产品质量安全突发事件应急预案，并与国家食品安全事故应急预案相衔接。

县级以上地方人民政府应当根据有关法律、行政法规的规定和上级人民政府的农产品质量安全突发事件应急预案，制定本行政区域的农产品质量安全突发事件应急预案。

发生农产品质量安全事故时，有关单位和个人应当采取控制措施，及时向所在地乡镇人民政府和县级人民政府农业农村等部门报告；收到报告的机关应当按照农产品质量安全突发事件应急预案及时处理并报本级人民政府、上级人民政府有关部门。发生重大农产品质量安全事故时,按照规定上报国务院及其有关部门。

任何单位和个人不得隐瞒、谎报、缓报农产品质量安全事故,不得隐匿、伪造、毁灭有关证据。

第六十条 【监督检查的法律依据】县级以上地方人民政府市场监督管理部门依照本法和《中华人民共和国食品安全法》等法律、法规的规定,对农产品进入批发、零售市场或者生产加工企业后的生产经营活动进行监督检查。

第六十一条 【对涉嫌犯罪行为的审查、处罚和部门协助】县级以上人民政府农业农村、市场监督管理等部门发现农产品质量安全违法行为涉嫌犯罪的,应当及时将案件移送公安机关。对移送的案件,公安机关应当及时审查;认为有犯罪事实需要追究刑事责任的,应当立案侦查。

公安机关对依法不需要追究刑事责任但应当给予行政处罚的,应当及时将案件移送农业农村、市场监督管理等部门,有关部门应当依法处理。

公安机关商请农业农村、市场监督管理、生态环境等部门提供检验结论、认定意见以及对涉案农产品进行无害化处理等协助的,有关部门应当及时提供、予以协助。

第七章 法 律 责 任

第六十二条 【地方各级政府直接负责的主管人员和其他直接责任人员的法律责任】违反本法规定,地方各级人民政府有下列情形之一的,对直接负责的主管人员和其他直接责任人员给予警告、记过、记大过处分;造成严重后果的,给予降级或者撤职处分:

(一)未确定有关部门的农产品质量安全监督管理工作职责,未建立健全农产品质量安全工作机制,或者未落实农产品质量安全监督管理责任;

(二)未制定本行政区域的农产品质量安全突发事件应急预案,或者发生农产品质量安全事故后未按照规定启动应急预案。

第六十三条 【县级以上政府部门直接负责的主管人员和其他责任人员的法律责任】违反本法规定,县级以上人民政府农业农村等部门有下列行为之一的,对直接负责的主管人员和其他直接责任人员给予记大过处分;情节较重的,给予降级或者撤职处分;情节严重的,给予开除处分;造成严重后果的,其主要负责人还应当引咎辞职:

(一)隐瞒、谎报、缓报农产品质量安全事故或者隐匿、伪造、毁灭有关证据;

(二)未按照规定查处农产品质量安全事故,或者接到农产品质量安全事故报告未及时处理,造成事故扩大或者蔓延;

(三)发现农产品质量安全重大风险隐患后,未及时采取相应措施,造成农产品质量安全事故或者不良社会影响;

(四)不履行农产品质量安全监督管理职责,导致发生农产品质量安全事故。

第六十四条 【县级以上政府部门违法实施执法措施的法律责任】 县级以上地方人民政府农业农村、市场监督管理等部门在履行农产品质量安全监督管理职责过程中,违法实施检查、强制等执法措施,给农产品生产经营者造成损失的,应当依法予以赔偿,对直接负责的主管人员和其他直接责任人员依法给予处分。

第六十五条 【质量安全检测机构、检测人员出具虚假检测报告的法律责任】 农产品质量安全检测机构、检测人员出具虚假检测报告的,由县级以上人民政府农业农村主管部门没收所收取的检测费用,检测费用不足一万元的,并处五万元以上十万元以下罚款,检测费用一万元以上的,并处检测费用五倍以上十倍以下罚款;对直接负责的主管人员和其他直接责任人员处一万元以上五万元以下罚款;使消费者的合法权益受到损害的,农产品质量安全检测机构应当与农产品生产经营者承担连带责任。

因农产品质量安全违法行为受到刑事处罚或者因出具虚假检测报告导致发生重大农产品质量安全事故的检测人员,终身不得从事农产品质量安全检测工作。农产品质量安全检测机构不得聘用上述人员。

农产品质量安全检测机构有前两款违法行为的,由授予其资质的主管部门或者机构吊销该农产品质量安全检测机构的资质证书。

第六十六条 【违法在特定农产品禁止生产区域进行农产品生产及违法向农产品产地排放或者倾倒有毒有害物质的法律责任】 违反本法规定,在特定农产品禁止生产区域种植、养殖、捕捞、采集特定农产品或者建立特定农产品生产基地的,由县级以上地方人民政府农业农村主管部门责令停止违法行为,没收农产品和违法所得,并处违法所得一倍以上三倍以下罚款。

违反法律、法规规定,向农产品产地排放或者倾倒废水、废气、固体废物或者其他有毒有害物质的,依照有关环境保护法律、法规的规定处理、处罚;造成损害的,依法承担赔偿责任。

第六十七条 【农业投入品的生产者、经营者、使用者违规回收和处置农业投入品的法律责任】农药、肥料、农用薄膜等农业投入品的生产者、经营者、使用者未按照规定回收并妥善处置包装物或者废弃物的,由县级以上地方人民政府农业农村主管部门依照有关法律、法规的规定处理、处罚。

第六十八条 【农产品生产企业的法律责任】违反本法规定,农产品生产企业有下列情形之一的,由县级以上地方人民政府农业农村主管部门责令限期改正;逾期不改正的,处五千元以上五万元以下罚款:

(一)未建立农产品质量安全管理制度;

(二)未配备相应的农产品质量安全管理技术人员,且未委托具有专业技术知识的人员进行农产品质量安全指导。

第六十九条 【农产品生产企业、农民专业合作社、农业社会化服务组织的法律责任】农产品生产企业、农民专业合作社、农业社会化服务组织未依照本法规定建立、保存农产品生产记录,或者伪造、变造农产品生产记录的,由县级以上地方人民政府农业农村主管部门责令限期改正;逾期不改正的,处二千元以上二万元以下罚款。

第七十条 【农产品生产经营者的法律责任之一】违反本法规定,农产品生产经营者有下列行为之一,尚不构成犯罪的,由县级以上地方人民政府农业农村主管部门责令停止生产经营、追回已经销售的农产品,对违法生产经营的农产品进行无害化处理或者予以监督销毁,没收违法所得,并可以没收用于违法生产经营的工具、设备、原料等物品;违法生产经营的农产品货值金额不足一万元的,并处十万元以上十五万元以下罚款,货值金额一万元以上的,并处货值金额十五倍以上三十倍以下罚款;对农户,并处一千元以上一万元以下罚款;情节严重的,有许可证的吊销许可证,并可以由公安机关对其直接负责的主管人员和其他直接责任人员处五日以上十五日以下拘留:

（一）在农产品生产经营过程中使用国家禁止使用的农业投入品或者其他有毒有害物质；

（二）销售含有国家禁止使用的农药、兽药或者其他化合物的农产品；

（三）销售病死、毒死或者死因不明的动物及其产品。

明知农产品生产经营者从事前款规定的违法行为，仍为其提供生产经营场所或者其他条件的，由县级以上地方人民政府农业农村主管部门责令停止违法行为，没收违法所得，并处十万元以上二十万元以下罚款；使消费者的合法权益受到损害的，应当与农产品生产经营者承担连带责任。

第七十一条 【农产品生产经营者的法律责任之二】违反本法规定，农产品生产经营者有下列行为之一，尚不构成犯罪的，由县级以上地方人民政府农业农村主管部门责令停止生产经营、追回已经销售的农产品，对违法生产经营的农产品进行无害化处理或者予以监督销毁，没收违法所得，并可以没收用于违法生产经营的工具、设备、原料等物品；违法生产经营的农产品货值金额不足一万元的，并处五万元以上十万元以下罚款，货值金额一万元以上的，并处货值金额十倍以上二十倍以下罚款；对农户，并处五百元以上五千元以下罚款：

（一）销售农药、兽药等化学物质残留或者含有的重金属等有毒有害物质不符合农产品质量安全标准的农产品；

（二）销售含有的致病性寄生虫、微生物或者生物毒素不符合农产品质量安全标准的农产品；

（三）销售其他不符合农产品质量安全标准的农产品。

第七十二条 【农产品生产经营者的法律责任之三】违反本法规定，农产品生产经营者有下列行为之一的，由县级以上地方人民政府农业农村主管部门责令停止生产经营、追回已经销售的农产品，对违法生产经营的农产品进行无害化处理或者予以监督销毁，没收违法所得，并可以没收用于违法生产经营的工具、设备、原料等物品；违法生产经营的农产品货值金额不足一万元的，并处五千元以上五万元以下罚款，货值金额一万元以上的，并处货值金额五倍以上十倍以下罚款；对农户，并处三百元以上三千元以下罚款：

（一）在农产品生产场所以及生产活动中使用的设施、设备、消毒剂、洗涤剂等不符合国家有关质量安全规定；

（二）未按照国家有关强制性标准或者其他农产品质量安全规定使用保鲜剂、防腐剂、添加剂、包装材料等，或者使用的保鲜剂、防腐剂、添加剂、包装材料等不符合国家有关强制性标准或者其他质量安全规定；

（三）将农产品与有毒有害物质一同储存、运输。

第七十三条 【未开具、收取、保存达标合格证的法律责任】违反本法规定，有下列行为之一的，由县级以上地方人民政府农业农村主管部门按照职责给予批评教育，责令限期改正；逾期不改正的，处一百元以上一千元以下罚款：

（一）农产品生产企业、农民专业合作社、从事农产品收购的单位或者个人未按照规定开具承诺达标合格证的；

（二）从事农产品收购的单位或者个人未按照规定收取、保存承诺达标合格证或者其他合格证明。

第七十四条 【农产品生产经营者冒用农产品质量标志，或者销售冒用农产品质量标志的农产品的法律责任】农产品生产经营者冒用农产品质量标志，或者销售冒用农产品质量标志的农产品的，由县级以上地方人民政府农业农村主管部门按照职责责令改正，没收违法所得；违法生产经营的农产品货值金额不足五千元的，并处五千元以上五万元以下罚款，货值金额五千元以上的，并处货值金额十倍以上二十倍以下罚款。

第七十五条 【违反农产品质量安全追溯管理规定的法律责任】违反本法关于农产品质量安全追溯规定的，由县级以上地方人民政府农业农村主管部门按照职责责令限期改正；逾期不改正的，可以处一万元以下罚款。

第七十六条 【拒绝、阻挠依法开展的农产品质量安全监督检查、事故调查处理、抽样检测和风险评估的法律责任】违反本法规定，拒绝、阻挠依法开展的农产品质量安全监督检查、事故调查处理、抽样检测和风险评估的，由有关主管部门按照职责责令停产停业，并处二千元以上五万元以下罚款；构成违反治安管理行为的，由公安机关依法给予治安管理处罚。

第七十七条 【法律适用】《中华人民共和国食品安全法》对食用农产品

进入批发、零售市场或者生产加工企业后的违法行为和法律责任有规定的，由县级以上地方人民政府市场监督管理部门依照其规定进行处罚。

第七十八条　【刑事责任】违反本法规定，构成犯罪的，依法追究刑事责任。

第七十九条　【民事责任】违反本法规定，给消费者造成人身、财产或者其他损害的，依法承担民事赔偿责任。生产经营者财产不足以同时承担民事赔偿责任和缴纳罚款、罚金时，先承担民事赔偿责任。

食用农产品生产经营者违反本法规定，污染环境、侵害众多消费者合法权益，损害社会公共利益的，人民检察院可以依照《中华人民共和国民事诉讼法》《中华人民共和国行政诉讼法》等法律的规定向人民法院提起诉讼。

第八章　附　　则

第八十条　【其他适用规定】粮食收购、储存、运输环节的质量安全管理，依照有关粮食管理的法律、行政法规执行。

第八十一条　【施行日期】本法自2023年1月1日起施行。

最高人民法院关于审理食品安全民事纠纷案件适用法律若干问题的解释（一）

1. 2020年10月19日最高人民法院审判委员会第1813次会议通过
2. 2020年12月8日公布
3. 法释〔2020〕14号
4. 自2021年1月1日起施行

为正确审理食品安全民事纠纷案件，保障公众身体健康和生命安全，根据《中华人民共和国民法典》《中华人民共和国食品安全法》《中华人民共和国消费者权益保护法》《中华人民共和国民事诉讼法》等法律的规定，结合民事审判实践，制定本解释。

第一条　消费者因不符合食品安全标准的食品受到损害，依据食品安全法第一百四十八条第一款规定诉请食品生产者或者经营者赔偿损失,被诉的生产者或者经营者以赔偿责任应由生产经营者中的另一方承担为由主张免责的,人民法院不予支持。属于生产者责任的,经营者赔偿后有权向生产者追偿;属于经营者责任的,生产者赔偿后有权向经营者追偿。

第二条 电子商务平台经营者以标记自营业务方式所销售的食品或者虽未标记自营但实际开展自营业务所销售的食品不符合食品安全标准,消费者依据食品安全法第一百四十八条规定主张电子商务平台经营者承担作为食品经营者的赔偿责任的,人民法院应予支持。

电子商务平台经营者虽非实际开展自营业务,但其所作标识等足以误导消费者让消费者相信电子商务平台经营者自营,消费者依据食品安全法第一百四十八条规定主张电子商务平台经营者承担作为食品经营者的赔偿责任的,人民法院应予支持。

第三条 电子商务平台经营者违反食品安全法第六十二条和第一百三十一条规定,未对平台内食品经营者进行实名登记、审查许可证,或者未履行报告、停止提供网络交易平台服务等义务,使消费者的合法权益受到损害,消费者主张电子商务平台经营者与平台内食品经营者承担连带责任的,人民法院应予支持。

第四条 公共交通运输的承运人向旅客提供的食品不符合食品安全标准,旅客主张承运人依据食品安全法第一百四十八条规定承担作为食品生产者或者经营者的赔偿责任的,人民法院应予支持;承运人以其不是食品的生产经营者或者食品是免费提供为由进行免责抗辩的,人民法院不予支持。

第五条 有关单位或者个人明知食品生产经营者从事食品安全法第一百二十三条第一款规定的违法行为而仍为其提供设备、技术、原料、销售渠道、运输、储存或者其他便利条件,消费者主张该单位或者个人依据食品安全法第一百二十三条第二款的规定与食品生产经营者承担连带责任的,人民法院应予支持。

第六条 食品经营者具有下列情形之一,消费者主张构成食品安全法第一百四十八条规定的"明知"的,人民法院应予支持:

(一)已过食品标明的保质期但仍然销售的;

(二)未能提供所售食品的合法进货来源的;

(三)以明显不合理的低价进货且无合理原因的;

　　(四)未依法履行进货查验义务的;

　　(五)虚假标注、更改食品生产日期、批号的;

　　(六)转移、隐匿、非法销毁食品进销货记录或者故意提供虚假信息的;

　　(七)其他能够认定为明知的情形。

第七条　消费者认为生产经营者生产经营不符合食品安全标准的食品同时构成欺诈的,有权选择依据食品安全法第一百四十八条第二款或者消费者权益保护法第五十五条第一款规定主张食品生产者或者经营者承担惩罚性赔偿责任。

第八条　经营者经营明知是不符合食品安全标准的食品,但向消费者承诺的赔偿标准高于食品安全法第一百四十八条规定的赔偿标准,消费者主张经营者按照承诺赔偿的,人民法院应当依法予以支持。

第九条　食品符合食品安全标准但未达到生产经营者承诺的质量标准,消费者依照民法典、消费者权益保护法等法律规定主张生产经营者承担责任的,人民法院应予支持,但消费者主张生产经营者依据食品安全法第一百四十八条规定承担赔偿责任的,人民法院不予支持。

第十条　食品不符合食品安全标准,消费者主张生产者或者经营者依据食品安全法第一百四十八条第二款规定承担惩罚性赔偿责任,生产者或者经营者以未造成消费者人身损害为由抗辩的,人民法院不予支持。

第十一条　生产经营未标明生产者名称、地址、成分或者配料表,或者未清晰标明生产日期、保质期的预包装食品,消费者主张生产者或者经营者依据食品安全法第一百四十八条第二款规定承担惩罚性赔偿责任的,人民法院应予支持,但法律、行政法规、食品安全国家标准对标签标注事项另有规定的除外。

第十二条　进口的食品不符合我国食品安全国家标准或者国务院卫生行政部门决定暂予适用的标准,消费者主张销售者、进口商等经营者依据食品安全法第一百四十八条规定承担赔偿责任,销售者、进口商等经营者仅以进口的食品符合出口地食品安全标准或者已经过我国出入境检验检疫机构检验检疫为由进行免责抗辩的,人民法院不予支持。

第十三条　生产经营不符合食品安全标准的食品,侵害众多消费者合法权益,损害社会公共利益,民事诉讼法、消费者权益保护法等法律规定的机关和有关组织依法提起公益诉讼的,人民法院应予受理。

第十四条　本解释自2021年1月1日起施行。

本解释施行后人民法院正在审理的一审、二审案件适用本解释。

本解释施行前已经终审,本解释施行后当事人申请再审或者按照审判监督程序决定再审的案件,不适用本解释。

最高人民法院以前发布的司法解释与本解释不一致的,以本解释为准。

最高人民法院关于审理食品药品
纠纷案件适用法律若干问题的规定

1. 2013年12月9日最高人民法院审判委员会第1599次会议通过、2013年12月23日公布、自2014年3月15日起施行(法释〔2013〕28号)
2. 根据2020年12月23日最高人民法院审判委员会第1823次会议通过、2020年12月29日公布、自2021年1月1日起施行的《最高人民法院关于修改〈最高人民法院关于在民事审判工作中适用《中华人民共和国工会法》若干问题的解释〉等二十七件民事类司法解释的决定》(法释〔2020〕17号)第一次修正
3. 根据2021年11月15日最高人民法院审判委员会第1850次会议通过、2021年11月18日公布、自2021年12月1日起施行的《最高人民法院关于修改〈最高人民法院关于审理食品药品纠纷案件适用法律若干问题的规定〉的决定》(法释〔2021〕17号)第二次修正

为正确审理食品药品纠纷案件,根据《中华人民共和国民法典》《中华人民共和国消费者权益保护法》《中华人民共和国食品安全法》《中华人民共和国药品管理法》《中华人民共和国民事诉讼法》等法律的规定,结合审判实践,制定本规定。

第一条　消费者因食品、药品纠纷提起民事诉讼,符合民事诉讼法规定受理条件的,人民法院应予受理。

第二条　因食品、药品存在质量问题造成消费者损害,消费者可以分别起诉或者同时起诉销售者和生产者。

消费者仅起诉销售者或者生产者的,必要时人民法院可以追加相关当事人参加诉讼。

第三条 因食品、药品质量问题发生纠纷,购买者向生产者、销售者主张权利,生产者、销售者以购买者明知食品、药品存在质量问题而仍然购买为由进行抗辩的,人民法院不予支持。

第四条 食品、药品生产者、销售者提供给消费者的食品或者药品的赠品发生质量安全问题,造成消费者损害,消费者主张权利,生产者、销售者以消费者未对赠品支付对价为由进行免责抗辩的,人民法院不予支持。

第五条 消费者举证证明所购买食品、药品的事实以及所购食品、药品不符合合同的约定,主张食品、药品的生产者、销售者承担违约责任的,人民法院应予支持。

消费者举证证明因食用食品或者使用药品受到损害,初步证明损害与食用食品或者使用药品存在因果关系,并请求食品、药品的生产者、销售者承担侵权责任的,人民法院应予支持,但食品、药品的生产者、销售者能证明损害不是因产品不符合质量标准造成的除外。

第六条 食品的生产者与销售者应当对于食品符合质量标准承担举证责任。认定食品是否安全,应当以国家标准为依据;对地方特色食品,没有国家标准的,应当以地方标准为依据。没有前述标准的,应当以食品安全法的相关规定为依据。

第七条 食品、药品虽在销售前取得检验合格证明,且食用或者使用时尚在保质期内,但经检验确认产品不合格,生产者或者销售者以该食品、药品具有检验合格证明为由进行抗辩的,人民法院不予支持。

第八条 集中交易市场的开办者、柜台出租者、展销会举办者未履行食品安全法规定的审查、检查、报告等义务,使消费者的合法权益受到损害的,消费者请求集中交易市场的开办者、柜台出租者、展销会举办者承担连带责任的,人民法院应予支持。

第九条 消费者通过网络交易第三方平台购买食品、药品遭受损害,网络交易第三方平台提供者不能提供食品、药品的生产者或者销售者的真实名称、地址与有效联系方式,消费者请求网络交易第三方平台提供者承担责任的,人民法院应予支持。

网络交易第三方平台提供者承担赔偿责任后,向生产者或者销售者行使追偿权的,人民法院应予支持。

网络交易第三方平台提供者知道或者应当知道食品、药品的生产者、销售者利用其平台侵害消费者合法权益,未采取必要措施,给消费者造成损害,消费者要求其与生产者、销售者承担连带责任的,人民法院应予支持。

第十条 未取得食品生产资质与销售资质的民事主体,挂靠具有相应资质的生产者与销售者,生产、销售食品,造成消费者损害,消费者请求挂靠者与被挂靠者承担连带责任的,人民法院应予支持。

消费者仅起诉挂靠者或者被挂靠者的,必要时人民法院可以追加相关当事人参加诉讼。

第十一条 消费者因虚假广告推荐的食品、药品存在质量问题遭受损害,依据消费者权益保护法等法律相关规定请求广告经营者、广告发布者承担连带责任的,人民法院应予支持。

其他民事主体在虚假广告中向消费者推荐食品、药品,使消费者遭受损害,消费者依据消费者权益保护法等法律相关规定请求其与食品、药品的生产者、销售者承担连带责任的,人民法院应予支持。

第十二条 食品检验机构故意出具虚假检验报告,造成消费者损害,消费者请求其承担连带责任的,人民法院应予支持。

食品检验机构因过失出具不实检验报告,造成消费者损害,消费者请求其承担相应责任的,人民法院应予支持。

第十三条 食品认证机构故意出具虚假认证,造成消费者损害,消费者请求其承担连带责任的,人民法院应予支持。

食品认证机构因过失出具不实认证,造成消费者损害,消费者请求其承担相应责任的,人民法院应予支持。

第十四条 生产、销售的食品、药品存在质量问题,生产者与销售者需同时承担民事责任、行政责任和刑事责任,其财产不足以支付,当事人依照民法典等有关法律规定,请求食品、药品的生产者、销售者首先承担民事责任的,人民法院应予支持。

第十五条 生产不符合安全标准的食品或者销售明知是不符合安全标准的食品,消费者除要求赔偿损失外,依据食品安全法等法律规定向生产者、销售者主张赔偿金的,人民法院应予支持。

生产假药、劣药或者明知是假药、劣药仍然销售、使用的,受害人或者其近亲属除请求赔偿损失外,依据药品管理法等法律规定向生产者、销售者主张赔偿金的,人民法院应予支持。

第十六条 食品、药品的生产者与销售者以格式合同、通知、声明、告示等方式作出排除或者限制消费者权利、减轻或者免除经营者责任、加重消费者责任等对消费者不公平、不合理的规定的,消费者依法请求认定该内容无效的,人民法院应予支持。

第十七条 消费者与化妆品、保健食品等产品的生产者、销售者、广告经营者、广告发布者、推荐者、检验机构等主体之间的纠纷,参照适用本规定。

法律规定的机关和有关组织依法提起公益诉讼的,参照适用本规定。

第十八条 本规定所称的"药品的生产者"包括药品上市许可持有人和药品生产企业,"药品的销售者"包括药品经营企业和医疗机构。

第十九条 本规定施行后人民法院正在审理的一审、二审案件适用本规定。

本规定施行前已经终审,本规定施行后当事人申请再审或者按照审判监督程序决定再审的案件,不适用本规定。

最高人民法院关于审理食品药品惩罚性赔偿纠纷案件适用法律若干问题的解释

1. 2024年3月18日最高人民法院审判委员会第1918次会议通过
2. 2024年8月21日公布
3. 法释〔2024〕9号
4. 自2024年8月22日起施行

为正确审理食品药品惩罚性赔偿纠纷案件,依法保护食品药品安全和消费者合法权益,根据《中华人民共和国民法典》、《中华人民共和国消费者权益保护法》、《中华人民共和国食品安全法》、《中华人民共和国药品管理法》等法律规定,结合审判实践,制定本解释。

第一条 购买者因个人或者家庭生活消费需要购买的食品不符合食品安全标准,购买后依照食品安全法第一百四十八条第二款规定请求生产者或者经营者支付惩罚性赔偿金的,人民法院依法予以支持。

没有证据证明购买者明知所购买食品不符合食品安全标准仍然购

买的,人民法院应当根据购买者请求以其实际支付价款为基数计算价款十倍的惩罚性赔偿金。

第二条 购买者明知所购买食品不符合食品安全标准或者所购买药品是假药、劣药,购买后请求经营者返还价款的,人民法院应予支持。

经营者请求购买者返还食品、药品,如果食品标签、标志或者说明书不符合食品安全标准,食品生产者在采取补救措施且能保证食品安全的情况下可以继续销售的,人民法院应予支持;应当对食品、药品采取无害化处理、销毁等措施的,依照食品安全法、药品管理法的相关规定处理。

第三条 受托人明知购买者委托购买的是不符合食品安全标准的食品或者假药、劣药仍然代购,购买者依照食品安全法第一百四十八条第二款或者药品管理法第一百四十四条第三款规定请求受托人承担惩罚性赔偿责任的,人民法院应予支持,但受托人不以代购为业的除外。

以代购为业的受托人明知是不符合食品安全标准的食品或者假药、劣药仍然代购,向购买者承担惩罚性赔偿责任后向生产者追偿的,人民法院不予支持。受托人不知道是不符合食品安全标准的食品或者假药、劣药而代购,向购买者承担赔偿责任后向生产者追偿的,人民法院依法予以支持。

第四条 食品生产加工小作坊和食品摊贩等生产经营的食品不符合食品安全标准,购买者请求生产者或者经营者依照食品安全法第一百四十八条第二款规定承担惩罚性赔偿责任的,人民法院应予支持。

食品生产加工小作坊和食品摊贩等生产经营的食品不符合省、自治区、直辖市制定的具体管理办法等规定,但符合食品安全标准,购买者请求生产者或者经营者依照食品安全法第一百四十八条第二款规定承担惩罚性赔偿责任的,人民法院不予支持。

第五条 食品不符合食品中危害人体健康物质的限量规定,食品添加剂的品种、使用范围、用量要求,特定人群的主辅食品的营养成分要求,与卫生、营养等食品安全要求有关的标签、标志、说明书要求以及与食品安全有关的质量要求等方面的食品安全标准,购买者依照食品安全法第一百四十八条第二款规定请求生产者或者经营者承担惩罚性赔偿责任的,人民法院应予支持。

第六条 购买者以食品的标签、说明书不符合食品安全标准为由请求生产者或者经营者支付惩罚性赔偿金,生产者或者经营者以食品的标签、说明书瑕疵不影响食品安全且不会对消费者造成误导为由进行抗辩,存在下列情形之一的,人民法院对生产者或者经营者的抗辩不予支持:

(一)未标明食品安全标准要求必须标明的事项,但属于本解释第八条规定情形的除外;

(二)故意错标食品安全标准要求必须标明的事项;

(三)未正确标明食品安全标准要求必须标明的事项,足以导致消费者对食品安全产生误解。

第七条 购买者以食品的标签、说明书不符合食品安全标准为由请求生产者或者经营者支付惩罚性赔偿金,生产者或者经营者以食品的标签、说明书虽不符合食品安全标准但不影响食品安全为由进行抗辩的,人民法院对其抗辩不予支持,但食品的标签、说明书瑕疵同时符合下列情形的除外:

(一)根据食品安全法第一百五十条关于食品安全的规定,足以认定标签、说明书瑕疵不影响食品安全;

(二)根据购买者在购买食品时是否明知瑕疵存在、瑕疵是否会导致普通消费者对食品安全产生误解等事实,足以认定标签、说明书瑕疵不会对消费者造成误导。

第八条 购买者以食品的标签、说明书不符合食品安全标准为由请求生产者或者经营者支付惩罚性赔偿金,食品的标签、说明书虽存在瑕疵但属于下列情形之一的,人民法院不予支持:

(一)文字、符号、数字的字号、字体、字高不规范,或者外文字号、字高大于中文;

(二)出现错别字、多字、漏字、繁体字或者外文翻译不准确,但不会导致消费者对食品安全产生误解;

(三)净含量、规格的标示方式和格式不规范,食品、食品添加剂以及配料使用的俗称或者简称等不规范,营养成分表、配料表顺序、数值、单位标示不规范,或者营养成分表数值修约间隔、"0"界限值、标示单位不规范,但不会导致消费者对食品安全产生误解;

(四)对没有特殊贮存条件要求的食品,未按照规定标示贮存条件;

(五)食品的标签、说明书存在其他瑕疵,但不影响食品安全且不会对消费者造成误导。

第九条 经营明知是不符合食品安全标准的食品或者明知是假药、劣药仍然销售、使用的行为构成欺诈,购买者选择依照食品安全法第一百四十八条第二款、药品管理法第一百四十四条第三款或者消费者权益保护法第五十五条第一款规定起诉请求经营者承担惩罚性赔偿责任的,人民法院应予支持。

购买者依照食品安全法第一百四十八条第二款或者药品管理法第一百四十四条第三款规定起诉请求经营者承担惩罚性赔偿责任,人民法院经审理认为购买者请求不成立但经营者行为构成欺诈,购买者变更为依照消费者权益保护法第五十五条第一款规定请求经营者承担惩罚性赔偿责任的,人民法院应当准许。

第十条 购买者因个人或者家庭生活消费需要购买的药品是假药、劣药,依照药品管理法第一百四十四条第三款规定请求生产者或者经营者支付惩罚性赔偿金的,人民法院依法予以支持。

第十一条 购买者依照药品管理法第一百四十四条第三款规定请求生产者或者经营者支付惩罚性赔偿金,生产者或者经营者抗辩不应适用药品管理法第一百四十四条第三款规定,存在下列情形之一的,人民法院对其抗辩应予支持:

(一)不以营利为目的实施带有自救、互助性质的生产、销售少量药品行为,且未造成他人伤害后果;

(二)根据民间传统配方制售药品,数量不大,且未造成他人伤害后果;

(三)不以营利为目的实施带有自救、互助性质的进口少量境外合法上市药品行为。

对于是否属于民间传统配方难以确定的,可以根据地市级以上药品监督管理部门或者有关部门出具的意见,结合其他证据作出认定。

行政机关作出的处罚决定或者行政机关、药品检验机构提供的检验结论、认定意见等证据足以证明生产、销售或者使用的药品属于假药、劣药的,不适用本条第一款规定。

第十二条 购买者明知所购买食品不符合食品安全标准,依照食品安全法第一百四十八条第二款规定请求生产者或者经营者支付价款十倍的惩罚性赔偿金的,人民法院应当在合理生活消费需要范围内依法支持购买者诉讼请求。

  人民法院可以综合保质期、普通消费者通常消费习惯等因素认定购买者合理生活消费需要的食品数量。

  生产者或者经营者主张购买者明知所购买食品不符合食品安全标准仍然购买索赔的,应当提供证据证明其主张。

第十三条　购买者明知食品不符合食品安全标准,在短时间内多次购买,并依照食品安全法第一百四十八条第二款规定起诉请求同一生产者或者经营者按每次购买金额分别计算惩罚性赔偿金的,人民法院应当根据购买者多次购买相同食品的总数,在合理生活消费需要范围内依法支持其诉讼请求。

第十四条　购买者明知所购买食品不符合食品安全标准,在短时间内多次购买,并多次依照食品安全法第一百四十八条第二款规定就同一不符合食品安全标准的食品起诉请求同一生产者或者经营者支付惩罚性赔偿金的,人民法院应当在合理生活消费需要范围内依法支持其诉讼请求。

  人民法院可以综合保质期、普通消费者通常消费习惯、购买者的购买频次等因素认定购买者每次起诉的食品数量是否超出合理生活消费需要。

第十五条　人民法院在审理食品药品纠纷案件过程中,发现购买者恶意制造生产者或者经营者违法生产经营食品、药品的假象,以投诉、起诉等方式相要挟,向生产者或者经营者索取赔偿金,涉嫌敲诈勒索的,应当及时将有关违法犯罪线索、材料移送公安机关。

第十六条　购买者恶意制造生产者或者经营者违法生产经营食品、药品的假象,起诉请求生产者或者经营者承担赔偿责任的,人民法院应当驳回购买者诉讼请求;构成虚假诉讼的,人民法院应当依照民事诉讼法相关规定,根据情节轻重对其予以罚款、拘留。

  购买者行为侵害生产者或者经营者的名誉权等权利,生产者或者经营者请求购买者承担损害赔偿等民事责任的,人民法院应予支持。

第十七条　人民法院在审理食品药品纠纷案件过程中,发现当事人的行为涉嫌生产、销售有毒、有害食品及假药、劣药,虚假诉讼等违法犯罪的,应当及时将有关违法犯罪线索、材料移送有关行政机关和公安机关。

第十八条 人民法院在审理食品药品纠纷案件过程中,发现违法生产、销售、使用食品、药品行为的,可以向有关行政机关、生产者或者经营者发出司法建议。

第十九条 本解释自 2024 年 8 月 22 日起施行。

本解释施行后尚未终审的民事案件,适用本解释;本解释施行前已经终审,当事人申请再审或者按照审判监督程序决定再审的民事案件,不适用本解释。

三、网络交易

最高人民法院关于审理网络消费纠纷案件适用法律若干问题的规定（一）

1. 2022 年 2 月 15 日最高人民法院审判委员会第 1864 次会议通过
2. 2022 年 3 月 1 日公布
3. 法释〔2022〕8 号
4. 自 2022 年 3 月 15 日起施行

  为正确审理网络消费纠纷案件，依法保护消费者合法权益，促进网络经济健康持续发展，根据《中华人民共和国民法典》《中华人民共和国消费者权益保护法》《中华人民共和国电子商务法》《中华人民共和国民事诉讼法》等法律规定，结合审判实践，制定本规定。

第一条　电子商务经营者提供的格式条款有以下内容的，人民法院应当依法认定无效：

（一）收货人签收商品即视为认可商品质量符合约定；

（二）电子商务平台经营者依法应承担的责任一概由平台内经营者承担；

（三）电子商务经营者享有单方解释权或者最终解释权；

（四）排除或者限制消费者依法投诉、举报、请求调解、申请仲裁、提起诉讼的权利；

（五）其他排除或者限制消费者权利、减轻或者免除电子商务经营者责任、加重消费者责任等对消费者不公平、不合理的内容。

第二条　电子商务经营者就消费者权益保护法第二十五条第一款规定的四项除外商品做出七日内无理由退货承诺，消费者主张电子商务经营者应当遵守其承诺的，人民法院应予支持。

第三条　消费者因检查商品的必要对商品进行拆封查验且不影响商品完

好,电子商务经营者以商品已拆封为由主张不适用消费者权益保护法第二十五条规定的无理由退货制度的,人民法院不予支持,但法律另有规定的除外。

第四条 电子商务平台经营者以标记自营业务方式或者虽未标记自营但实际开展自营业务所销售的商品或者提供的服务损害消费者合法权益,消费者主张电子商务平台经营者承担商品销售者或者服务提供者责任的,人民法院应予支持。

电子商务平台经营者虽非实际开展自营业务,但其所作标识等足以误导消费者使消费者相信系电子商务平台经营者自营,消费者主张电子商务平台经营者承担商品销售者或者服务提供者责任的,人民法院应予支持。

第五条 平台内经营者出售商品或者提供服务过程中,其工作人员引导消费者通过交易平台提供的支付方式以外的方式进行支付,消费者主张平台内经营者承担商品销售者或者服务提供者责任,平台内经营者以未经过交易平台支付为由抗辩的,人民法院不予支持。

第六条 注册网络经营账号开设网络店铺的平台内经营者,通过协议等方式将网络账号及店铺转让给其他经营者,但未依法进行相关经营主体信息变更公示,实际经营者的经营活动给消费者造成损害,消费者主张注册经营者、实际经营者承担赔偿责任的,人民法院应予支持。

第七条 消费者在二手商品网络交易平台购买商品受到损害,人民法院综合销售者出售商品的性质、来源、数量、价格、频率、是否有其他销售渠道、收入等情况,能够认定销售者系从事商业经营活动,消费者主张销售者依据消费者权益保护法承担经营者责任的,人民法院应予支持。

第八条 电子商务经营者在促销活动中提供的奖品、赠品或者消费者换购的商品给消费者造成损害,消费者主张电子商务经营者承担赔偿责任,电子商务经营者以奖品、赠品属于免费提供或者商品属于换购为由主张免责的,人民法院不予支持。

第九条 电子商务经营者与他人签订的以虚构交易、虚构点击量、编造用户评价等方式进行虚假宣传的合同,人民法院应当依法认定无效。

第十条 平台内经营者销售商品或者提供服务损害消费者合法权益,其向消费者承诺的赔偿标准高于相关法定赔偿标准,消费者主张平台内经营者按照承诺赔偿的,人民法院应依法予以支持。

第十一条　平台内经营者开设网络直播间销售商品，其工作人员在网络直播中因虚假宣传等给消费者造成损害，消费者主张平台内经营者承担赔偿责任的，人民法院应予支持。

第十二条　消费者因在网络直播间点击购买商品合法权益受到损害，直播间运营者不能证明已经以足以使消费者辨别的方式标明其并非销售者并标明实际销售者的，消费者主张直播间运营者承担商品销售者责任的，人民法院应予支持。

　　直播间运营者能够证明已经尽到前款所列标明义务的，人民法院应当综合交易外观、直播间运营者与经营者的约定、与经营者的合作模式、交易过程以及消费者认知等因素予以认定。

第十三条　网络直播营销平台经营者通过网络直播方式开展自营业务销售商品，消费者主张其承担商品销售者责任的，人民法院应予支持。

第十四条　网络直播间销售商品损害消费者合法权益，网络直播营销平台经营者不能提供直播间运营者的真实姓名、名称、地址和有效联系方式的，消费者依据消费者权益保护法第四十四条规定向网络直播营销平台经营者请求赔偿的，人民法院应予支持。网络直播营销平台经营者承担责任后，向直播间运营者追偿的，人民法院应予支持。

第十五条　网络直播营销平台经营者对依法需取得食品经营许可的网络直播间的食品经营资质未尽到法定审核义务，使消费者的合法权益受到损害，消费者依据食品安全法第一百三十一条等规定主张网络直播营销平台经营者与直播间运营者承担连带责任的，人民法院应予支持。

第十六条　网络直播营销平台经营者知道或者应当知道网络直播间销售的商品不符合保障人身、财产安全的要求，或者有其他侵害消费者合法权益行为，未采取必要措施，消费者依据电子商务法第三十八条等规定主张网络直播营销平台经营者与直播间运营者承担连带责任的，人民法院应予支持。

第十七条　直播间运营者知道或者应当知道经营者提供的商品不符合保障人身、财产安全的要求，或者有其他侵害消费者合法权益行为，仍为其推广，给消费者造成损害，消费者依据民法典第一千一百六十八条等规定主张直播间运营者与提供该商品的经营者承担连带责任的，人民法院应予支持。

第十八条　网络餐饮服务平台经营者违反食品安全法第六十二条和第一

百三十一条规定,未对入网餐饮服务提供者进行实名登记、审查许可证,或者未履行报告、停止提供网络交易平台服务等义务,使消费者的合法权益受到损害,消费者主张网络餐饮服务平台经营者与入网餐饮服务提供者承担连带责任的,人民法院应予支持。

第十九条 入网餐饮服务提供者所经营食品损害消费者合法权益,消费者主张入网餐饮服务提供者承担经营者责任,入网餐饮服务提供者以订单系委托他人加工制作为由抗辩的,人民法院不予支持。

第二十条 本规定自 2022 年 3 月 15 日起施行。

网络餐饮服务食品安全监督管理办法

1. 2017 年 11 月 6 日国家食品药品监督管理总局令第 36 号公布
2. 根据 2020 年 10 月 23 日国家市场监督管理总局令第 31 号《关于修改部分规章的决定》修正

第一条 为加强网络餐饮服务食品安全监督管理,规范网络餐饮服务经营行为,保证餐饮食品安全,保障公众身体健康,根据《中华人民共和国食品安全法》等法律法规,制定本办法。

第二条 在中华人民共和国境内,网络餐饮服务第三方平台提供者、通过第三方平台和自建网站提供餐饮服务的餐饮服务提供者(以下简称入网餐饮服务提供者),利用互联网提供餐饮服务及其监督管理,适用本办法。

第三条 国家市场监督管理总局负责指导全国网络餐饮服务食品安全监督管理工作,并组织开展网络餐饮服务食品安全监测。

县级以上地方市场监督管理部门负责本行政区域内网络餐饮服务食品安全监督管理工作。

第四条 入网餐饮服务提供者应当具有实体经营门店并依法取得食品经营许可证,并按照食品经营许可证载明的主体业态、经营项目从事经营活动,不得超范围经营。

第五条 网络餐饮服务第三方平台提供者应当在通信主管部门批准后 30 个工作日内,向所在地省级市场监督管理部门备案。自建网站餐饮服务提供者应当在通信主管部门备案后30个工作日内,向所在地县级市场监督管理部门备案。备案内容包括域名、IP地址、电信业务经营许可证或者备案号、企业名称、地址、法定代表人或者负责人姓名等。

网络餐饮服务第三方平台提供者设立从事网络餐饮服务分支机构的,应当在设立后30个工作日内,向所在地县级市场监督管理部门备案。备案内容包括分支机构名称、地址、法定代表人或者负责人姓名等。

市场监督管理部门应当及时向社会公开相关备案信息。

第六条　网络餐饮服务第三方平台提供者应当建立并执行入网餐饮服务提供者审查登记、食品安全违法行为制止及报告、严重违法行为平台服务停止、食品安全事故处置等制度,并在网络平台上公开相关制度。

第七条　网络餐饮服务第三方平台提供者应当设置专门的食品安全管理机构,配备专职食品安全管理人员,每年对食品安全管理人员进行培训和考核。培训和考核记录保存期限不得少于2年。经考核不具备食品安全管理能力的,不得上岗。

第八条　网络餐饮服务第三方平台提供者应当对入网餐饮服务提供者的食品经营许可证进行审查,登记入网餐饮服务提供者的名称、地址、法定代表人或者负责人及联系方式等信息,保证入网餐饮服务提供者食品经营许可证载明的经营场所等许可信息真实。

网络餐饮服务第三方平台提供者应当与入网餐饮服务提供者签订食品安全协议,明确食品安全责任。

第九条　网络餐饮服务第三方平台提供者和入网餐饮服务提供者应当在餐饮服务经营活动主页面公示餐饮服务提供者的食品经营许可证。食品经营许可等信息发生变更的,应当及时更新。

第十条　网络餐饮服务第三方平台提供者和入网餐饮服务提供者应当在网上公示餐饮服务提供者的名称、地址、量化分级信息,公示的信息应当真实。

第十一条　入网餐饮服务提供者应当在网上公示菜品名称和主要原料名称,公示的信息应当真实。

第十二条　网络餐饮服务第三方平台提供者提供食品容器、餐具和包装材料的,所提供的食品容器、餐具和包装材料应当无毒、清洁。

鼓励网络餐饮服务第三方平台提供者提供可降解的食品容器、餐具和包装材料。

第十三条 网络餐饮服务第三方平台提供者和入网餐饮服务提供者应当加强对送餐人员的食品安全培训和管理。委托送餐单位送餐的,送餐单位应当加强对送餐人员的食品安全培训和管理。培训记录保存期限不得少于2年。

第十四条 送餐人员应当保持个人卫生,使用安全、无害的配送容器,保持容器清洁,并定期进行清洗消毒。送餐人员应当核对配送食品,保证配送过程食品不受污染。

第十五条 网络餐饮服务第三方平台提供者和自建网站餐饮服务提供者应当履行记录义务,如实记录网络订餐的订单信息,包括食品的名称、下单时间、送餐人员、送达时间以及收货地址,信息保存时间不得少于6个月。

第十六条 网络餐饮服务第三方平台提供者应当对入网餐饮服务提供者的经营行为进行抽查和监测。

网络餐饮服务第三方平台提供者发现入网餐饮服务提供者存在违法行为的,应当及时制止并立即报告入网餐饮服务提供者所在地县级市场监督管理部门;发现严重违法行为的,应当立即停止提供网络交易平台服务。

第十七条 网络餐饮服务第三方平台提供者应当建立投诉举报处理制度,公开投诉举报方式,对涉及消费者食品安全的投诉举报及时进行处理。

第十八条 入网餐饮服务提供者加工制作餐饮食品应当符合下列要求:

(一)制定并实施原料控制要求,选择资质合法、保证原料质量安全的供货商,或者从原料生产基地、超市采购原料,做好食品原料索证索票和进货查验记录,不得采购不符合食品安全标准的食品及原料;

(二)在加工过程中应当检查待加工的食品及原料,发现有腐败变质、油脂酸败、霉变生虫、污秽不洁、混有异物、掺假掺杂或者感官性状异常的,不得加工使用;

(三)定期维护食品贮存、加工、清洗消毒等设施、设备,定期清洗和校验保温、冷藏和冷冻等设施、设备,保证设施、设备运转正常;

(四)在自己的加工操作区内加工食品,不得将订单委托其他食品经营者加工制作;

(五)网络销售的餐饮食品应当与实体店销售的餐饮食品质量安

全保持一致。

第十九条　入网餐饮服务提供者应当使用无毒、清洁的食品容器、餐具和包装材料,并对餐饮食品进行包装,避免送餐人员直接接触食品,确保送餐过程中食品不受污染。

第二十条　入网餐饮服务提供者配送有保鲜、保温、冷藏或者冷冻等特殊要求食品的,应当采取能保证食品安全的保存、配送措施。

第二十一条　国家市场监督管理总局组织监测发现网络餐饮服务第三方平台提供者和入网餐饮服务提供者存在违法行为的,通知有关省级市场监督管理部门依法组织查处。

第二十二条　县级以上地方市场监督管理部门接到网络餐饮服务第三方平台提供者报告入网餐饮服务提供者存在违法行为的,应当及时依法查处。

第二十三条　县级以上地方市场监督管理部门应当加强对网络餐饮服务食品安全的监督检查,发现网络餐饮服务第三方平台提供者和入网餐饮服务提供者存在违法行为的,依法进行查处。

第二十四条　县级以上地方市场监督管理部门对网络餐饮服务交易活动的技术监测记录资料,可以依法作为认定相关事实的依据。

第二十五条　县级以上地方市场监督管理部门对于消费者投诉举报反映的线索,应当及时进行核查,被投诉举报人涉嫌违法的,依法进行查处。

第二十六条　县级以上地方市场监督管理部门查处的入网餐饮服务提供者有严重违法行为的,应当通知网络餐饮服务第三方平台提供者,要求其立即停止对入网餐饮服务提供者提供网络交易平台服务。

第二十七条　违反本办法第四条规定,入网餐饮服务提供者不具备实体经营门店,未依法取得食品经营许可证的,由县级以上地方市场监督管理部门依照食品安全法第一百二十二条的规定处罚。

第二十八条　违反本办法第五条规定,网络餐饮服务第三方平台提供者以及分支机构或者自建网站餐饮服务提供者未履行相应备案义务的,由县级以上地方市场监督管理部门责令改正,给予警告;拒不改正的,处 5000 元以上 3 万元以下罚款。

第二十九条　违反本办法第六条规定,网络餐饮服务第三方平台提供者未按要求建立、执行并公开相关制度的,由县级以上地方市场监督管理部门责令改正,给予警告;拒不改正的,处 5000 元以上 3 万元以下罚款。

第三十条　违反本办法第七条规定,网络餐饮服务第三方平台提供者未设置专门的食品安全管理机构,配备专职食品安全管理人员,或者未按要求对食品安全管理人员进行培训、考核并保存记录的,由县级以上地方市场监督管理部门责令改正,给予警告;拒不改正的,处 5000 元以上3 万元以下罚款。

第三十一条　违反本办法第八条第一款规定,网络餐饮服务第三方平台提供者未对入网餐饮服务提供者的食品经营许可证进行审查,未登记入网餐饮服务提供者的名称、地址、法定代表人或者负责人及联系方式等信息,或者入网餐饮服务提供者食品经营许可证载明的经营场所等许可信息不真实的,由县级以上地方市场监督管理部门依照食品安全法第一百三十一条的规定处罚。

　　违反本办法第八条第二款规定,网络餐饮服务第三方平台提供者未与入网餐饮服务提供者签订食品安全协议的,由县级以上地方市场监督管理部门责令改正,给予警告;拒不改正的,处 5000 元以上 3 万元以下罚款。

第三十二条　违反本办法第九条、第十条、第十一条规定,网络餐饮服务第三方平台提供者和入网餐饮服务提供者未按要求进行信息公示和更新的,由县级以上地方市场监督管理部门责令改正,给予警告;拒不改正的,处 5000 元以上 3 万元以下罚款。

第三十三条　违反本办法第十二条规定,网络餐饮服务第三方平台提供者提供的食品配送容器、餐具和包装材料不符合规定的,由县级以上地方市场监督管理部门按照食品安全法第一百三十二条的规定处罚。

第三十四条　违反本办法第十三条规定,网络餐饮服务第三方平台提供者和入网餐饮服务提供者未对送餐人员进行食品安全培训和管理,或者送餐单位未对送餐人员进行食品安全培训和管理,或者未按要求保存培训记录的,由县级以上地方市场监督管理部门责令改正,给予警告;拒不改正的,处 5000 元以上 3 万元以下罚款。

第三十五条　违反本办法第十四条规定,送餐人员未履行使用安全、无害的配送容器等义务的,由县级以上地方市场监督管理部门对送餐人员所在单位按照食品安全法第一百三十二条的规定处罚。

第三十六条　违反本办法第十五条规定,网络餐饮服务第三方平台提供者和自建网站餐饮服务提供者未按要求记录、保存网络订餐信息的,由县级以上地方市场监督管理部门责令改正,给予警告;拒不改正的,处5000元以上3万元以下罚款。

第三十七条　违反本办法第十六条第一款规定,网络餐饮服务第三方平台提供者未对入网餐饮服务提供者的经营行为进行抽查和监测的,由县级以上地方市场监督管理部门责令改正,给予警告;拒不改正的,处5000元以上3万元以下罚款。

　　违反本办法第十六条第二款规定,网络餐饮服务第三方平台提供者发现入网餐饮服务提供者存在违法行为,未及时制止并立即报告入网餐饮服务提供者所在地县级市场监督管理部门的,或者发现入网餐饮服务提供者存在严重违法行为,未立即停止提供网络交易平台服务的,由县级以上地方市场监督管理部门依照食品安全法第一百三十一条的规定处罚。

第三十八条　违反本办法第十七条规定,网络餐饮服务第三方平台提供者未按要求建立消费者投诉举报处理制度,公开投诉举报方式,或者未对涉及消费者食品安全的投诉举报及时进行处理的,由县级以上地方市场监督管理部门责令改正,给予警告;拒不改正的,处5000元以上3万元以下罚款。

第三十九条　违反本办法第十八条第(一)项规定,入网餐饮服务提供者未履行制定实施原料控制要求等义务的,由县级以上地方市场监督管理部门依照食品安全法第一百二十六条第一款的规定处罚。

　　违反本办法第十八条第(二)项规定,入网餐饮服务提供者使用腐败变质、油脂酸败、霉变生虫、污秽不洁、混有异物、掺假掺杂或者感官性状异常等原料加工食品的,由县级以上地方市场监督管理部门依照食品安全法第一百二十四条第一款的规定处罚。

　　违反本办法第十八条第(三)项规定,入网餐饮服务提供者未定期维护食品贮存、加工、清洗消毒等设施、设备,或者未定期清洗和校验保温、冷藏和冷冻等设施、设备的,由县级以上地方市场监督管理部门依照食品安全法第一百二十六条第一款的规定处罚。

　　违反本办法第十八条第(四)项、第(五)项规定,入网餐饮服务提供者将订单委托其他食品经营者加工制作,或者网络销售的餐饮食品未与实体店销售的餐饮食品质量安全保持一致的,由县级以上地方市场监督管理部门责令改正,给予警告;拒不改正的,处5000元以上3万元以下罚款。

第四十条　违反本办法第十九条规定,入网餐饮服务提供者未履行相应的包装义务的,由县级以上地方市场监督管理部门责令改正,给予警告;拒不改正的,处5000元以上3万元以下罚款。

第四十一条　违反本办法第二十条规定,入网餐饮服务提供者配送有保鲜、保温、冷藏或者冷冻等特殊要求食品,未采取能保证食品安全的保存、配送措施的,由县级以上地方市场监督管理部门依照食品安全法第一百三十二条的规定处罚。

第四十二条　县级以上地方市场监督管理部门应当自对网络餐饮服务第三方平台提供者和入网餐饮服务提供者违法行为作出处罚决定之日起20个工作日内在网上公开行政处罚决定书。

第四十三条　省、自治区、直辖市的地方性法规和政府规章对小餐饮网络经营作出规定的,按照其规定执行。

　　本办法对网络餐饮服务食品安全违法行为的查处未作规定的,按照《网络食品安全违法行为查处办法》执行。

第四十四条　网络餐饮服务第三方平台提供者和入网餐饮服务提供者违反食品安全法规定,构成犯罪的,依法追究刑事责任。

第四十五条　餐饮服务连锁公司总部建立网站为其门店提供网络交易服务的,参照本办法关于网络餐饮服务第三方平台提供者的规定执行。

第四十六条　本办法自2018年1月1日起施行。

网络交易监督管理办法

1. 2021年3月15日国家市场监督管理总局令第37号公布
2. 自2021年5月1日起施行

第一章　总　　则

第一条　为了规范网络交易活动,维护网络交易秩序,保障网络交易各方主体合法权益,促进数字经济持续健康发展,根据有关法律、行政法规,制定本办法。

第二条　在中华人民共和国境内,通过互联网等信息网络(以下简称通过网络)销售商品或者提供服务的经营活动以及市场监督管理部门对其进行监督管理,适用本办法。

在网络社交、网络直播等信息网络活动中销售商品或者提供服务的经营活动,适用本办法。

第三条　网络交易经营者从事经营活动,应当遵循自愿、平等、公平、诚信原则,遵守法律、法规、规章和商业道德、公序良俗,公平参与市场竞争,认真履行法定义务,积极承担主体责任,接受社会各界监督。

第四条　网络交易监督管理坚持鼓励创新、包容审慎、严守底线、线上线下一体化监管的原则。

第五条　国家市场监督管理总局负责组织指导全国网络交易监督管理工作。

县级以上地方市场监督管理部门负责本行政区域内的网络交易监督管理工作。

第六条　市场监督管理部门引导网络交易经营者、网络交易行业组织、消费者组织、消费者共同参与网络交易市场治理,推动完善多元参与、有效协同、规范有序的网络交易市场治理体系。

第二章　网络交易经营者

第一节　一般规定

第七条　本办法所称网络交易经营者,是指组织、开展网络交易活动的自然人、法人和非法人组织,包括网络交易平台经营者、平台内经营者、自建网站经营者以及通过其他网络服务开展网络交易活动的网络交易经营者。

本办法所称网络交易平台经营者,是指在网络交易活动中为交易双方或者多方提供网络经营场所、交易撮合、信息发布等服务,供交易双方或者多方独立开展网络交易活动的法人或者非法人组织。

本办法所称平台内经营者,是指通过网络交易平台开展网络交易活动的网络交易经营者。

网络社交、网络直播等网络服务提供者为经营者提供网络经营场所、商品浏览、订单生成、在线支付等网络交易平台服务的,应当依法履行网络交易平台经营者的义务。通过上述网络交易平台服务开展网络交易活动的经营者,应当依法履行平台内经营者的义务。

第八条 网络交易经营者不得违反法律、法规、国务院决定的规定,从事无证无照经营。除《中华人民共和国电子商务法》第十条规定的不需要进行登记的情形外,网络交易经营者应当依法办理市场主体登记。

个人通过网络从事保洁、洗涤、缝纫、理发、搬家、配制钥匙、管道疏通、家电家具修理修配等依法无须取得许可的便民劳务活动,依照《中华人民共和国电子商务法》第十条的规定不需要进行登记。

个人从事网络交易活动,年交易额累计不超过10万元的,依照《中华人民共和国电子商务法》第十条的规定不需要进行登记。同一经营者在同一平台或者不同平台开设多家网店的,各网店交易额合并计算。个人从事的零星小额交易须依法取得行政许可的,应当依法办理市场主体登记。

第九条 仅通过网络开展经营活动的平台内经营者申请登记为个体工商户,可以将网络经营场所登记为经营场所,将经常居住地登记为住所,其住所所在地的县、自治县、不设区的市、市辖区市场监督管理部门为其登记机关。同一经营者有两个以上网络经营场所的,应当一并登记。

第十条 平台内经营者申请将网络经营场所登记为经营场所的,由其入驻的网络交易平台为其出具符合登记机关要求的网络经营场所相关材料。

第十一条 网络交易经营者销售的商品或者提供的服务应当符合保障人身、财产安全的要求和环境保护要求,不得销售或者提供法律、行政法规禁止交易,损害国家利益和社会公共利益,违背公序良俗的商品或者服务。

第十二条 网络交易经营者应当在其网站首页或者从事经营活动的主页面显著位置,持续公示经营者主体信息或者该信息的链接标识。鼓励网络交易经营者链接到国家市场监督管理总局电子营业执照亮照系统,公示其营业执照信息。

已经办理市场主体登记的网络交易经营者应当如实公示下列营业执照信息以及与其经营业务有关的行政许可等信息,或者该信息的链

接标识:

(一)企业应当公示其营业执照登载的统一社会信用代码、名称、企业类型、法定代表人(负责人)、住所、注册资本(出资额)等信息;

(二)个体工商户应当公示其营业执照登载的统一社会信用代码、名称、经营者姓名、经营场所、组成形式等信息;

(三)农民专业合作社、农民专业合作社联合社应当公示其营业执照登载的统一社会信用代码、名称、法定代表人、住所、成员出资总额等信息。

依照《中华人民共和国电子商务法》第十条规定不需要进行登记的经营者应当根据自身实际经营活动类型,如实公示以下自我声明以及实际经营地址、联系方式等信息,或者该信息的链接标识:

(一)"个人销售自产农副产品,依法不需要办理市场主体登记";

(二)"个人销售家庭手工业产品,依法不需要办理市场主体登记";

(三)"个人利用自己的技能从事依法无须取得许可的便民劳务活动,依法不需要办理市场主体登记";

(四)"个人从事零星小额交易活动,依法不需要办理市场主体登记"。

网络交易经营者公示的信息发生变更的,应当在十个工作日内完成更新公示。

第十三条 网络交易经营者收集、使用消费者个人信息,应当遵循合法、正当、必要的原则,明示收集、使用信息的目的、方式和范围,并经消费者同意。网络交易经营者收集、使用消费者个人信息,应当公开其收集、使用规则,不得违反法律、法规的规定和双方的约定收集、使用信息。

网络交易经营者不得采用一次概括授权、默认授权、与其他授权捆绑、停止安装使用等方式,强迫或者变相强迫消费者同意收集、使用与经营活动无直接关系的信息。收集、使用个人生物特征、医疗健康、金融账户、个人行踪等敏感信息的,应当逐项取得消费者同意。

网络交易经营者及其工作人员应当对收集的个人信息严格保密,除依法配合监管执法活动外,未经被收集者授权同意,不得向包括关联方在内的任何第三方提供。

第十四条 网络交易经营者不得违反《中华人民共和国反不正当竞争法》等规定,实施扰乱市场竞争秩序,损害其他经营者或者消费者合法权益的不正当竞争行为。

网络交易经营者不得以下列方式,作虚假或者引人误解的商业宣传,欺骗、误导消费者:

(一)虚构交易、编造用户评价;

(二)采用误导性展示等方式,将好评前置、差评后置,或者不显著区分不同商品或者服务的评价等;

(三)采用谎称现货、虚构预订、虚假抢购等方式进行虚假营销;

(四)虚构点击量、关注度等流量数据,以及虚构点赞、打赏等交易互动数据。

网络交易经营者不得实施混淆行为,引人误认为是他人商品、服务或者与他人存在特定联系。

网络交易经营者不得编造、传播虚假信息或者误导性信息,损害竞争对手的商业信誉、商品声誉。

第十五条 消费者评价中包含法律、行政法规、规章禁止发布或者传输的信息的,网络交易经营者可以依法予以技术处理。

第十六条 网络交易经营者未经消费者同意或者请求,不得向其发送商业性信息。

网络交易经营者发送商业性信息时,应当明示其真实身份和联系方式,并向消费者提供显著、简便、免费的拒绝继续接收的方式。消费者明确表示拒绝的,应当立即停止发送,不得更换名义后再次发送。

第十七条 网络交易经营者以直接捆绑或者提供多种可选项方式向消费者搭售商品或者服务的,应当以显著方式提醒消费者注意。提供多种可选项方式的,不得将搭售商品或者服务的任何选项设定为消费者默认同意,不得将消费者以往交易中选择的选项在后续独立交易中设定为消费者默认选择。

第十八条 网络交易经营者采取自动展期、自动续费等方式提供服务的,应当在消费者接受服务前和自动展期、自动续费等日期前五日,以显著方式提请消费者注意,由消费者自主选择;在服务期间内,应当为消费者提供显著、简便的随时取消或者变更的选项,并不得收取不合理费用。

第十九条 网络交易经营者应当全面、真实、准确、及时地披露商品或者服务信息，保障消费者的知情权和选择权。

第二十条 通过网络社交、网络直播等网络服务开展网络交易活动的网络交易经营者，应当以显著方式展示商品或者服务及其实际经营主体、售后服务等信息，或者上述信息的链接标识。

网络直播服务提供者对网络交易活动的直播视频保存时间自直播结束之日起不少于三年。

第二十一条 网络交易经营者向消费者提供商品或者服务使用格式条款、通知、声明等的，应当以显著方式提请消费者注意与消费者有重大利害关系的内容，并按照消费者的要求予以说明，不得作出含有下列内容的规定：

（一）免除或者部分免除网络交易经营者对其所提供的商品或者服务应当承担的修理、重作、更换、退货、补足商品数量、退还货款和服务费用、赔偿损失等责任；

（二）排除或者限制消费者提出修理、更换、退货、赔偿损失以及获得违约金和其他合理赔偿的权利；

（三）排除或者限制消费者依法投诉、举报、请求调解、申请仲裁、提起诉讼的权利；

（四）排除或者限制消费者依法变更或者解除合同的权利；

（五）规定网络交易经营者单方享有解释权或者最终解释权；

（六）其他对消费者不公平、不合理的规定。

第二十二条 网络交易经营者应当按照国家市场监督管理总局及其授权的省级市场监督管理部门的要求，提供特定时段、特定品类、特定区域的商品或者服务的价格、销量、销售额等数据信息。

第二十三条 网络交易经营者自行终止从事网络交易活动的，应当提前三十日在其网站首页或者从事经营活动的主页面显著位置，持续公示终止网络交易活动公告等有关信息，并采取合理、必要、及时的措施保障消费者和相关经营者的合法权益。

第二节 网络交易平台经营者

第二十四条 网络交易平台经营者应当要求申请进入平台销售商品或者提供服务的经营者提交其身份、地址、联系方式、行政许可等真实信息，进行核验、登记,建立登记档案,并至少每六个月核验更新一次。

网络交易平台经营者应当对未办理市场主体登记的平台内经营者进行动态监测,对超过本办法第八条第三款规定额度的,及时提醒其依法办理市场主体登记。

第二十五条　网络交易平台经营者应当依照法律、行政法规的规定,向市场监督管理部门报送有关信息。

网络交易平台经营者应当分别于每年1月和7月向住所地省级市场监督管理部门报送平台内经营者的下列身份信息:

(一)已办理市场主体登记的平台内经营者的名称(姓名)、统一社会信用代码、实际经营地址、联系方式、网店名称以及网址链接等信息;

(二)未办理市场主体登记的平台内经营者的姓名、身份证件号码、实际经营地址、联系方式、网店名称以及网址链接、属于依法不需要办理市场主体登记的具体情形的自我声明等信息;其中,对超过本办法第八条第三款规定额度的平台内经营者进行特别标示。

鼓励网络交易平台经营者与市场监督管理部门建立开放数据接口等形式的自动化信息报送机制。

第二十六条　网络交易平台经营者应当为平台内经营者依法履行信息公示义务提供技术支持。平台内经营者公示的信息发生变更的,应当在三个工作日内将变更情况报送平台,平台应当在七个工作日内进行核验,完成更新公示。

第二十七条　网络交易平台经营者应当以显著方式区分标记已办理市场主体登记的经营者和未办理市场主体登记的经营者,确保消费者能够清晰辨认。

第二十八条　网络交易平台经营者修改平台服务协议和交易规则的,应当完整保存修改后的版本生效之日前三年的全部历史版本,并保证经营者和消费者能够便利、完整地阅览和下载。

第二十九条　网络交易平台经营者应当对平台内经营者及其发布的商品或者服务信息建立检查监控制度。网络交易平台经营者发现平台内的商品或者服务信息有违反市场监督管理法律、法规、规章,损害国家利益和社会公共利益,违背公序良俗的,应当依法采取必要的处置措施,保存有关记录,并向平台住所地县级以上市场监督管理部门报告。

第三十条　网络交易平台经营者依据法律、法规、规章的规定或者平台服务协议和交易规则对平台内经营者违法行为采取警示、暂停或者终止服务等处理措施的,应当自决定作出处理措施之日起一个工作日内予以公示,载明平台内经营者的网店名称、违法行为、处理措施等信息。警示、暂停服务等短期处理措施的相关信息应当持续公示至处理措施实施期满之日止。

第三十一条　网络交易平台经营者对平台内经营者身份信息的保存时间自其退出平台之日起不少于三年;对商品或者服务信息,支付记录、物流快递、退换货以及售后等交易信息的保存时间自交易完成之日起不少于三年。法律、行政法规另有规定的,依照其规定。

第三十二条　网络交易平台经营者不得违反《中华人民共和国电子商务法》第三十五条的规定,对平台内经营者在平台内的交易、交易价格以及与其他经营者的交易等进行不合理限制或者附加不合理条件,干涉平台内经营者的自主经营。具体包括:

　　(一)通过搜索降权、下架商品、限制经营、屏蔽店铺、提高服务收费等方式,禁止或者限制平台内经营者自主选择在多个平台开展经营活动,或者利用不正当手段限制其仅在特定平台开展经营活动;

　　(二)禁止或者限制平台内经营者自主选择快递物流等交易辅助服务提供者;

　　(三)其他干涉平台内经营者自主经营的行为。

第三章　监督管理

第三十三条　县级以上地方市场监督管理部门应当在日常管理和执法活动中加强协同配合。

　　网络交易平台经营者住所地省级市场监督管理部门应当根据工作需要,及时将掌握的平台内经营者身份信息与其实际经营地的省级市场监督管理部门共享。

第三十四条　市场监督管理部门在依法开展监督检查、案件调查、事故处置、缺陷消费品召回、消费争议处理等监管执法活动时,可以要求网络交易平台经营者提供有关的平台内经营者身份信息,商品或者服务信息,支付记录、物流快递、退换货以及售后等交易信息。网络交易平台经营者应当提供,并在技术方面积极配合市场监督管理部门开展网络交易违法行为监测工作。

为网络交易经营者提供宣传推广、支付结算、物流快递、网络接入、服务器托管、虚拟主机、云服务、网站网页设计制作等服务的经营者（以下简称其他服务提供者），应当及时协助市场监督管理部门依法查处网络交易违法行为，提供其掌握的有关数据信息。法律、行政法规另有规定的，依照其规定。

市场监督管理部门发现网络交易经营者有违法行为，依法要求网络交易平台经营者、其他服务提供者采取措施制止的，网络交易平台经营者、其他服务提供者应当予以配合。

第三十五条　市场监督管理部门对涉嫌违法的网络交易行为进行查处时，可以依法采取下列措施：

（一）对与涉嫌违法的网络交易行为有关的场所进行现场检查；

（二）查阅、复制与涉嫌违法的网络交易行为有关的合同、票据、账簿等有关资料；

（三）收集、调取、复制与涉嫌违法的网络交易行为有关的电子数据；

（四）询问涉嫌从事违法的网络交易行为的当事人；

（五）向与涉嫌违法的网络交易行为有关的自然人、法人和非法人组织调查了解有关情况；

（六）法律、法规规定可以采取的其他措施。

采取前款规定的措施，依法需要报经批准的，应当办理批准手续。

市场监督管理部门对网络交易违法行为的技术监测记录资料，可以作为实施行政处罚或者采取行政措施的电子数据证据。

第三十六条　市场监督管理部门应当采取必要措施保护网络交易经营者提供的数据信息的安全，并对其中的个人信息、隐私和商业秘密严格保密。

第三十七条　市场监督管理部门依法对网络交易经营者实施信用监管，将网络交易经营者的注册登记、备案、行政许可、抽查检查结果、行政处罚、列入经营异常名录和严重违法失信企业名单等信息，通过国家企业信用信息公示系统统一归集并公示。对存在严重违法失信行为的，依法实施联合惩戒。

前款规定的信息还可以通过市场监督管理部门官方网站、网络搜索引擎、经营者从事经营活动的主页面显著位置等途径公示。

第三十八条　网络交易经营者未依法履行法定责任和义务,扰乱或者可能扰乱网络交易秩序,影响消费者合法权益的,市场监督管理部门可以依职责对其法定代表人或者主要负责人进行约谈,要求其采取措施进行整改。

第四章　法律责任

第三十九条　法律、行政法规对网络交易违法行为的处罚已有规定的,依照其规定。

第四十条　网络交易平台经营者违反本办法第十条,拒不为入驻的平台内经营者出具网络经营场所相关材料的,由市场监督管理部门责令限期改正;逾期不改正的,处一万元以上三万元以下罚款。

第四十一条　网络交易经营者违反本办法第十一条、第十三条、第十六条、第十八条,法律、行政法规有规定的,依照其规定;法律、行政法规没有规定的,由市场监督管理部门依职责责令限期改正,可以处五千元以上三万元以下罚款。

第四十二条　网络交易经营者违反本办法第十二条、第二十三条,未履行法定信息公示义务的,依照《中华人民共和国电子商务法》第七十六条的规定进行处罚。对其中的网络交易平台经营者,依照《中华人民共和国电子商务法》第八十一条第一款的规定进行处罚。

第四十三条　网络交易经营者违反本办法第十四条的,依照《中华人民共和国反不正当竞争法》的相关规定进行处罚。

第四十四条　网络交易经营者违反本办法第十七条的,依照《中华人民共和国电子商务法》第七十七条的规定进行处罚。

第四十五条　网络交易经营者违反本办法第二十条,法律、行政法规有规定的,依照其规定;法律、行政法规没有规定的,由市场监督管理部门责令限期改正;逾期不改正的,处一万元以下罚款。

第四十六条　网络交易经营者违反本办法第二十二条的,由市场监督管理部门责令限期改正;逾期不改正的,处五千元以上三万元以下罚款。

第四十七条　网络交易平台经营者违反本办法第二十四条第一款、第二十五条第二款、第三十一条,不履行法定核验、登记义务,有关信息报送义务,商品和服务信息、交易信息保存义务的,依照《中华人民共和国电子商务法》第八十条的规定进行处罚。

第四十八条 网络交易平台经营者违反本办法第二十七条、第二十八条、第三十条的,由市场监督管理部门责令限期改正;逾期不改正的,处一万元以上三万元以下罚款。

第四十九条 网络交易平台经营者违反本办法第二十九条,法律、行政法规有规定的,依照其规定;法律、行政法规没有规定的,由市场监督管理部门依职责责令限期改正,可以处一万元以上三万元以下罚款。

第五十条 网络交易平台经营者违反本办法第三十二条的,依照《中华人民共和国电子商务法》第八十二条的规定进行处罚。

第五十一条 网络交易经营者销售商品或者提供服务,不履行合同义务或者履行合同义务不符合约定,或者造成他人损害的,依法承担民事责任。

第五十二条 网络交易平台经营者知道或者应当知道平台内经营者销售的商品或者提供的服务不符合保障人身、财产安全的要求,或者有其他侵害消费者合法权益行为,未采取必要措施的,依法与该平台内经营者承担连带责任。

对关系消费者生命健康的商品或者服务,网络交易平台经营者对平台内经营者的资质资格未尽到审核义务,或者对消费者未尽到安全保障义务,造成消费者损害的,依法承担相应的责任。

第五十三条 对市场监督管理部门依法开展的监管执法活动,拒绝依照本办法规定提供有关材料、信息,或者提供虚假材料、信息,或者隐匿、销毁、转移证据,或者有其他拒绝、阻碍监管执法行为,法律、行政法规、其他市场监督管理部门规章有规定的,依照其规定;法律、行政法规、其他市场监督管理部门规章没有规定的,由市场监督管理部门责令改正,可以处五千元以上三万元以下罚款。

第五十四条 市场监督管理部门的工作人员,玩忽职守、滥用职权、徇私舞弊,或者泄露、出售或者非法向他人提供在履行职责中所知悉的个人信息、隐私和商业秘密的,依法追究法律责任。

第五十五条 违反本办法规定,构成犯罪的,依法追究刑事责任。

第五章 附　则

第五十六条 本办法自 2021 年 5 月 1 日起施行。2014 年 1 月 26 日原国家工商行政管理总局令第 60 号公布的《网络交易管理办法》同时废止。

网络预约出租汽车经营服务管理暂行办法

1. 2016年7月27日交通运输部、工业和信息化部、公安部、商务部、工商总局、质检总局、国家网信办发布
2. 根据2019年12月28日交通运输部、工业和信息化部、公安部、商务部、市场监管总局、国家网信办令2019年第46号《关于修改〈网络预约出租汽车经营服务管理暂行办法〉的决定》第一次修正
3. 根据2022年11月30日交通运输部、工业和信息化部、公安部、商务部、市场监管总局、国家网信办令2022年第42号《关于修改〈网络预约出租汽车经营服务管理暂行办法〉的决定》第二次修正

第一章 总 则

第一条 为更好地满足社会公众多样化出行需求，促进出租汽车行业和互联网融合发展，规范网络预约出租汽车经营服务行为，保障运营安全和乘客合法权益，根据国家有关法律、行政法规，制定本办法。

第二条 从事网络预约出租汽车（以下简称网约车）经营服务，应当遵守本办法。

本办法所称网约车经营服务，是指以互联网技术为依托构建服务平台，整合供需信息，使用符合条件的车辆和驾驶员，提供非巡游的预约出租汽车服务的经营活动。

本办法所称网络预约出租汽车经营者（以下称网约车平台公司），是指构建网络服务平台，从事网约车经营服务的企业法人。

第三条 坚持优先发展城市公共交通、适度发展出租汽车，按照高品质服务、差异化经营的原则，有序发展网约车。

网约车运价实行市场调节价，城市人民政府认为有必要实行政府指导价的除外。

第四条 国务院交通运输主管部门负责指导全国网约车管理工作。

各省、自治区人民政府交通运输主管部门在本级人民政府领导下，负责指导本行政区域内网约车管理工作。

直辖市、设区的市级或者县级交通运输主管部门或人民政府指定

的其他出租汽车行政主管部门(以下称出租汽车行政主管部门)在本级人民政府领导下,负责具体实施网约车管理。

其他有关部门依据法定职责,对网约车实施相关监督管理。

第二章 网约车平台公司

第五条 申请从事网约车经营的,应当具备线上线下服务能力,符合下列条件:

(一)具有企业法人资格;

(二)具备开展网约车经营的互联网平台和与拟开展业务相适应的信息数据交互及处理能力,具备供交通、通信、公安、税务、网信等相关监管部门依法调取查询相关网络数据信息的条件,网络服务平台数据库接入出租汽车行政主管部门监管平台,服务器设置在中国内地,有符合规定的网络安全管理制度和安全保护技术措施;

(三)使用电子支付的,应当与银行、非银行支付机构签订提供支付结算服务的协议;

(四)有健全的经营管理制度、安全生产管理制度和服务质量保障制度;

(五)在服务所在地有相应服务机构及服务能力;

(六)法律法规规定的其他条件。

外商投资网约车经营的,除符合上述条件外,还应当符合外商投资相关法律法规的规定。

第六条 申请从事网约车经营的,应当根据经营区域向相应的出租汽车行政主管部门提出申请,并提交以下材料:

(一)网络预约出租汽车经营申请表(见附件);

(二)投资人、负责人身份、资信证明及其复印件,经办人的身份证明及其复印件和委托书;

(三)企业法人营业执照,属于分支机构的还应当提交营业执照;

(四)服务所在地办公场所、负责人员和管理人员等信息;

(五)具备互联网平台和信息数据交互及处理能力的证明材料,具备供交通、通信、公安、税务、网信等相关监管部门依法调取查询相关网络数据信息条件的证明材料,数据库接入情况说明,服务器设置在中国内地的情况说明,依法建立并落实网络安全管理制度和安全保护技术

措施的证明材料;

（六）使用电子支付的,应当提供与银行、非银行支付机构签订的支付结算服务协议;

（七）经营管理制度、安全生产管理制度和服务质量保障制度文本;

（八）法律法规要求提供的其他材料。

首次从事网约车经营的,应当向企业注册地相应出租汽车行政主管部门提出申请,前款第(五)、第(六)项有关线上服务能力材料由网约车平台公司注册地省级交通运输主管部门商同级通信、公安、税务、网信、人民银行等部门审核认定,并提供相应认定结果,认定结果全国有效。网约车平台公司在注册地以外申请从事网约车经营的,应当提交前款第(五)、第(六)项有关线上服务能力认定结果。

其他线下服务能力材料,由受理申请的出租汽车行政主管部门进行审核。

第七条　出租汽车行政主管部门应当自受理之日起20日内作出许可或者不予许可的决定。20日内不能作出决定的,经实施机关负责人批准,可以延长10日,并应当将延长期限的理由告知申请人。

第八条　出租汽车行政主管部门对于网约车经营申请作出行政许可决定的,应当明确经营范围、经营区域、经营期限等,并发放《网络预约出租汽车经营许可证》。

第九条　出租汽车行政主管部门对不符合规定条件的申请作出不予行政许可决定的,应当向申请人出具《不予行政许可决定书》。

第十条　网约车平台公司应当在取得相应《网络预约出租汽车经营许可证》并向企业注册地省级通信主管部门申请互联网信息服务备案后,方可开展相关业务。备案内容包括经营者真实身份信息、接入信息、出租汽车行政主管部门核发的《网络预约出租汽车经营许可证》等。涉及经营电信业务的,还应当符合电信管理的相关规定。

网约车平台公司应当自网络正式联通之日起30日内,到网约车平台公司管理运营机构所在地的省级人民政府公安机关指定的受理机关办理备案手续。

第十一条　网约车平台公司暂停或者终止运营的,应当提前30日向服务所在地出租汽车行政主管部门书面报告,说明有关情况,通告提供服务的车辆所有人和驾驶员,并向社会公告。终止经营的,应当将相应《网络预约出租汽车经营许可证》交回原许可机关。

第三章 网约车车辆和驾驶员

第十二条 拟从事网约车经营的车辆,应当符合以下条件:

(一)7座及以下乘用车;

(二)安装具有行驶记录功能的车辆卫星定位装置、应急报警装置;

(三)车辆技术性能符合运营安全相关标准要求。

车辆的具体标准和营运要求,由相应的出租汽车行政主管部门,按照高品质服务、差异化经营的发展原则,结合本地实际情况确定。

第十三条 服务所在地出租汽车行政主管部门依车辆所有人或者网约车平台公司申请,按第十二条规定的条件审核后,对符合条件并登记为预约出租客运的车辆,发放《网络预约出租汽车运输证》。

城市人民政府对网约车发放《网络预约出租汽车运输证》另有规定的,从其规定。

第十四条 从事网约车服务的驾驶员,应当符合以下条件:

(一)取得相应准驾车型机动车驾驶证并具有3年以上驾驶经历;

(二)无交通肇事犯罪、危险驾驶犯罪记录,无吸毒记录,无饮酒后驾驶记录,最近连续3个记分周期内没有记满12分记录;

(三)无暴力犯罪记录;

(四)城市人民政府规定的其他条件。

第十五条 服务所在地设区的市级出租汽车行政主管部门依驾驶员或者网约车平台公司申请,按第十四条规定的条件核查并按规定考核后,为符合条件且考核合格的驾驶员,发放《网络预约出租汽车驾驶员证》。

第四章 网约车经营行为

第十六条 网约车平台公司承担承运人责任,应当保证运营安全,保障乘客合法权益。

第十七条 网约车平台公司应保证提供服务车辆具备合法营运资质,技术状况良好,安全性能可靠,具有营运车辆相关保险,保证线上提供服务的车辆与线下实际提供服务的车辆一致,并将车辆相关信息向服务所在地出租汽车行政主管部门报备。

第十八条 网约车平台公司应当保证提供服务的驾驶员具有合法从业资格,按照有关法律法规规定,根据工作时长、服务频次等特点,与驾驶员签订多种形式的劳动合同或者协议,明确双方的权利和义务。网约车平台公司应当维护和保障驾驶员合法权益,开展有关法律法规、职业道德、服务规范、安全运营等方面的岗前培训和日常教育,保证线上提供服务的驾驶员与线下实际提供服务的驾驶员一致,并将驾驶员相关信息向服务所在地出租汽车行政主管部门报备。

网约车平台公司应当记录驾驶员、约车人在其服务平台发布的信息内容、用户注册信息、身份认证信息、订单日志、上网日志、网上交易日志、行驶轨迹日志等数据并备份。

第十九条 网约车平台公司应当公布确定符合国家有关规定的计程计价方式,明确服务项目和质量承诺,建立服务评价体系和乘客投诉处理制度,如实采集与记录驾驶员服务信息。在提供网约车服务时,提供驾驶员姓名、照片、手机号码和服务评价结果,以及车辆牌照等信息。

第二十条 网约车平台公司应当合理确定网约车运价,实行明码标价,并向乘客提供相应的出租汽车发票。

第二十一条 网约车平台公司不得妨碍市场公平竞争,不得侵害乘客合法权益和社会公共利益。

网约车平台公司不得有为排挤竞争对手或者独占市场,以低于成本的价格运营扰乱正常市场秩序,损害国家利益或者其他经营者合法权益等不正当价格行为,不得有价格违法行为。

第二十二条 网约车应当在许可的经营区域内从事经营活动,超出许可的经营区域的,起讫点一端应当在许可的经营区域内。

第二十三条 网约车平台公司应当依法纳税,为乘客购买承运人责任险等相关保险,充分保障乘客权益。

第二十四条 网约车平台公司应当加强安全管理,落实运营、网络等安全防范措施,严格数据安全保护和管理,提高安全防范和抗风险能力,支持配合有关部门开展相关工作。

第二十五条 网约车平台公司和驾驶员提供经营服务应当符合国家有关运营服务标准,不得途中甩客或者故意绕道行驶,不得违规收费,不得对举报、投诉其服务质量或者对其服务作出不满意评价的乘客实施报复行为。

第二十六条　网约车平台公司应当通过其服务平台以显著方式将驾驶员、约车人和乘客等个人信息的采集和使用的目的、方式和范围进行告知。未经信息主体明示同意，网约车平台公司不得使用前述个人信息用于开展其他业务。

网约车平台公司采集驾驶员、约车人和乘客的个人信息，不得超越提供网约车业务所必需的范围。

除配合国家机关依法行使监督检查权或者刑事侦查权外，网约车平台公司不得向任何第三方提供驾驶员、约车人和乘客的姓名、联系方式、家庭住址、银行账户或者支付账户、地理位置、出行线路等个人信息，不得泄露地理坐标、地理标志物等涉及国家安全的敏感信息。发生信息泄露后，网约车平台公司应当及时向相关主管部门报告，并采取及时有效的补救措施。

第二十七条　网约车平台公司应当遵守国家网络和信息安全有关规定，所采集的个人信息和生成的业务数据，应当在中国内地存储和使用，保存期限不少于2年，除法律法规另有规定外，上述信息和数据不得外流。

网约车平台公司不得利用其服务平台发布法律法规禁止传播的信息，不得为企业、个人及其他团体、组织发布有害信息提供便利，并采取有效措施过滤阻断有害信息传播。发现他人利用其网络服务平台传播有害信息的，应当立即停止传输，保存有关记录，并向国家有关机关报告。

网约车平台公司应当依照法律规定，为公安机关依法开展国家安全工作，防范、调查违法犯罪活动提供必要的技术支持与协助。

第二十八条　任何企业和个人不得向未取得合法资质的车辆、驾驶员提供信息对接开展网约车经营服务。不得以私人小客车合乘名义提供网约车经营服务。

网约车车辆和驾驶员不得通过未取得经营许可的网络服务平台提供运营服务。

第五章　监督检查

第二十九条　出租汽车行政主管部门应当建设和完善政府监管平台，实现与网约车平台信息共享。共享信息应当包括车辆和驾驶员基本信息、服务质量以及乘客评价信息等。

出租汽车行政主管部门应当加强对网约车市场监管,加强对网约车平台公司、车辆和驾驶员的资质审查与证件核发管理。

出租汽车行政主管部门应当定期组织开展网约车服务质量测评,并及时向社会公布本地区网约车平台公司基本信息、服务质量测评结果、乘客投诉处理情况等信息。

出租汽车行政主管、公安等部门有权根据管理需要依法调取查阅管辖范围内网约车平台公司的登记、运营和交易等相关数据信息。

第三十条 通信主管部门和公安、网信部门应当按照各自职责,对网约车平台公司非法收集、存储、处理和利用有关个人信息、违反互联网信息服务有关规定、危害网络和信息安全、应用网约车服务平台发布有害信息或者为企业、个人及其他团体组织发布有害信息提供便利的行为,依法进行查处,并配合出租汽车行政主管部门对认定存在违法违规行为的网约车平台公司进行依法处置。

公安机关、网信部门应当按照各自职责监督检查网络安全管理制度和安全保护技术措施的落实情况,防范、查处有关违法犯罪活动。

第三十一条 发展改革、价格、通信、公安、人力资源社会保障、商务、人民银行、税务、市场监管、网信等部门按照各自职责,对网约车经营行为实施相关监督检查,并对违法行为依法处理。

第三十二条 各有关部门应当按照职责建立网约车平台公司和驾驶员信用记录,并纳入全国信用信息共享平台。同时将网约车平台公司行政许可和行政处罚等信用信息在国家企业信用信息公示系统上予以公示。

第三十三条 出租汽车行业协会组织应当建立网约车平台公司和驾驶员不良记录名单制度,加强行业自律。

第六章 法 律 责 任

第三十四条 违反本规定,擅自从事或者变相从事网约车经营活动,有下列行为之一的,由县级以上出租汽车行政主管部门责令改正,予以警告,并按照以下规定分别予以罚款;构成犯罪的,依法追究刑事责任:

(一)未取得《网络预约出租汽车经营许可证》的,对网约车平台公司处以10000元以上30000元以下罚款；

(二)未取得《网络预约出租汽车运输证》的,对当事人处以3000元以上10000元以下罚款；

(三)未取得《网络预约出租汽车驾驶员证》的,对当事人处以200元以上2000元以下罚款。

伪造、变造或者使用伪造、变造、失效的《网络预约出租汽车运输证》《网络预约出租汽车驾驶员证》从事网约车经营活动的,分别按照前款第(二)项、第(三)项的规定予以罚款。

第三十五条 网约车平台公司违反本规定,有下列行为之一的,由县级以上出租汽车行政主管部门和价格主管部门按照职责责令改正,对每次违法行为处以5000元以上10000元以下罚款；情节严重的,处以10000元以上30000元以下罚款：

(一)提供服务车辆未取得《网络预约出租汽车运输证》,或者线上提供服务车辆与线下实际提供服务车辆不一致的；

(二)提供服务驾驶员未取得《网络预约出租汽车驾驶员证》,或者线上提供服务驾驶员与线下实际提供服务驾驶员不一致的；

(三)未按照规定保证车辆技术状况良好的；

(四)起讫点均不在许可的经营区域从事网约车经营活动的；

(五)未按照规定将提供服务的车辆、驾驶员相关信息向服务所在地出租汽车行政主管部门报备的；

(六)未按照规定制定服务质量标准、建立并落实投诉举报制度的；

(七)未按照规定提供共享信息,或者不配合出租汽车行政主管部门调取查阅相关数据信息的；

(八)未履行管理责任,出现甩客、故意绕道、违规收费等严重违反国家相关运营服务标准行为的。

网约车平台公司不再具备线上线下服务能力或者有严重违法行为的,由县级以上出租汽车行政主管部门依据相关法律法规的有关规定责令停业整顿、吊销相关许可证件。

第三十六条 网约车驾驶员违反本规定,有下列情形之一的,由县级以上出租汽车行政主管部门和价格主管部门按照职责责令改正,对每次违法行为处以50元以上200元以下罚款：

（一）途中甩客或者故意绕道行驶的；

（二）违规收费的；

（三）对举报、投诉其服务质量或者对其服务作出不满意评价的乘客实施报复行为的。

网约车驾驶员不再具备从业条件或者有严重违法行为的，由县级以上出租汽车行政主管部门依据相关法律法规的有关规定撤销或者吊销从业资格证件。

对网约车驾驶员的行政处罚信息计入驾驶员和网约车平台公司信用记录。

第三十七条 网约车平台公司违反本规定第十、十八、二十六、二十七条有关规定的，由网信部门、公安机关和通信主管部门按各自职责依照相关法律法规规定给予处罚；给信息主体造成损失的，依法承担民事责任；涉嫌犯罪的，依法追究刑事责任。

网约车平台公司及网约车驾驶员违法使用或者泄露约车人、乘客个人信息的，由公安、网信等部门依照各自职责处以2000元以上10000元以下罚款；给信息主体造成损失的，依法承担民事责任；涉嫌犯罪的，依法追究刑事责任。

网约车平台公司拒不履行或者拒不按要求为公安机关依法开展国家安全工作，防范、调查违法犯罪活动提供技术支持与协助的，由公安机关依法予以处罚；构成犯罪的，依法追究刑事责任。

第七章 附 则

第三十八条 私人小客车合乘，也称为拼车、顺风车，按城市人民政府有关规定执行。

第三十九条 网约车行驶里程达到60万千米时强制报废。行驶里程未达到60万千米但使用年限达到8年时，退出网约车经营。

小、微型非营运载客汽车登记为预约出租客运的，按照网约车报废标准报废。其他小、微型营运载客汽车登记为预约出租客运的，按照该类型营运载客汽车报废标准和网约车报废标准中先行达到的标准报废。

省、自治区、直辖市人民政府有关部门要结合本地实际情况，制定网约车报废标准的具体规定，并报国务院商务、公安、交通运输等部门备案。

第四十条 本办法自2016年11月1日起实施。各地可根据本办法结合本地实际制定具体实施细则。

附件:(略)

快递市场管理办法

1. 2023年12月17日交通运输部令2023年第22号公布
2. 自2024年3月1日起施行

第一章 总 则

第一条 为了加强快递市场监督管理,保障快递服务质量和安全,维护用户、快递从业人员和经营快递业务的企业的合法权益,促进快递业健康发展,根据《中华人民共和国邮政法》《快递暂行条例》等法律、行政法规,制定本办法。

第二条 在中华人民共和国境内从事快递业务经营、使用快递服务以及对快递市场实施监督管理,适用本办法。

第三条 经营快递业务的企业应当遵守法律法规和公序良俗,依法节约资源、保护生态环境,为用户提供迅速、准确、安全、方便的快递服务。

第四条 两个以上经营快递业务的企业使用统一的商标、字号、快递运单及其配套的信息系统的,应当签订书面协议,明确各自的权利义务,遵守共同的服务约定,在服务质量、安全保障、业务流程、生态环保、从业人员权益保障等方面实行统一管理。

商标、字号、快递运单及其配套的信息系统的归属企业,简称为总部快递企业。

第五条 用户使用快递服务应当遵守法律、行政法规以及国务院和国务院有关部门关于禁止寄递或者限制寄递物品的规定,真实、准确地向经营快递业务的企业提供使用快递服务所必需的信息。

第六条 国务院邮政管理部门负责对全国快递市场实施监督管理。

省、自治区、直辖市邮政管理机构负责对本行政区域的快递市场实施监督管理。

按照国务院规定设立的省级以下邮政管理机构负责对本辖区的快递市场实施监督管理。

国务院邮政管理部门和省、自治区、直辖市邮政管理机构及省级以下邮政管理机构,统称为邮政管理部门。

第七条　邮政管理部门对快递市场实施监督管理应当公开、公正,鼓励公平竞争,支持高质量发展,加强线上线下一体化监督管理。

第八条　依法成立的快递行业组织应当维护经营快递业务的企业、快递末端网点和快递从业人员的合法权益,依照法律、法规以及组织章程规定,制定快递行业规范公约,加强行业自律,倡导企业守法、诚信、安全、绿色经营。

第九条　经营快递业务的企业应当坚持绿色低碳发展,落实生态环境保护责任。

经营快递业务的企业应当按照国家规定,推进快递包装标准化、循环化、减量化、无害化,避免过度包装。

第二章　发展保障

第十条　国务院邮政管理部门制定快递业发展规划,促进快递业高质量发展。

省、自治区、直辖市邮政管理机构可以结合地方实际制定本行政区域的快递业发展规划。

第十一条　邮政管理部门会同有关部门支持、引导经营快递业务的企业在城乡设置快件收投服务场所和智能收投设施。

邮政管理部门支持在公共服务设施布局中统筹建设具有公共服务属性的收投服务场所和智能收投设施。

邮政管理部门对快递服务类型和快递服务设施实施分类代码管理。

第十二条　国务院邮政管理部门会同国家有关部门支持建设进出境快件处理中心,在交通枢纽配套建设快件运输通道和接驳场所,优化快递服务网络布局。

第十三条　邮政管理部门支持创新快递商业模式和服务方式,引导快递市场新业态数字化、智能化、规范化发展,加强服务质量监督管理。

第三章　绿色低碳发展

第十四条　邮政管理部门应当引导用户使用绿色包装和减量包装,鼓励经营快递业务的企业开展绿色设计、选择绿色材料、实施绿色运输、使用绿色能源。

第十五条　经营快递业务的企业应当加强包装操作规范,运用信息技术,优化包装结构,优先使用产品原包装,在设计、生产、销售、使用等环节全链条推进快递包装绿色化。

第十六条　经营快递业务的企业应当优先采购有利于保护环境的产品,使用符合国家强制性标准的包装产品,不得使用国家禁止使用的塑料制品。

第十七条　经营快递业务的企业应当积极回收利用包装物,不断提高快递包装复用比例,推广应用可循环、易回收、可降解的快递包装。

第四章　市　场　秩　序

第十八条　经营快递业务的企业应当在快递业务经营许可范围内依法经营快递业务,不得超越许可的业务范围和地域范围。

经营快递业务的企业设立分支机构,应当向邮政管理部门备案,报告分支机构的营业执照信息。

第十九条　经营快递业务的企业不得以任何方式委托未取得快递业务经营许可的企业经营快递业务。

经营快递业务的企业不得以任何方式超越许可范围委托、受托经营快递业务。

第二十条　总部快递企业依照法律、行政法规规定,对使用其商标、字号、快递运单及其配套的信息系统经营快递业务的企业实施统一管理,履行统一管理责任。

总部快递企业应当建立规范化标准化管理制度和机制,对使用其商标、字号、快递运单及其配套的信息系统经营快递业务的企业实施合理的管理措施,保障向用户正常提供快递服务。

第二十一条　经营快递业务的企业不得实施下列行为:

(一)明知他人从事危害国家安全、社会公共利益或者他人合法权益活动仍配合提供快递服务;

（二）违法虚构快递服务信息；

（三）出售、泄露或者非法提供快递服务过程中知悉的用户信息；

（四）法律、法规以及国家规定禁止的其他行为。

第五章 快递服务

第二十二条 经营快递业务的企业应当按照法律、行政法规的规定，在门户网站、营业场所公示或者以其他明显方式向社会公布其服务种类、服务地域、服务时限、营业时间、资费标准、快件查询、损失赔偿、投诉处理等服务事项。

经营快递业务的企业公示或者公布的服务地域，应当以建制村、社区为基本单元，明确服务地域范围。鼓励经营快递业务的企业以县级行政区域为基本单元公布资费标准，明确重量误差范围。

除不可抗力外，前两款规定的事项发生变更的，经营快递业务的企业应当提前10日向社会发布服务提示公告。

第二十三条 经营快递业务的企业为电子商务经营者交付商品提供快递服务的，应当书面告知电子商务经营者在其销售商品的网页上明示快递服务品牌，保障用户对快递服务的知情权。

第二十四条 经营快递业务的企业提供快递服务，应当与寄件人订立服务合同，明确权利和义务。经营快递业务的企业对不能提供服务的建制村、社区等区域，应当以醒目的方式提前告知寄件人。

第二十五条 经营快递业务的企业应当采取有效技术手段，保证用户、邮政管理部门能够通过快递运单码号或者信息系统查知下列内容：

（一）订立、履行快递服务合同所必需的用户个人信息范围以及处理个人信息前应当依法告知的事项；

（二）快递服务承诺事项以及投递方式和完成标准；

（三）快递物品的名称、数量、重量；

（四）该快件的快递服务费金额；

（五）服务纠纷的解决方式。

用户查询前款规定的信息的，经营快递业务的企业应当按照《中华人民共和国个人信息保护法》的要求采取措施防止未经授权的查询以及个人信息泄露。

第二十六条 经营快递业务的企业应当建立服务质量管理制度和业务操

作规范,保障服务质量,并符合下列要求:

(一)提供快递服务时,恪守社会公德,诚信经营,保障用户的合法权益,不得设定不公平、不合理的交易条件,不得强制交易;

(二)提醒寄件人在提供快递运单信息前,认真阅读快递服务合同条款、遵守禁止寄递和限制寄递物品的有关规定,告知相关保价规则和保险服务项目;

(三)依法对寄件人身份进行查验,登记身份信息,寄件人拒绝提供身份信息或者提供身份信息不实的,不得收寄;

(四)对寄件人交寄的信件以外的物品进行查验,登记内件品名等信息,寄件人拒绝提供内件信息或者提供的内件信息与查验情况不符的,不得收寄;

(五)在快递运单上如实标注快件重量;

(六)寄件人提供的收寄地址与快件实际收寄地址不一致的,在快递运单上一并如实记录;

(七)按照快件的种类和时限分别处理、分区作业、规范操作,并按规定录入、上传处理信息;

(八)保障快件安全,防止快件丢失、损毁、内件短少,不得抛扔、踩踏快件;

(九)除因不可抗力因素外,按照约定在承诺的时限内将快件投递到收件地址、收件人;

(十)向用户提供快件寄递跟踪查询服务,不得将快件进行不合理绕行,不得隐瞒、虚构寄递流程信息,保证用户知悉其使用快递服务的真实情况;

(十一)法律、行政法规规定的其他要求。

第二十七条 经营快递业务的企业投递快件,应当告知收件人有权当面验收快件,查看内件物品与快递运单记载是否一致。快递包装出现明显破损或者内件物品为易碎品的,应当告知收件人可以查看内件物品或者拒收快件。

经营快递业务的企业与寄件人事先书面约定收件人查看内件物品具体方式的,经营快递业务的企业应当在快递运单上以醒目方式注明。

除法律、行政法规另有规定外,收件人收到来源不明的快件,要求经营快递业务的企业提供寄件人姓名(名称)、地址、联系电话等必要信息的,经营快递业务的企业应当提供其掌握的信息。

第二十八条 收件人可以签字或者其他易于辨认、保存的明示方式确认收到快件,也可指定代收人验收快件和确认收到快件。

收件人或者收件人指定的代收人不能当面验收快件的,经营快递业务的企业应当与用户另行约定快件投递服务方式和确认收到快件方式。

经营快递业务的企业未经用户同意,不得代为确认收到快件,不得擅自将快件投递到智能快件箱、快递服务站等快递末端服务设施。

第二十九条 经营快递业务的企业应当按照法律、行政法规处理无法投递又无法退回的快件(以下称无着快件),并建立无着快件的核实、保管和处理制度,将处理情况纳入快递业务经营许可年度报告。

经营快递业务的企业处理无着快件,不得有下列行为:

(一)在保管期限内停止查询服务;

(二)保管期限未届满擅自处置;

(三)牟取不正当利益;

(四)非法扣留应当予以没收或者销毁的物品;

(五)法律、行政法规禁止的其他行为。

第三十条 经营快递业务的企业应当建立健全用户投诉申诉处理制度,依法处理用户提出的快递服务质量异议。

用户对投诉处理结果不满意或者投诉没有得到及时处理的,可以提出快递服务质量申诉。

邮政管理部门对用户提出的快递服务质量申诉实施调解。经营快递业务的企业应当依法处理邮政管理部门转告的申诉事项并反馈结果。

第六章 安全发展

第三十一条 经营快递业务的企业应当建立健全安全生产责任制,加强从业人员安全生产教育和培训,履行法律、法规、规章规定的有关安全生产义务。

经营快递业务的企业的主要负责人是安全生产的第一责任人,对本单位的安全生产工作全面负责。其他负责人对职责范围内的安全生产工作负责。

总部快递企业应当督促其他使用与其统一的商标、字号、快递运单及其配套的信息系统经营快递业务的企业及其从业人员遵守安全自查、安全教育、安全培训等安全制度。

第三十二条 经营快递业务的企业应当遵守收寄验视、实名收寄、安全检查和禁止寄递物品管理制度。任何单位或者个人不得利用快递服务从事危害国家安全、社会公共利益、他人合法权益的活动。

第三十三条 新建快件处理场所投入使用的,经营快递业务的企业应当按照邮政管理部门的规定报告。

第三十四条 经营快递业务的企业使用快件处理场所,应当遵守下列规定:

(一)在有较大危险因素的快件处理场所和有关设施、设备上设置明显的安全警示标志,以及通信、报警、紧急制动等安全设备,并保证其处于适用状态;

(二)配备栅栏或者隔离桩等安全设备,并设置明显的人车分流安全警示标志;

(三)对场所设备、设施进行经常性维护、保养和定期检测,并将检查及处理情况形成书面记录;

(四)及时发现和整改安全隐患。

第三十五条 经营快递业务的企业在生产经营过程中,获取用户个人信息的范围,应当限于履行快递服务合同所必需,不得过度收集用户个人信息。

经营快递业务的企业应当依法建立用户个人信息安全管理制度和操作规程,不得实施下列行为:

(一)除法律、行政法规另有规定或者因向用户履行快递服务合同需要外,未经用户同意,收集、存储、使用、加工、传输、提供、公开用户信息;

(二)以概括授权、默认授权、拒绝服务等方式,强迫或者变相强迫用户同意,收集、使用与经营活动无关的用户信息;

(三)以非正当目的,向他人提供与用户关联的分析信息;

(四)法律、行政法规禁止的其他行为。

第三十六条 经营快递业务的企业应当建立快递运单(含电子运单)制作、使用、保管、销毁等管理制度和操作规程,采取加密、去标识化等安全技术措施保护快递运单信息安全。

经营快递业务的企业应当建立快递运单码号使用、销毁等管理制度，实行码号使用信息、用户信息、快递物品信息关联管理，保证快件可以跟踪查询。

任何单位和个人不得非法使用、倒卖快递运单。

第三十七条 经营快递业务的企业委托其他企业处理用户个人信息的，应当事前进行用户个人信息保护影响评估，并对受托企业处理个人信息的活动进行监督，不免除自身对用户个人信息安全承担的责任。

第三十八条 经营快递业务的企业应当及时向邮政管理部门报送生产经营过程中产生的与安全运营有关的数据信息。

经营快递业务的企业按照前款规定报送数据信息的，应当保证数据真实、准确、完整，报送方式符合国务院邮政管理部门的要求，不得漏报、错报、瞒报、谎报。

第三十九条 总部快递企业应当建立维护服务网络稳定工作制度，维护同网快递企业的服务网络稳定，并符合下列要求：

（一）实施服务网络运行监测预警和风险研判制度；

（二）建立健全应急预案；

（三）制定经营异常网点清单；

（四）及时有效排查化解企业内部矛盾纠纷，有效应对处置影响企业服务网络稳定的突发事件。

经营快递业务的企业发生服务网络阻断的，应当在24小时内向邮政管理部门报告，并向社会公告。

第四十条 总部快递企业按照《快递暂行条例》的规定，在安全保障方面实施统一管理，督促使用与其统一的商标、字号、快递运单及其配套信息系统经营快递业务的企业及其从业人员遵守反恐、禁毒、安全生产、寄递安全、网络与信息安全以及应急管理等方面的规定，符合国务院邮政管理部门关于安全保障方面统一管理的要求。

第七章　监　督　管　理

第四十一条 邮政管理部门依法履行快递市场监督管理职责，可以采取下列监督检查措施：

（一）进入被检查单位或者涉嫌发生违法活动的其他场所实施现

场检查；

(二)向有关单位和个人了解情况；

(三)查阅、复制有关文件、资料、凭证、电子数据；

(四)经邮政管理部门负责人批准，依法查封与违法活动有关的场所，扣押用于违法活动的运输工具以及相关物品，对信件以外的涉嫌夹带禁止寄递或者限制寄递物品的快件开拆检查。

第四十二条 邮政管理部门以随机抽查的方式实施日常监督检查，可以依据经营快递业务的企业的信用情况，在抽查比例和频次等方面采取差异化措施。

用户申诉反映的快递服务问题涉嫌违反邮政管理的法律、行政法规、规章的，邮政管理部门应当依法调查和处理。

第四十三条 邮政管理部门工作人员对监督检查过程中知悉的商业秘密或者个人隐私，应当依法予以保密。

第四十四条 国务院邮政管理部门建立快递服务质量评价体系，组织开展快递服务质量评价工作。

邮政管理部门可以依法要求经营快递业务的企业报告从业人员、业务量、服务质量保障等经营情况。

第四十五条 邮政管理部门可以依法采取风险提示、约谈告诫、公示公告等方式指导和督促快递企业合法合规经营。

第四十六条 国务院邮政管理部门或者省、自治区、直辖市邮政管理机构对存在重大经营风险或者安全隐患的经营快递业务的企业实施重点检查，提出整改要求。

第四十七条 经营快递业务的企业快递服务行为发生异常、可能在特定地域范围内不具备提供正常服务的能力和条件的，应当向邮政管理部门报告，并向社会公告。

第八章 法 律 责 任

第四十八条 经营快递业务的企业将快递业务委托给未取得快递业务经营许可的企业经营的，由邮政管理部门责令改正，处5000元以上1万元以下的罚款；情节严重的，处1万元以上3万元以下的罚款。

第四十九条 总部快递企业采取不合理的管理措施，导致使用其商标、字号、快递运单及其配套信息系统经营快递业务的企业不能向用户正常提供快递服务的,由邮政管理部门责令改正,予以警告或者通报批评,可以并处 3000 元以上 1 万元以下的罚款;情节严重的,处 1 万元以上 3 万元以下的罚款;涉嫌不正当竞争或者价格违法的,将线索移送有关部门。

第五十条 经营快递业务的企业未按规定公示、公布服务地域、服务时限,或者变更服务地域、服务时限未按规定提前向社会发布公告的,由邮政管理部门责令改正,予以警告或者通报批评,可以并处 3000 元以上 1 万元以下的罚款;情节严重的,处 1 万元以上 3 万元以下的罚款;涉嫌价格违法的,将线索移送有关部门。

第五十一条 经营快递业务的企业不按照公示、公布的服务地域投递快件的,由邮政管理部门责令改正,予以警告或者通报批评,可以并处快递服务费金额 1 倍至 10 倍的罚款。

第五十二条 经营快递业务的企业未采取有效技术手段保证用户、邮政管理部门通过快递运单码号或者信息系统查知本办法第二十五条规定的内容的,由邮政管理部门责令改正,予以警告或者通报批评,可以并处 3000 元以上 1 万元以下的罚款。

第五十三条 经营快递业务的企业有下列情形之一的,由邮政管理部门责令改正,处 1 万元以下的罚款;情节严重的,处 1 万元以上 3 万元以下的罚款;涉嫌进行非法活动的,将线索移送有关部门:

(一)隐瞒、虚构寄递流程信息的;

(二)虚构快递物品的名称、数量、重量信息的;

(三)虚构快递服务费金额信息的;

(四)寄件人提供的收寄地址与快件实际收寄地址不一致,未在快递运单上一并如实记录的;

(五)未按本办法第二十七条规定向收件人提供寄件人信息的。

第五十四条 经营快递业务的企业有下列情形之一的,由邮政管理部门责令改正,予以警告或者通报批评,可以并处 1 万元以下的罚款;情节严重的,处 1 万元以上 3 万元以下的罚款:

(一)未经用户同意代为确认收到快件的;

(二)未经用户同意擅自使用智能快件箱、快递服务站等方式投递快件的;

(三)抛扔快件、踩踏快件的。

第五十五条 经营快递业务的企业未按规定配合邮政管理部门处理用户申诉的,由邮政管理部门责令改正,予以警告或者通报批评;情节严重的,并处 3000 元以下的罚款。

第五十六条 经营快递业务的企业有下列情形之一的,由邮政管理部门责令改正;逾期未改正的,处 3000 元以下的罚款。法律、行政法规有规定的,从其规定:

(一)未按规定向邮政管理部门报送数据信息或者漏报、错报、瞒报、谎报的;

(二)可能在特定地域范围内不具备提供正常服务的能力和条件,未按规定报告、公告的。

第九章 附 则

第五十七条 本办法自 2024 年 3 月 1 日起施行。交通运输部于 2013 年 1 月 11 日以交通运输部令 2013 年第 1 号公布的《快递市场管理办法》同时废止。

四、机动车买卖与维修

缺陷汽车产品召回管理条例

1. 2012 年 10 月 22 日国务院令第 626 号公布
2. 根据 2019 年 3 月 2 日国务院令第 709 号《关于修改部分行政法规的决定》修订

第一条 为了规范缺陷汽车产品召回,加强监督管理,保障人身、财产安全,制定本条例。

第二条 在中国境内生产、销售的汽车和汽车挂车(以下统称汽车产品)的召回及其监督管理,适用本条例。

第三条 本条例所称缺陷,是指由于设计、制造、标识等原因导致的在同一批次、型号或者类别的汽车产品中普遍存在的不符合保障人身、财产安全的国家标准、行业标准的情形或者其他危及人身、财产安全的不合理的危险。

本条例所称召回,是指汽车产品生产者对其已售出的汽车产品采取措施消除缺陷的活动。

第四条 国务院产品质量监督部门负责全国缺陷汽车产品召回的监督管理工作。

国务院有关部门在各自职责范围内负责缺陷汽车产品召回的相关监督管理工作。

第五条 国务院产品质量监督部门根据工作需要,可以委托省、自治区、直辖市人民政府产品质量监督部门负责缺陷汽车产品召回监督管理的部分工作。

国务院产品质量监督部门缺陷产品召回技术机构按照国务院产品质量监督部门的规定,承担缺陷汽车产品召回的具体技术工作。

第六条 任何单位和个人有权向产品质量监督部门投诉汽车产品可能存

在的缺陷,国务院产品质量监督部门应当以便于公众知晓的方式向社会公布受理投诉的电话、电子邮箱和通信地址。

国务院产品质量监督部门应当建立缺陷汽车产品召回信息管理系统,收集汇总、分析处理有关缺陷汽车产品信息。

产品质量监督部门、汽车产品主管部门、商务主管部门、海关、公安机关交通管理部门、交通运输主管部门等有关部门应当建立汽车产品的生产、销售、进口、登记检验、维修、消费者投诉、召回等信息的共享机制。

第七条 产品质量监督部门和有关部门、机构及其工作人员对履行本条例规定职责所知悉的商业秘密和个人信息,不得泄露。

第八条 对缺陷汽车产品,生产者应当依照本条例全部召回;生产者未实施召回的,国务院产品质量监督部门应当依照本条例责令其召回。

本条例所称生产者,是指在中国境内依法设立的生产汽车产品并以其名义颁发产品合格证的企业。

从中国境外进口汽车产品到境内销售的企业,视为前款所称的生产者。

第九条 生产者应当建立并保存汽车产品设计、制造、标识、检验等方面的信息记录以及汽车产品初次销售的车主信息记录,保存期不得少于10年。

第十条 生产者应当将下列信息报国务院产品质量监督部门备案:

(一)生产者基本信息;

(二)汽车产品技术参数和汽车产品初次销售的车主信息;

(三)因汽车产品存在危及人身、财产安全的故障而发生修理、更换、退货的信息;

(四)汽车产品在中国境外实施召回的信息;

(五)国务院产品质量监督部门要求备案的其他信息。

第十一条 销售、租赁、维修汽车产品的经营者(以下统称经营者)应当按照国务院产品质量监督部门的规定建立并保存汽车产品相关信息记录,保存期不得少于5年。

经营者获知汽车产品存在缺陷的,应当立即停止销售、租赁、使用缺陷汽车产品,并协助生产者实施召回。

经营者应当向国务院产品质量监督部门报告和向生产者通报所获

知的汽车产品可能存在缺陷的相关信息。

第十二条 生产者获知汽车产品可能存在缺陷的,应当立即组织调查分析,并如实向国务院产品质量监督部门报告调查分析结果。

生产者确认汽车产品存在缺陷的,应当立即停止生产、销售、进口缺陷汽车产品,并实施召回。

第十三条 国务院产品质量监督部门获知汽车产品可能存在缺陷的,应当立即通知生产者开展调查分析;生产者未按照通知开展调查分析的,国务院产品质量监督部门应当开展缺陷调查。

国务院产品质量监督部门认为汽车产品可能存在会造成严重后果的缺陷的,可以直接开展缺陷调查。

第十四条 国务院产品质量监督部门开展缺陷调查,可以进入生产者、经营者的生产经营场所进行现场调查,查阅、复制相关资料和记录,向相关单位和个人了解汽车产品可能存在缺陷的情况。

生产者应当配合缺陷调查,提供调查需要的有关资料、产品和专用设备。经营者应当配合缺陷调查,提供调查需要的有关资料。

国务院产品质量监督部门不得将生产者、经营者提供的资料、产品和专用设备用于缺陷调查所需的技术检测和鉴定以外的用途。

第十五条 国务院产品质量监督部门调查认为汽车产品存在缺陷的,应当通知生产者实施召回。

生产者认为其汽车产品不存在缺陷的,可以自收到通知之日起15个工作日内向国务院产品质量监督部门提出异议,并提供证明材料。国务院产品质量监督部门应当组织与生产者无利害关系的专家对证明材料进行论证,必要时对汽车产品进行技术检测或者鉴定。

生产者既不按照通知实施召回又不在本条第二款规定期限内提出异议的,或者经国务院产品质量监督部门依照本条第二款规定组织论证、技术检测、鉴定确认汽车产品存在缺陷的,国务院产品质量监督部门应当责令生产者实施召回;生产者应当立即停止生产、销售、进口缺陷汽车产品,并实施召回。

第十六条 生产者实施召回,应当按照国务院产品质量监督部门的规定制定召回计划,并报国务院产品质量监督部门备案。修改已备案的召回计划应当重新备案。

生产者应当按照召回计划实施召回。

第十七条　生产者应当将报国务院产品质量监督部门备案的召回计划同时通报销售者,销售者应当停止销售缺陷汽车产品。

第十八条　生产者实施召回,应当以便于公众知晓的方式发布信息,告知车主汽车产品存在的缺陷、避免损害发生的应急处置方法和生产者消除缺陷的措施等事项。

　　国务院产品质量监督部门应当及时向社会公布已经确认的缺陷汽车产品信息以及生产者实施召回的相关信息。

　　车主应当配合生产者实施召回。

第十九条　对实施召回的缺陷汽车产品,生产者应当及时采取修正或者补充标识、修理、更换、退货等措施消除缺陷。

　　生产者应当承担消除缺陷的费用和必要的运送缺陷汽车产品的费用。

第二十条　生产者应当按照国务院产品质量监督部门的规定提交召回阶段性报告和召回总结报告。

第二十一条　国务院产品质量监督部门应当对召回实施情况进行监督,并组织与生产者无利害关系的专家对生产者消除缺陷的效果进行评估。

第二十二条　生产者违反本条例规定,有下列情形之一的,由产品质量监督部门责令改正;拒不改正的,处5万元以上20万元以下的罚款:

　　(一)未按照规定保存有关汽车产品、车主的信息记录;

　　(二)未按照规定备案有关信息、召回计划;

　　(三)未按照规定提交有关召回报告。

第二十三条　违反本条例规定,有下列情形之一的,由产品质量监督部门责令改正;拒不改正的,处50万元以上100万元以下的罚款;有违法所得的,并处没收违法所得;情节严重的,由许可机关吊销有关许可:

　　(一)生产者、经营者不配合产品质量监督部门缺陷调查;

　　(二)生产者未按照已备案的召回计划实施召回;

　　(三)生产者未将召回计划通报销售者。

第二十四条　生产者违反本条例规定,有下列情形之一的,由产品质量监督部门责令改正,处缺陷汽车产品货值金额1%以上10%以下的罚款;有违法所得的,并处没收违法所得;情节严重的,由许可机关吊销有关许可:

　　　　（一）未停止生产、销售或者进口缺陷汽车产品；

　　　　（二）隐瞒缺陷情况；

　　　　（三）经责令召回拒不召回。

第二十五条　违反本条例规定,从事缺陷汽车产品召回监督管理工作的人员有下列行为之一的,依法给予处分：

　　　　（一）将生产者、经营者提供的资料、产品和专用设备用于缺陷调查所需的技术检测和鉴定以外的用途；

　　　　（二）泄露当事人商业秘密或者个人信息；

　　　　（三）其他玩忽职守、徇私舞弊、滥用职权行为。

第二十六条　违反本条例规定,构成犯罪的,依法追究刑事责任。

第二十七条　汽车产品出厂时未随车装备的轮胎存在缺陷的,由轮胎的生产者负责召回。具体办法由国务院产品质量监督部门参照本条例制定。

第二十八条　生产者依照本条例召回缺陷汽车产品,不免除其依法应当承担的责任。

　　汽车产品存在本条例规定的缺陷以外的质量问题的,车主有权依照产品质量法、消费者权益保护法等法律、行政法规和国家有关规定以及合同约定,要求生产者、销售者承担修理、更换、退货、赔偿损失等相应的法律责任。

第二十九条　本条例自 2013 年 1 月 1 日起施行。

二手车流通管理办法

1. 2005 年 8 月 29 日商务部、公安部、国家工商行政管理总局、国家税务总局令 2005 年第 2 号公布
2. 根据 2017 年 9 月 14 日商务部令 2017 年第 3 号《关于废止和修改部分规章的决定》修正

第一章　总　　则

第一条　为加强二手车流通管理,规范二手车经营行为,保障二手车交易双方的合法权益,促进二手车流通健康发展,依据国家有关法律、行政

法规,制定本办法。

第二条　在中华人民共和国境内从事二手车经营活动或者与二手车相关的活动,适用本办法。

本办法所称二手车,是指从办理完注册登记手续到达到国家强制报废标准之前进行交易并转移所有权的汽车(包括三轮汽车、低速载货汽车,即原农用运输车,下同)、挂车和摩托车。

第三条　二手车交易市场是指依法设立、为买卖双方提供二手车集中交易和相关服务的场所。

第四条　二手车经营主体是指经工商行政管理部门依法登记,从事二手车经销、拍卖、经纪、鉴定评估的企业。

第五条　二手车经营行为是指二手车经销、拍卖、经纪、鉴定评估等。

(一)二手车经销是指二手车经销企业收购、销售二手车的经营活动;

(二)二手车拍卖是指二手车拍卖企业以公开竞价的形式将二手车转让给最高应价者的经营活动;

(三)二手车经纪是指二手车经纪机构以收取佣金为目的,为促成他人交易二手车而从事居间、行纪或者代理等经营活动;

(四)二手车鉴定评估是指二手车鉴定评估机构对二手车技术状况及其价值进行鉴定评估的经营活动。

第六条　二手车直接交易是指二手车所有人不通过经销企业、拍卖企业和经纪机构将车辆直接出售给买方的交易行为。二手车直接交易应当在二手车交易市场进行。

第七条　国务院商务主管部门、工商行政管理部门、税务部门在各自的职责范围内负责二手车流通有关监督管理工作。

省、自治区、直辖市和计划单列市商务主管部门(以下简称省级商务主管部门)、工商行政管理部门、税务部门在各自的职责范围内负责辖区内二手车流通有关监督管理工作。

第二章　设立条件和程序

第八条　二手车交易市场经营者、二手车经销企业和经纪机构应当具备企业法人条件,并依法到工商行政管理部门办理登记。

第九条　设立二手车拍卖企业(含外商投资二手车拍卖企业)应当符合

《中华人民共和国拍卖法》和《拍卖管理办法》有关规定，并按《拍卖管理办法》规定的程序办理。

第十条 外资并购二手车交易市场和经营主体及已设立的外商投资企业增加二手车经营范围的，应当按第九条规定的程序办理。

第三章 行 为 规 范

第十一条 二手车交易市场经营者和二手车经营主体应当依法经营和纳税，遵守商业道德，接受依法实施的监督检查。

第十二条 二手车卖方应当拥有车辆的所有权或者处置权。二手车交易市场经营者和二手车经营主体应当确认卖方的身份证明，车辆的号牌、《机动车登记证书》、《机动车行驶证》，有效的机动车安全技术检验合格标志、车辆保险单、交纳税费凭证等。

国家机关、国有企事业单位在出售、委托拍卖车辆时，应持有本单位或者上级单位出具的资产处理证明。

第十三条 出售、拍卖无所有权或者处置权车辆的，应承担相应的法律责任。

第十四条 二手车卖方应当向买方提供车辆的使用、修理、事故、检验以及是否办理抵押登记、交纳税费、报废期等真实情况和信息。买方购买的车辆如因卖方隐瞒和欺诈不能办理转移登记，卖方应当无条件接受退车，并退还购车款等费用。

第十五条 二手车经销企业销售二手车时应当向买方提供质量保证及售后服务承诺，并在经营场所予以明示。

第十六条 进行二手车交易应当签订合同。合同示范文本由国务院工商行政管理部门制定。

第十七条 二手车所有人委托他人办理车辆出售的，应当与受托人签订委托书。

第十八条 委托二手车经纪机构购买二手车时，双方应当按以下要求进行：

（一）委托人向二手车经纪机构提供合法身份证明；

（二）二手车经纪机构依据委托人要求选择车辆，并及时向其通报市场信息；

（三）二手车经纪机构接受委托购买时，双方签订合同；

（四）二手车经纪机构根据委托人要求代为办理车辆鉴定评估，鉴定评估所发生的费用由委托人承担。

第十九条 二手车交易完成后，卖方应当及时向买方交付车辆、号牌及车辆法定证明、凭证。车辆法定证明、凭证主要包括：

（一）《机动车登记证书》；

（二）《机动车行驶证》；

（三）有效的机动车安全技术检验合格标志；

（四）车辆购置税完税证明；

（五）养路费缴付凭证；

（六）车船使用税缴付凭证；

（七）车辆保险单。

第二十条 下列车辆禁止经销、买卖、拍卖和经纪：

（一）已报废或者达到国家强制报废标准的车辆；

（二）在抵押期间或者未经海关批准交易的海关监管车辆；

（三）在人民法院、人民检察院、行政执法部门依法查封、扣押期间的车辆；

（四）通过盗窃、抢劫、诈骗等违法犯罪手段获得的车辆；

（五）发动机号码、车辆识别代号或者车架号码与登记号码不相符，或者有凿改迹象的车辆；

（六）走私、非法拼(组)装的车辆；

（七）不具有第十九条所列证明、凭证的车辆；

（八）在本行政辖区以外的公安机关交通管理部门注册登记的车辆；

（九）国家法律、行政法规禁止经营的车辆。

二手车交易市场经营者和二手车经营主体发现车辆具有(四)、(五)、(六)情形之一的，应当及时报告公安机关、工商行政管理部门等执法机关。

对交易违法车辆的，二手车交易市场经营者和二手车经营主体应当承担连带赔偿责任和其他相应的法律责任。

第二十一条 二手车经销企业销售、拍卖企业拍卖二手车时，应当按规定向买方开具税务机关监制的统一发票。

进行二手车直接交易和通过二手车经纪机构进行二手车交易的，

应当由二手车交易市场经营者按规定向买方开具税务机关监制的统一发票。

第二十二条 二手车交易完成后,现车辆所有人应当凭税务机关监制的统一发票,按法律、法规有关规定办理转移登记手续。

第二十三条 二手车交易市场经营者应当为二手车经营主体提供固定场所和设施,并为客户提供办理二手车鉴定评估、转移登记、保险、纳税等手续的条件。二手车经销企业、经纪机构应当根据客户要求,代办二手车鉴定评估、转移登记、保险、纳税等手续。

第二十四条 二手车鉴定评估应当本着买卖双方自愿的原则,不得强制进行;属国有资产的二手车应当按国家有关规定进行鉴定评估。

第二十五条 二手车鉴定评估机构应当遵循客观、真实、公正和公开原则,依据国家法律法规开展二手车鉴定评估业务,出具车辆鉴定评估报告;并对鉴定评估报告中车辆技术状况,包括是否属事故车辆等评估内容负法律责任。

第二十六条 二手车鉴定评估机构和人员可以按国家有关规定从事涉案、事故车辆鉴定等评估业务。

第二十七条 二手车交易市场经营者和二手车经营主体应当建立完整的二手车交易购销、买卖、拍卖、经纪以及鉴定评估档案。

第二十八条 设立二手车交易市场、二手车经销企业开设店铺,应当符合所在地城市发展及城市商业发展有关规定。

第四章 监督与管理

第二十九条 二手车流通监督管理遵循破除垄断,鼓励竞争,促进发展和公平、公正、公开的原则。

第三十条 建立二手车交易市场经营者和二手车经营主体备案制度。凡经工商行政管理部门依法登记,取得营业执照的二手车交易市场经营者和二手车经营主体,应当自取得营业执照之日起2个月内向省级商务主管部门备案。省级商务主管部门应当将二手车交易市场经营者和二手车经营主体有关备案情况定期报送国务院商务主管部门。

第三十一条 建立和完善二手车流通信息报送、公布制度。二手车交易市场经营者和二手车经营主体应当定期将二手车交易量、交易额等信息通过所在地商务主管部门报送省级商务主管部门。省级商务主管部门将上述信息汇总后报送国务院商务主管部门。国务院商务主管部门定期向社会公布全国二手车流通信息。

第三十二条 商务主管部门、工商行政管理部门应当在各自的职责范围内采取有效措施,加强对二手车交易市场经营者和经营主体的监督管理,依法查处违法违规行为,维护市场秩序,保护消费者的合法权益。

第三十三条 国务院工商行政管理部门会同商务主管部门建立二手车交易市场经营者和二手车经营主体信用档案,定期公布违规企业名单。

第五章 附 则

第三十四条 本办法自2005年10月1日起施行,原《商务部办公厅关于规范旧机动车鉴定评估管理工作的通知》(商建字〔2004〕第70号)、《关于加强旧机动车市场管理工作的通知》(国经贸贸易〔2001〕1281号)、《旧机动车交易管理办法》(内贸机字〔1998〕第33号)及据此发布的各类文件同时废止。

家用汽车产品修理更换退货责任规定

1. 2021年7月22日国家市场监督管理总局令第43号公布
2. 自2022年1月1日起施行

第一章 总 则

第一条 为了明确家用汽车产品修理、更换、退货(以下统称三包)责任,保护消费者合法权益,根据《中华人民共和国产品质量法》《中华人民共和国消费者权益保护法》等法律,制定本规定。

第二条 在中华人民共和国境内销售的家用汽车产品的三包,适用本规定。

第三条 三包责任由销售者依法承担。销售者依照本规定承担三包责任后,属于生产者责任或者其他经营者责任的,销售者有权向生产者、其他经营者追偿。

从中华人民共和国境外进口家用汽车产品到境内销售的企业,视为生产者。

第四条 家用汽车产品经营者之间可以订立合同约定三包责任的承担，但不得侵害消费者合法权益，不得免除或者减轻本规定所规定的质量义务和三包责任。

鼓励经营者作出严于本规定、更有利于保护消费者合法权益的三包承诺。承诺一经作出，应当依法履行。

第五条 家用汽车产品消费者、经营者行使权利、履行义务或者承担责任，应当遵循诚实信用原则。

家用汽车产品经营者不得故意拖延或者无正当理由拒绝消费者提出的符合本规定的三包要求。

第六条 国家市场监督管理总局（以下简称市场监管总局）负责指导协调、监督管理全国家用汽车产品三包工作，建立家用汽车产品三包信息公开制度，委托相关技术机构承担具体技术工作。

县级以上地方市场监督管理部门负责指导协调、监督管理本行政区域内家用汽车产品三包工作。

第二章 经营者义务

第七条 生产者生产的家用汽车产品应当符合法律、法规规定以及当事人约定的质量要求。未经检验合格，不得出厂销售。

第八条 生产者应当为家用汽车产品配备中文产品合格证或者相关证明、产品一致性证书、产品使用说明书、三包凭证、维修保养手册等随车文件。随车提供工具、附件等物品的，还应当附随车物品清单。

第九条 三包凭证应当包括下列内容：

（一）产品品牌、型号、车辆类型、车辆识别代号（VIN）、生产日期；

（二）生产者的名称、地址、邮政编码、客服电话；

（三）销售者的名称、地址、邮政编码、客服电话、开具购车发票的日期、交付车辆的日期；

（四）生产者或者销售者约定的修理者（以下简称修理者）网点信息的查询方式；

（五）家用汽车产品的三包条款、包修期、三包有效期、使用补偿系数；

（六）主要零部件、特殊零部件的种类范围，易损耗零部件的种类范围及其质量保证期；

（七）家用纯电动、插电式混合动力汽车产品的动力蓄电池在包修期、三包有效期内的容量衰减限值；

（八）按照规定需要明示的其他内容。

第十条 生产者应当向市场监管总局备案生产者基本信息、车型信息、约定的销售和修理网点资料、产品使用说明书、三包凭证、维修保养手册和退换车信息等，但生产者已经在缺陷汽车产品召回信息管理系统上备案的信息除外。

备案信息发生变化的，生产者应当自变化之日起20个工作日内更新备案。

第十一条 生产者应当积极配合销售者、修理者履行其义务，不得故意拖延或者无正当理由拒绝销售者、修理者按照本规定提出的协助、追偿等事项。

第十二条 销售者应当建立进货检查验收制度，验明家用汽车产品的随车文件。

第十三条 销售者应当向消费者交付合格的家用汽车产品，并履行下列规定：

（一）与消费者共同查验家用汽车产品的外观、内饰等可以现场查验的质量状况；

（二）向消费者交付随车文件以及购车发票；

（三）按照随车物品清单向消费者交付随车工具、附件等物品；

（四）对照随车文件，告知消费者家用汽车产品的三包条款、包修期、三包有效期、使用补偿系数、修理者网点信息的查询方式；

（五）提醒消费者阅读安全注意事项并按照产品使用说明书的要求使用、维护、保养家用汽车产品。

第十四条 消费者遗失三包凭证的，可以向销售者申请补办。销售者应当及时免费补办。

第十五条 包修期内家用汽车产品因质量问题不能安全行驶的，修理者应当提供免费修理咨询服务；咨询服务无法解决的，应当开展现场服务，并承担必要的车辆拖运费用。

第十六条 包修期内修理者用于修理的零部件应当是生产者提供或者认可的合格零部件，并且其质量不得低于原车配置的零部件质量。

第十七条 修理者应当建立修理记录存档制度。修理记录保存期限不得低于6年。

修理记录应当包括送修时间、行驶里程、消费者质量问题陈述、检查结果、修理项目、更换的零部件名称和编号、材料费、工时及工时费、车辆拖运费用、提供备用车或者交通费用补偿的情况、交车时间、修理者和消费者签名或者盖章等信息，并提供给消费者一份。

消费者因遗失修理记录或者其他原因需要查阅或者复印修理记录，修理者应当提供便利。

第三章　三　包　责　任

第十八条　家用汽车产品的三包有效期不得低于2年或者行驶里程50,000公里，以先到者为准；包修期不得低于3年或者行驶里程60,000公里，以先到者为准。

三包有效期和包修期自销售者开具购车发票之日起计算；开具购车发票日期与交付家用汽车产品日期不一致的，自交付之日起计算。

第十九条　家用汽车产品在包修期内出现质量问题或者易损耗零部件在其质量保证期内出现质量问题的，消费者可以凭三包凭证选择修理者免费修理（包括免除工时费和材料费）。

修理者能够通过查询相关信息系统等方式核实购买信息的，应当免除消费者提供三包凭证的义务。

第二十条　家用汽车产品自三包有效期起算之日起60日内或者行驶里程3000公里之内（以先到者为准），因发动机、变速器、动力蓄电池、行驶驱动电机的主要零部件出现质量问题的，消费者可以凭三包凭证选择更换发动机、变速器、动力蓄电池、行驶驱动电机。修理者应当免费更换。

第二十一条　家用汽车产品在包修期内因质量问题单次修理时间超过5日（包括等待修理零部件时间）的，修理者应当自第6日起为消费者提供备用车，或者向消费者支付合理的交通费用补偿。经营者与消费者另有约定的，按照约定的方式予以补偿。

第二十二条　家用汽车产品自三包有效期起算之日起7日内，因质量问题需要更换发动机、变速器、动力蓄电池、行驶驱动电机或者其主要零部件的，消费者可以凭购车发票、三包凭证选择更换家用汽车产品或者退货。销售者应当免费更换或者退货。

第二十三条　家用汽车产品自三包有效期起算之日起60日内或者行驶

里程 3000 公里之内（以先到者为准），因质量问题出现转向系统失效、制动系统失效、车身开裂、燃油泄漏或者动力蓄电池起火的，消费者可以凭购车发票、三包凭证选择更换家用汽车产品或者退货。销售者应当免费更换或者退货。

第二十四条　家用汽车产品在三包有效期内出现下列情形之一，消费者凭购车发票、三包凭证选择更换家用汽车产品或者退货的，销售者应当更换或者退货：

（一）因严重安全性能故障累计进行 2 次修理，但仍未排除该故障或者出现新的严重安全性能故障的；

（二）发动机、变速器、动力蓄电池、行驶驱动电机因其质量问题累计更换 2 次，仍不能正常使用的；

（三）发动机、变速器、动力蓄电池、行驶驱动电机、转向系统、制动系统、悬架系统、传动系统、污染控制装置、车身的同一主要零部件因其质量问题累计更换 2 次，仍不能正常使用的；

（四）因质量问题累计修理时间超过 30 日，或者因同一质量问题累计修理超过 4 次的。

发动机、变速器、动力蓄电池、行驶驱动电机的更换次数与其主要零部件的更换次数不重复计算。

需要根据车辆识别代号（VIN）等定制的防盗系统、全车主线束等特殊零部件和动力蓄电池的运输时间，以及外出救援路途所占用的时间，不计入本条第一款第（四）项规定的修理时间。

第二十五条　家用汽车产品符合本规定规定的更换条件，销售者无同品牌同型号家用汽车产品的，应当向消费者更换不低于原车配置的家用汽车产品。无不低于原车配置的家用汽车产品，消费者凭购车发票、三包凭证选择退货的，销售者应当退货。

第二十六条　销售者为消费者更换家用汽车产品或者退货，应当赔偿消费者下列损失：

（一）车辆登记费用；

（二）销售者收取的扣除相应折旧后的加装、装饰费用；

（三）销售者向消费者收取的相关服务费用。

相关税费、保险费按照国家有关规定执行。

第二十七条　消费者依照本规定第二十四条第一款规定更换家用汽车产

品或者退货的,应当向销售者支付家用汽车产品使用补偿费。补偿费的计算方式为:

补偿费 = 车价款(元) × 行驶里程(公里)/1000(公里) × n。

使用补偿系数 n 由生产者确定并明示在三包凭证上。使用补偿系数 n 不得高于 0.5%。

第二十八条 三包有效期内销售者收到消费者提出的更换家用汽车产品或者退货要求的,应当自收到相关要求之日起 10 个工作日内向消费者作出答复。不符合更换或者退货条件的,应当在答复中说明理由。

符合更换或者退货条件的,销售者应当自消费者提出更换或者退货要求之日起 20 个工作日内为消费者完成更换或者退货,并出具换车证明或者退车证明;20 个工作日内不能完成家用汽车产品更换的,消费者可以要求退货,但因消费者原因造成的延迟除外。

第二十九条 按照本规定更换的家用汽车产品,其三包有效期和包修期自更换之日起重新计算。

第三十条 包修期内家用汽车产品所有权发生转移的,三包凭证应当随车转移。三包责任不因家用汽车产品所有权的转移而改变。

第三十一条 经营者合并、分立、变更、破产的,其三包责任按照有关法律、法规的规定执行。

第三十二条 包修期内家用汽车产品有下列情形之一的,可以免除经营者对下列质量问题承担的三包责任:

(一)消费者购买时已经被书面告知家用汽车产品存在不违反法律、法规或者强制性国家标准的瑕疵;

(二)消费者未按照使用说明书或者三包凭证要求,使用、维护、保养家用汽车产品而造成的损坏;

(三)使用说明书明示不得对家用汽车产品进行改装、调整、拆卸,但消费者仍然改装、调整、拆卸而造成的损坏;

(四)发生质量问题,消费者自行处置不当而造成的损坏;

(五)因不可抗力造成的损坏。

经营者不得限制消费者自主选择对家用汽车产品维护、保养的企业,并将其作为拒绝承担三包责任的理由。

第三十三条 销售者销售按照本规定更换、退货的家用汽车产品的,应当检验合格,并书面告知其属于"三包换退车"以及更换、退货的原因。

"三包换退车"的三包责任,按照当事人约定执行。

第四章 争议的处理

第三十四条 发生三包责任争议,可以通过下列途径解决:
（一）协商和解;
（二）请求消费者协会或者依法成立的其他调解组织调解;
（三）向市场监督管理部门等有关行政机关投诉;
（四）根据当事人达成的仲裁协议提请仲裁机构仲裁;
（五）向人民法院提起诉讼。

第三十五条 鼓励有关组织建立第三方家用汽车产品三包责任争议处理机制,为消费者免费提供公正、专业、便捷、高效的汽车三包责任争议处理服务。

第三十六条 市场监督管理部门处理三包责任争议投诉举报,按照市场监督管理部门有关投诉举报处理的规定执行。

省级市场监督管理部门可以建立家用汽车产品三包责任争议处理技术咨询人员库,为处理三包责任争议提供技术支持。

第五章 法律责任

第三十七条 未按照本规定第二章规定履行经营者义务,法律、法规对违法行为处罚有规定的,依照法律、法规执行;法律、法规没有规定的,予以警告,责令限期改正,情节严重的,处一万元以上三万元以下罚款。

第三十八条 故意拖延或者无正当理由拒绝承担本规定第三章规定的三包责任的,依照《中华人民共和国消费者权益保护法》第五十六条执行。

第三十九条 本规定所规定的行政处罚,由县级以上地方市场监督管理部门依法实施。行政处罚信息记入国家企业信用信息公示系统,向社会公示。

第六章 附 则

第四十条 本规定下列用语的含义:
家用汽车产品,指消费者为生活消费需要而购买和使用的乘用车和皮卡车。
乘用车,指按照有关国家标准规定的除专用乘用车以外的乘用车。

质量问题，指家用汽车产品质量不符合法律、法规、强制性国家标准以及企业明示采用的标准或者明示的质量状况，或者存在影响正常使用的其他情形。

严重安全性能故障，指家用汽车产品存在的危及人身、财产安全，致使无法安全使用的质量问题，包括安全装置不能起到应有的保护作用或者存在起火等危险的情形。

单次修理时间，指自消费者与修理者确定修理之时至完成修理之时。以小时计算，每满 24 小时，为 1 日；余下时间不足 24 小时的，以 1 日计。

累计修理时间，指单次修理时间累加之和。

第四十一条　家用汽车产品的主要零部件、特殊零部件、易损耗零部件的种类范围，按照有关国家标准确定。

第四十二条　本规定自 2022 年 1 月 1 日起施行。2012 年 12 月 29 日原国家质量监督检验检疫总局令第 150 号公布的《家用汽车产品修理、更换、退货责任规定》同时废止。

机动车维修管理规定

1. 2005 年 6 月 24 日交通部令 2005 年第 7 号发布
2. 根据 2015 年 8 月 8 日交通运输部令 2015 年第 17 号《关于修改〈机动车维修管理规定〉的决定》第一次修正
3. 根据 2016 年 4 月 19 日交通运输部令 2016 年第 37 号《关于修改〈机动车维修管理规定〉的决定》第二次修正
4. 根据 2019 年 6 月 21 日交通运输部令 2019 年第 20 号《关于修改〈机动车维修管理规定〉的决定》第三次修正
5. 根据 2021 年 8 月 11 日交通运输部令 2021 年第 18 号《关于修改〈机动车维修管理规定〉的决定》第四次修正
6. 根据 2023 年 11 月 10 日交通运输部令 2023 年第 14 号《关于修改〈机动车维修管理规定〉的决定》第五次修正

第一章　总　　则

第一条　为规范机动车维修经营活动，维护机动车维修市场秩序，保护机动车维修各方当事人的合法权益,保障机动车运行安全,保护环境,节约能源,促进机动车维修业的健康发展,根据《中华人民共和国道路运输条例》及有关法律、行政法规的规定,制定本规定。

第二条 从事机动车维修经营的,应当遵守本规定。

本规定所称机动车维修经营,是指以维持或者恢复机动车技术状况和正常功能,延长机动车使用寿命为作业任务所进行的维护、修理以及维修救援等相关经营活动。

第三条 机动车维修经营者应当依法经营,诚实信用,公平竞争,优质服务,落实安全生产主体责任和维修质量主体责任。

第四条 机动车维修管理,应当公平、公正、公开和便民。

第五条 任何单位和个人不得封锁或者垄断机动车维修市场。

托修方有权自主选择维修经营者进行维修。除汽车生产厂家履行缺陷汽车产品召回、汽车质量"三包"责任外,任何单位和个人不得强制或者变相强制指定维修经营者。

鼓励机动车维修企业实行集约化、专业化、连锁经营,促进机动车维修业的合理分工和协调发展。

鼓励推广应用机动车维修环保、节能、不解体检测和故障诊断技术,推进行业信息化建设和救援、维修服务网络化建设,提高机动车维修行业整体素质,满足社会需要。

鼓励机动车维修企业优先使用具备机动车检测维修国家职业资格的人员,并加强技术培训,提升从业人员素质。

第六条 交通运输部主管全国机动车维修管理工作。

县级以上地方人民政府交通运输主管部门(以下简称交通运输主管部门)负责本行政区域的机动车维修管理工作。

第二章 经营备案

第七条 从事机动车维修经营业务的,应当在依法向市场监督管理机构办理有关登记手续后,向所在地县级交通运输主管部门进行备案。

交通运输主管部门应当按照《中华人民共和国道路运输条例》和本规定实施机动车维修经营备案。交通运输主管部门不得向机动车维修经营者收取备案相关费用。

第八条 机动车维修经营依据维修车型种类、服务能力和经营项目实行分类备案。

机动车维修经营业务根据维修对象分为汽车维修经营业务、危险货物运输车辆维修经营业务、摩托车维修经营业务和其他机动车维修经营业务四类。

汽车维修经营业务、其他机动车维修经营业务根据经营项目和服务能力分为一类维修经营业务、二类维修经营业务和三类维修经营业务。

摩托车维修经营业务根据经营项目和服务能力分为一类维修经营业务和二类维修经营业务。

第九条 一类、二类汽车维修经营业务或者其他机动车维修经营业务,可以从事相应车型的整车修理、总成修理、整车维护、小修、维修救援、专项修理和维修竣工检验工作;三类汽车维修经营业务(含汽车综合小修)、三类其他机动车维修经营业务,可以分别从事汽车综合小修或者发动机维修、车身维修、电气系统维修、自动变速器维修、轮胎动平衡及修补、四轮定位检测调整、汽车润滑与养护、喷油泵和喷油器维修、曲轴修磨、气缸镗磨、散热器维修、空调维修、汽车美容装潢、汽车玻璃安装及修复等汽车专项维修工作。具体有关经营项目按照《汽车维修业开业条件》(GB/T 16739)相关条款的规定执行。

第十条 一类摩托车维修经营业务,可以从事摩托车整车修理、总成修理、整车维护、小修、专项修理和竣工检验工作;二类摩托车维修经营业务,可以从事摩托车维护、小修和专项修理工作。

第十一条 危险货物运输车辆维修经营业务,除可以从事危险货物运输车辆维修经营业务外,还可以从事一类汽车维修经营业务。

第十二条 从事汽车维修经营业务或者其他机动车维修经营业务的,应当符合下列条件:

(一)有与其经营业务相适应的维修车辆停车场和生产厂房。租用的场地应当有书面的租赁合同,且租赁期限不得少于1年。停车场和生产厂房面积按照国家标准《汽车维修业开业条件》(GB/T 16739)相关条款的规定执行。

(二)有与其经营业务相适应的设备、设施。所配备的计量设备应当符合国家有关技术标准要求,并经法定检定机构检定合格。从事汽车维修经营业务的设备、设施的具体要求按照国家标准《汽车维修业开业条件》(GB/T 16739)相关条款的规定执行；从事其他机动车维修经营业务的设备、设施的具体要求，参照国家标准《汽车维修业开业条件》(GB/T 16739)执行，但所配备设施、设备应与其维修车型相适应。

（三）有必要的技术人员：

1. 从事一类和二类维修业务的应当各配备至少1名技术负责人员、质量检验人员、业务接待人员以及从事机修、电器、钣金、涂漆的维修技术人员。技术负责人员应当熟悉汽车或者其他机动车维修业务，并掌握汽车或者其他机动车维修及相关政策法规和技术规范；质量检验人员应当熟悉各类汽车或者其他机动车维修检测作业规范，掌握汽车或者其他机动车维修故障诊断和质量检验的相关技术，熟悉汽车或者其他机动车维修服务收费标准及相关政策法规和技术规范，并持有与承修车型种类相适应的机动车驾驶证；从事机修、电器、钣金、涂漆的维修技术人员应当熟悉所从事工种的维修技术和操作规范，并了解汽车或者其他机动车维修及相关政策法规。各类技术人员的配备要求按照《汽车维修业开业条件》(GB/T 16739)相关条款的规定执行。

2. 从事三类维修业务的，按照其经营项目分别配备相应的机修、电器、钣金、涂漆的维修技术人员；从事汽车综合小修、发动机维修、车身维修、电气系统维修、自动变速器维修的，还应当配备技术负责人员和质量检验人员。各类技术人员的配备要求按照国家标准《汽车维修业开业条件》(GB/T 16739)相关条款的规定执行。

（四）有健全的维修管理制度。包括质量管理制度、安全生产管理制度、车辆维修档案管理制度、人员培训制度、设备管理制度及配件管理制度。具体要求按照国家标准《汽车维修业开业条件》(GB/T 16739)相关条款的规定执行。

（五）有必要的环境保护措施。具体要求按照国家标准《汽车维修业开业条件》(GB/T 16739)相关条款的规定执行。

第十三条 从事危险货物运输车辆维修的汽车维修经营者，除具备汽车维修经营一类维修经营业务的条件外，还应当具备下列条件：

（一）有与其作业内容相适应的专用维修车间和设备、设施，并设置明显的指示性标志；

（二）有完善的突发事件应急预案，应急预案包括报告程序、应急指挥以及处置措施等内容；

（三）有相应的安全管理人员；

（四）有齐全的安全操作规程。

本规定所称危险货物运输车辆维修，是指对运输易燃、易爆、腐蚀、放射性、剧毒等性质货物的机动车维修，不包含对危险货物运输车辆罐体的维修。

第十四条 从事摩托车维修经营的，应当符合下列条件：

（一）有与其经营业务相适应的摩托车维修停车场和生产厂房。租用的场地应有书面的租赁合同，且租赁期限不得少于1年。停车场和生产厂房的面积按照国家标准《摩托车维修业开业条件》(GB/T 18189)相关条款的规定执行。

（二）有与其经营业务相适应的设备、设施。所配备的计量设备应符合国家有关技术标准要求，并经法定检定机构检定合格。具体要求按照国家标准《摩托车维修业开业条件》(GB/T 18189)相关条款的规定执行。

（三）有必要的技术人员：

1. 从事一类维修业务的应当至少有1名质量检验人员。质量检验人员应当熟悉各类摩托车维修检测作业规范，掌握摩托车维修故障诊断和质量检验的相关技术，熟悉摩托车维修服务收费标准及相关政策法规和技术规范。

2. 按照其经营业务分别配备相应的机修、电器、钣金、涂漆的维修技术人员。机修、电器、钣金、涂漆的维修技术人员应当熟悉所从事工种的维修技术和操作规范，并了解摩托车维修及相关政策法规。

（四）有健全的维修管理制度。包括质量管理制度、安全生产管理制度、摩托车维修档案管理制度、人员培训制度、设备管理制度及配件管理制度。具体要求按照国家标准《摩托车维修业开业条件》(GB/T 18189)相关条款的规定执行。

（五）有必要的环境保护措施。具体要求按照国家标准《摩托车维修业开业条件》(GB/T 18189)相关条款的规定执行。

第十五条 从事机动车维修经营的，应当向所在地的县级交通运输主管部门进行备案，提交《机动车维修经营备案表》(见附件1)，并附送符合本规定第十二条、第十三条、第十四条规定条件的下列材料，保证材料真实完整：

（一）维修经营者的营业执照复印件；

（二）经营场地（含生产厂房和业务接待室）、停车场面积材料、土地使用权及产权证明等相关材料；

（三）技术人员汇总表，以及各相关人员的学历、技术职称或职业资格证明等相关材料；

（四）维修设备设施汇总表，维修检测设备及计量设备检定合格证明等相关材料；

（五）维修管理制度等相关材料；

（六）环境保护措施等相关材料。

第十六条 从事机动车维修连锁经营服务的，其机动车维修连锁经营企业总部应先完成备案。

机动车维修连锁经营服务网点可由机动车维修连锁经营企业总部向连锁经营服务网点所在地县级交通运输主管部门进行备案，提交《机动车维修经营备案表》，附送下列材料，并对材料真实性承担相应的法律责任：

（一）连锁经营协议书副本；

（二）连锁经营的作业标准和管理手册；

（三）连锁经营服务网点符合机动车维修经营相应条件的承诺书。

连锁经营服务网点的备案经营项目应当在机动车维修连锁经营企业总部备案经营项目范围内。

第十七条 交通运输主管部门收到备案材料后，对材料齐全且符合备案要求的应当予以备案，并编号归档；对材料不全或者不符合备案要求的，应当场或者自收到备案材料之日起 5 日内一次性书面通知备案人需要补充的全部内容。

第十八条 机动车维修经营者名称、法定代表人、经营范围、经营地址等备案事项发生变化的，应当向原办理备案的交通运输主管部门办理备案变更。

机动车维修经营者需要终止经营的，应当在终止经营前 30 日告知原备案机构。

第十九条 交通运输主管部门应当向社会公布已备案的机动车维修经营者名单并及时更新，便于社会查询和监督。

第三章 维 修 经 营

第二十条 机动车维修经营者应当按照备案的经营范围开展维修服务。

第二十一条 机动车维修经营者应当将《机动车维修标志牌》(见附件2)悬挂在经营场所的醒目位置。

《机动车维修标志牌》由机动车维修经营者按照统一式样和要求自行制作。

第二十二条 机动车维修经营者不得擅自改装机动车,不得承修已报废的机动车,不得利用配件拼装机动车。

托修方要改变机动车车身颜色,更换发动机、车身和车架的,应当按照有关法律、法规的规定办理相关手续,机动车维修经营者在查看相关手续后方可承修。

第二十三条 机动车维修经营者应当加强对从业人员的安全教育和职业道德教育,确保安全生产。

机动车维修从业人员应当执行机动车维修安全生产操作规程,不得违章作业。

第二十四条 机动车维修产生的废弃物,应当按照国家的有关规定进行处理。

第二十五条 机动车维修经营者应当公布机动车维修工时定额和收费标准,合理收取费用。

机动车维修工时定额可按各省机动车维修协会等行业中介组织统一制定的标准执行,也可按机动车维修经营者报所在地交通运输主管部门备案后的标准执行,也可按机动车生产厂家公布的标准执行。当上述标准不一致时,优先适用机动车维修经营者备案的标准。

机动车维修经营者应当将其执行的机动车维修工时单价标准报所在地交通运输主管部门备案。

机动车生产、进口企业应当在新车型投放市场后六个月内,向社会公布其生产、进口机动车车型的维修技术信息和工时定额。具体要求按照国家有关部门关于汽车维修技术信息公开的规定执行。

第二十六条 机动车维修经营者应当使用规定的结算票据,并向托修方交付维修结算清单,作为托修方追责依据。维修结算清单中,工时费与材料费应当分项计算。维修结算清单应当符合交通运输部有关标准要求,维修结算清单内容应包括托修方信息、承修方信息、维修费用明细单等。

机动车维修经营者不出具规定的结算票据和结算清单的,托修方有权拒绝支付费用。

第二十七条 机动车维修经营者应当按照规定,向交通运输主管部门报送统计资料。

交通运输主管部门应当为机动车维修经营者保守商业秘密。

第二十八条 机动车维修连锁经营企业总部应当按照统一采购、统一配送、统一标识、统一经营方针、统一服务规范和价格的要求,建立连锁经营的作业标准和管理手册,加强对连锁经营服务网点经营行为的监管和约束,杜绝不规范的商业行为。

第四章 质量管理

第二十九条 机动车维修经营者应当按照国家、行业或者地方的维修标准规范和机动车生产、进口企业公开的维修技术信息进行维修。尚无标准或规范的,可参照机动车生产企业提供的维修手册、使用说明书和有关技术资料进行维修。

机动车维修经营者不得通过临时更换机动车污染控制装置、破坏机动车车载排放诊断系统等维修作业,使机动车通过排放检验。

第三十条 机动车维修经营者不得使用假冒伪劣配件维修机动车。

机动车维修配件实行追溯制度。机动车维修经营者应当记录配件采购、使用信息,查验产品合格证等相关证明,并按规定留存配件来源凭证。

托修方、维修经营者可以使用同质配件维修机动车。同质配件是指,产品质量等同或者高于装车零部件标准要求,且具有良好装车性能的配件。

机动车维修经营者对于换下的配件、总成,应当交托修方自行处理。

机动车维修经营者应当将原厂配件、同质配件和修复配件分别标识,明码标价,供用户选择。

第三十一条 机动车维修经营者对机动车进行二级维护、总成修理、整车修理的,应当实行维修前诊断检验、维修过程检验和竣工质量检验制度。

承担机动车维修竣工质量检验的机动车维修企业或机动车检验检测机构应当使用符合有关标准并在检定有效期内的设备,按照有关标准进行检测,如实提供检测结果证明,并对检测结果承担法律责任。

第三十二条 机动车维修竣工质量检验合格的,维修质量检验人员应当签发《机动车维修竣工出厂合格证》(见附件3);未签发机动车维修竣工出厂合格证的机动车,不得交付使用,车主可以拒绝交费或接车。

第三十三条 机动车维修经营者应当建立机动车维修档案,并实行档案电子化管理。维修档案应当包括:维修合同(托修单)、维修项目、维修人员及维修结算清单等。对机动车进行二级维护、总成修理、整车修理的,维修档案还应当包括:质量检验单、质量检验人员、竣工出厂合格证(副本)等。

机动车维修经营者应当按照规定如实填报、及时上传承修机动车的维修电子数据记录至国家有关汽车维修电子健康档案系统。机动车生产厂家或者第三方开发、提供机动车维修服务管理系统的,应当向汽车维修电子健康档案系统开放相应数据接口。

机动车托修方有权查阅机动车维修档案。

第三十四条 交通运输主管部门应当加强机动车维修从业人员管理,建立健全从业人员信用档案,加强从业人员诚信监管。

机动车维修经营者应当加强从业人员从业行为管理,促进从业人员诚信、规范从业维修。

第三十五条 交通运输主管部门应当加强对机动车维修经营的质量监督和管理,采用定期检查、随机抽样检测检验的方法,对机动车维修经营者维修质量进行监督。

交通运输主管部门可以委托具有法定资格的机动车维修质量监督检验单位,对机动车维修质量进行监督检验。

第三十六条 机动车维修实行竣工出厂质量保证期制度。

汽车和危险货物运输车辆整车修理或总成修理质量保证期为车辆行驶20000公里或者100日;二级维护质量保证期为车辆行驶5000公里或者30日;一级维护、小修及专项修理质量保证期为车辆行驶2000公里或者10日。

摩托车整车修理或者总成修理质量保证期为摩托车行驶7000公

里或者 80 日；维护、小修及专项修理质量保证期为摩托车行驶 800 公里或者 10 日。

其他机动车整车修理或者总成修理质量保证期为机动车行驶 6000 公里或者 60 日；维护、小修及专项修理质量保证期为机动车行驶 700 公里或者 7 日。

质量保证期中行驶里程和日期指标，以先达到者为准。

机动车维修质量保证期，从维修竣工出厂之日起计算。

第三十七条 在质量保证期和承诺的质量保证期内，因维修质量原因造成机动车无法正常使用，且承修方在 3 日内不能或者无法提供因非维修原因而造成机动车无法使用的相关证据的，机动车维修经营者应当及时无偿返修，不得故意拖延或者无理拒绝。

在质量保证期内，机动车因同一故障或维修项目经两次修理仍不能正常使用的，机动车维修经营者应当负责联系其他机动车维修经营者，并承担相应修理费用。

第三十八条 机动车维修经营者应当公示承诺的机动车维修质量保证期。所承诺的质量保证期不得低于第三十六条的规定。

第三十九条 交通运输主管部门应当受理机动车维修质量投诉，积极按照维修合同约定和相关规定调解维修质量纠纷。

第四十条 机动车维修质量纠纷双方当事人均有保护当事车辆原始状态的义务。必要时可拆检车辆有关部位，但双方当事人应同时在场，共同认可拆检情况。

第四十一条 对机动车维修质量的责任认定需要进行技术分析和鉴定，且承修方和托修方共同要求交通运输主管部门出面协调的，交通运输主管部门应当组织专家组或委托具有法定检测资格的检测机构作出技术分析和鉴定。鉴定费用由责任方承担。

第四十二条 对机动车维修经营者实行质量信誉考核制度。机动车维修质量信誉考核办法另行制定。

机动车维修质量信誉考核内容应当包括经营者基本情况、经营业绩（含奖励情况）、不良记录等。

第四十三条 交通运输主管部门应当采集机动车维修企业信用信息，并建立机动车维修企业信用档案，除涉及国家秘密、商业秘密外，应当依法公开，供公众查阅。机动车维修质量信誉考核结果、汽车维修电子健康档案系统维修电子数据记录上传情况及车主评价、投诉和处理情况是机动车维修信用档案的重要组成部分。

第四十四条 建立机动车维修经营者和从业人员黑名单制度,县级交通运输主管部门负责认定机动车维修经营者和从业人员黑名单,具体办法由交通运输部另行制定。

第五章 监督检查

第四十五条 交通运输主管部门应当加强对机动车维修经营活动的监督检查。

交通运输主管部门应当依法履行对维修经营者的监管职责,对维修经营者是否依法备案或者备案事项是否属实进行监督检查。

交通运输主管部门的工作人员应当严格按照职责权限和程序进行监督检查,不得滥用职权、徇私舞弊,不得乱收费、乱罚款。

第四十六条 交通运输主管部门应当积极运用信息化技术手段,科学、高效地开展机动车维修管理工作。

第四十七条 交通运输主管部门的执法人员在机动车维修经营场所实施监督检查时,应当有2名以上人员参加,并向当事人出示交通运输部监制的交通行政执法证件。

交通运输主管部门实施监督检查时,可以采取下列措施:

(一)询问当事人或者有关人员,并要求其提供有关资料;

(二)查询、复制与违法行为有关的维修台帐、票据、凭证、文件及其他资料,核对与违法行为有关的技术资料;

(三)在违法行为发现场所进行摄影、摄像取证;

(四)检查与违法行为有关的维修设备及相关机具的有关情况。

检查的情况和处理结果应当记录,并按照规定归档。当事人有权查阅监督检查记录。

第四十八条 从事机动车维修经营活动的单位和个人,应当自觉接受交通运输主管部门及其工作人员的检查,如实反映情况,提供有关资料。

第六章 法律责任

第四十九条 违反本规定,从事机动车维修经营业务,未按规定进行备案的,由交通运输主管部门责令改正;拒不改正的,处3000元以上1万元以下的罚款。

第五十条　违反本规定,从事机动车维修经营业务不符合国务院交通运输主管部门制定的机动车维修经营业务标准的,由交通运输主管部门责令改正;情节严重的,由交通运输主管部门责令停业整顿。

第五十一条　违反本规定,机动车维修经营者使用假冒伪劣配件维修机动车、承修已报废的机动车或者擅自改装机动车的,由交通运输主管部门责令改正;有违法所得的,没收违法所得,处违法所得2倍以上10倍以下的罚款;没有违法所得或者违法所得不足1万元的,处2万元以上5万元以下的罚款,没收假冒伪劣配件及报废车辆;情节严重的,由交通运输主管部门责令停业整顿;构成犯罪的,依法追究刑事责任。

第五十二条　违反本规定,机动车维修经营者签发虚假机动车维修竣工出厂合格证的,由交通运输主管部门责令改正;有违法所得的,没收违法所得,处违法所得2倍以上10倍以下的罚款;没有违法所得或者违法所得不足3000元的,处5000元以上2万元以下的罚款;情节严重的,由交通运输主管部门责令停业整顿;构成犯罪的,依法追究刑事责任。

第五十三条　违反本规定,有下列行为之一的,由交通运输主管部门责令其限期整改:

（一）机动车维修经营者未按照规定执行机动车维修质量保证期制度的;

（二）机动车维修经营者未按照有关技术规范进行维修作业的;

（三）伪造、转借、倒卖机动车维修竣工出厂合格证的;

（四）机动车维修经营者只收费不维修或者虚列维修作业项目的;

（五）机动车维修经营者未在经营场所醒目位置悬挂机动车维修标志牌的;

（六）机动车维修经营者未在经营场所公布收费项目、工时定额和工时单价的;

（七）机动车维修经营者超出公布的结算工时定额、结算工时单价向托修方收费的;

（八）机动车维修经营者未按规定建立机动车维修档案并实行档案电子化管理,或者未及时上传维修电子数据记录至国家有关汽车维修电子健康档案系统的。

第五十四条 违反本规定,交通运输主管部门的工作人员有下列情形之一的,依法给予行政处分;构成犯罪的,依法追究刑事责任:
（一）不按照规定实施备案和黑名单制度的;
（二）参与或者变相参与机动车维修经营业务的;
（三）发现违法行为不及时查处的;
（四）索取、收受他人财物或谋取其他利益的;
（五）其他违法违纪行为。

第七章 附　　则

第五十五条 本规定自2005年8月1日起施行。经商国家发展和改革委员会、原国家工商行政管理总局同意,1986年12月12日原交通部、原国家经委、原国家工商行政管理局发布的《汽车维修行业管理暂行办法》同时废止,1991年4月10日原交通部颁布的《汽车维修质量管理办法》同时废止。

附件:(略)

五、其他服务

旅游安全管理办法

1. 2016年9月27日国家旅游局令第41号公布
2. 自2016年12月1日起施行

第一章 总 则

第一条 为了加强旅游安全管理,提高应对旅游突发事件的能力,保障旅游者的人身、财产安全,促进旅游业持续健康发展,根据《中华人民共和国旅游法》《中华人民共和国安全生产法》《中华人民共和国突发事件应对法》《旅行社条例》和《安全生产事故报告和调查处理条例》等法律、行政法规,制定本办法。

第二条 旅游经营者的安全生产、旅游主管部门的安全监督管理,以及旅游突发事件的应对,应当遵守有关法律、法规和本办法的规定。

本办法所称旅游经营者,是指旅行社及地方性法规规定旅游主管部门负有行业监管职责的景区和饭店等单位。

第三条 各级旅游主管部门应当在同级人民政府的领导和上级旅游主管部门及有关部门的指导下,在职责范围内,依法对旅游安全工作进行指导、防范、监管、培训、统计分析和应急处理。

第四条 旅游经营者应当承担旅游安全的主体责任,加强安全管理,建立、健全安全管理制度,关注安全风险预警和提示,妥善应对旅游突发事件。

旅游从业人员应当严格遵守本单位的安全管理制度,接受安全生产教育和培训,增强旅游突发事件防范和应急处理能力。

第五条 旅游主管部门、旅游经营者及其从业人员应当依法履行旅游突发事件报告义务。

第二章 经 营 安 全

第六条 旅游经营者应当遵守下列要求：

（一）服务场所、服务项目和设施设备符合有关安全法律、法规和强制性标准的要求；

（二）配备必要的安全和救援人员、设施设备；

（三）建立安全管理制度和责任体系；

（四）保证安全工作的资金投入。

第七条 旅游经营者应当定期检查本单位安全措施的落实情况，及时排除安全隐患；对可能发生的旅游突发事件及采取安全防范措施的情况，应当按照规定及时向所在地人民政府或者人民政府有关部门报告。

第八条 旅游经营者应当对其提供的产品和服务进行风险监测和安全评估，依法履行安全风险提示义务，必要时应当采取暂停服务、调整活动内容等措施。

经营高风险旅游项目或者向老年人、未成年人、残疾人提供旅游服务的，应当根据需要采取相应的安全保护措施。

第九条 旅游经营者应当对从业人员进行安全生产教育和培训，保证从业人员掌握必要的安全生产知识、规章制度、操作规程、岗位技能和应急处理措施，知悉自身在安全生产方面的权利和义务。

旅游经营者建立安全生产教育和培训档案，如实记录安全生产教育和培训的时间、内容、参加人员以及考核结果等情况。

未经安全生产教育和培训合格的旅游从业人员，不得上岗作业；特种作业人员必须按照国家有关规定经专门的安全作业培训，取得相应资格。

第十条 旅游经营者应当主动询问与旅游活动相关的个人健康信息，要求旅游者按照明示的安全规程，使用旅游设施和接受服务，并要求旅游者对旅游经营者采取的安全防范措施予以配合。

第十一条 旅行社组织和接待旅游者，应当合理安排旅游行程，向合格的供应商订购产品和服务。

旅行社及其从业人员发现履行辅助人提供的服务不符合法律、法规规定或者存在安全隐患的，应当予以制止或者更换。

第十二条 旅行社组织出境旅游，应当制作安全信息卡。

安全信息卡应当包括旅游者姓名、出境证件号码和国籍,以及紧急情况下的联系人、联系方式等信息,使用中文和目的地官方语言(或者英文)填写。

旅行社应当将安全信息卡交由旅游者随身携带,并告知其自行填写血型、过敏药物和重大疾病等信息。

第十三条　旅游经营者应当依法制定旅游突发事件应急预案,与所在地县级以上地方人民政府及其相关部门的应急预案相衔接,并定期组织演练。

第十四条　旅游突发事件发生后,旅游经营者及其现场人员应当采取合理、必要的措施救助受害旅游者,控制事态发展,防止损害扩大。

旅游经营者应当按照履行统一领导职责或者组织处置突发事件的人民政府的要求,配合其采取的应急处置措施,并参加所在地人民政府组织的应急救援和善后处置工作。

旅游突发事件发生在境外的,旅行社及其领队应当在中国驻当地使领馆或者政府派出机构的指导下,全力做好突发事件应对处置工作。

第十五条　旅游突发事件发生后,旅游经营者的现场人员应当立即向本单位负责人报告,单位负责人接到报告后,应当于1小时内向发生地县级旅游主管部门、安全生产监督管理部门和负有安全生产监督管理职责的其他相关部门报告;旅行社负责人应当同时向单位所在地县级以上地方旅游主管部门报告。

情况紧急或者发生重大、特别重大旅游突发事件时,现场有关人员可直接向发生地、旅行社所在地县级以上旅游主管部门、安全生产监督管理部门和负有安全生产监督管理职责的其他相关部门报告。

旅游突发事件发生在境外的,旅游团队的领队应当立即向当地警方、中国驻当地使领馆或者政府派出机构,以及旅行社负责人报告。旅行社负责人应当在接到领队报告后1小时内,向单位所在地县级以上地方旅游主管部门报告。

第三章　风　险　提　示

第十六条　国家建立旅游目的地安全风险(以下简称风险)提示制度。

根据可能对旅游者造成的危害程度、紧急程度和发展态势,风险提示级别分为一级(特别严重)、二级(严重)、三级(较重)和四级(一般),分别用红色、橙色、黄色和蓝色标示。

风险提示级别的划分标准,由国家旅游局会同外交、卫生、公安、国土、交通、气象、地震和海洋等有关部门制定或者确定。

第十七条　风险提示信息,应当包括风险类别、提示级别、可能影响的区域、起始时间、注意事项、应采取的措施和发布机关等内容。

一级、二级风险的结束时间能够与风险提示信息内容同时发布的,应当同时发布;无法同时发布的,待风险消失后通过原渠道补充发布。

三级、四级风险提示可以不发布风险结束时间,待风险消失后自然结束。

第十八条　风险提示发布后,旅行社应当根据风险级别采取下列措施:

（一）四级风险的,加强对旅游者的提示;

（二）三级风险的,采取必要的安全防范措施;

（三）二级风险的,停止组团或者带团前往风险区域;已在风险区域的,调整或者中止行程;

（四）一级风险的,停止组团或者带团前往风险区域,组织已在风险区域的旅游者撤离。

其他旅游经营者应当根据风险提示的级别,加强对旅游者的风险提示,采取相应的安全防范措施,妥善安置旅游者,并根据政府或者有关部门的要求,暂停或者关闭易受风险危害的旅游项目或者场所。

第十九条　风险提示发布后,旅游者应当关注相关风险,加强个人安全防范,并配合国家应对风险暂时限制旅游活动的措施,以及有关部门、机构或者旅游经营者采取的安全防范和应急处置措施。

第二十条　国家旅游局负责发布境外旅游目的地国家(地区),以及风险区域范围覆盖全国或者跨省级行政区域的风险提示。发布一级风险提示的,需经国务院批准;发布境外旅游目的地国家(地区)风险提示的,需经外交部门同意。

地方各级旅游主管部门应当及时转发上级旅游主管部门发布的风险提示,并负责发布前款规定之外涉及本辖区的风险提示。

第二十一条　风险提示信息应当通过官方网站、手机短信及公众易查阅的媒体渠道对外发布。一级、二级风险提示应同时通报有关媒体。

第四章 安全管理

第二十二条 旅游主管部门应当加强下列旅游安全日常管理工作：

（一）督促旅游经营者贯彻执行安全和应急管理的有关法律、法规，并引导其实施相关国家标准、行业标准或者地方标准，提高其安全经营和突发事件应对能力；

（二）指导旅游经营者组织开展从业人员的安全及应急管理培训，并通过新闻媒体等多种渠道，组织开展旅游安全及应急知识的宣传普及活动；

（三）统计分析本行政区域内发生旅游安全事故的情况；

（四）法律、法规规定的其他旅游安全管理工作。

旅游主管部门应当加强对星级饭店和 A 级景区旅游安全和应急管理工作的指导。

第二十三条 地方各级旅游主管部门应当根据有关法律、法规的规定，制定、修订本地区或者本部门旅游突发事件应急预案，并报上一级旅游主管部门备案，必要时组织应急演练。

第二十四条 地方各级旅游主管部门应当在当地人民政府的领导下，依法对景区符合安全开放条件进行指导，核定或者配合相关景区主管部门核定景区最大承载量，引导景区采取门票预约等方式控制景区流量；在旅游者数量可能达到最大承载量时，配合当地人民政府采取疏导、分流等措施。

第二十五条 旅游突发事件发生后，发生地县级以上旅游主管部门应当根据同级人民政府的要求和有关规定，启动旅游突发事件应急预案，并采取下列一项或者多项措施：

（一）组织或者协同、配合相关部门开展对旅游者的救助及善后处置，防止次生、衍生事件；

（二）协调医疗、救援和保险等机构对旅游者进行救助及善后处置；

（三）按照同级人民政府的要求，统一、准确、及时发布有关事态发展和应急处置工作的信息，并公布咨询电话。

第二十六条 旅游突发事件发生后，发生地县级以上旅游主管部门应当根据同级人民政府的要求和有关规定，参与旅游突发事件的调查，配合相关部门依法对应当承担事件责任的旅游经营者及其责任人进行处理。

第二十七条 各级旅游主管部门应当建立旅游突发事件报告制度。

第二十八条 旅游主管部门在接到旅游经营者依据本办法第十五条规定的报告后，应当向同级人民政府和上级旅游主管部门报告。一般旅游突发事件上报至设区的市级旅游主管部门；较大旅游突发事件逐级上报至省级旅游主管部门；重大和特别重大旅游突发事件逐级上报至国家旅游局。向上级旅游主管部门报告旅游突发事件，应当包括下列内容：

（一）事件发生的时间、地点、信息来源；

（二）简要经过、伤亡人数、影响范围；

（三）事件涉及的旅游经营者、其他有关单位的名称；

（四）事件发生原因及发展趋势的初步判断；

（五）采取的应急措施及处置情况；

（六）需要支持协助的事项；

（七）报告人姓名、单位及联系电话。

前款所列内容暂时无法确定的，应当先报告已知情况；报告后出现新情况的，应当及时补报、续报。

第二十九条 各级旅游主管部门应当建立旅游突发事件信息通报制度。旅游突发事件发生后，旅游主管部门应当及时将有关信息通报相关行业主管部门。

第三十条 旅游突发事件处置结束后，发生地旅游主管部门应当及时查明突发事件的发生经过和原因，总结突发事件应急处置工作的经验教训，制定改进措施，并在30日内按照下列程序提交总结报告：

（一）一般旅游突发事件向设区的市级旅游主管部门提交；

（二）较大旅游突发事件逐级向省级旅游主管部门提交；

（三）重大和特别重大旅游突发事件逐级向国家旅游局提交。

旅游团队在境外遇到突发事件的，由组团社所在地旅游主管部门提交总结报告。

第三十一条 省级旅游主管部门应当于每月5日前，将本地区上月发生的较大旅游突发事件报国家旅游局备案，内容应当包括突发事件发生的时间、地点、原因及事件类型和伤亡人数等。

第三十二条　县级以上地方各级旅游主管部门应当定期统计分析本行政区域内发生旅游突发事件的情况,并于每年1月底前将上一年度相关情况逐级报国家旅游局。

第五章　罚　　则

第三十三条　旅游经营者及其主要负责人、旅游从业人员违反法律、法规有关安全生产和突发事件应对规定的,依照相关法律、法规处理。

第三十四条　旅行社违反本办法第十一条第二款的规定,未制止履行辅助人的非法、不安全服务行为,或者未更换履行辅助人的,由旅游主管部门给予警告,可并处2000元以下罚款;情节严重的,处2000元以上10000元以下罚款。

第三十五条　旅行社违反本办法第十二条的规定,不按要求制作安全信息卡,未将安全信息卡交由旅游者,或者未告知旅游者相关信息的,由旅游主管部门给予警告,可并处2000元以下罚款;情节严重的,处2000元以上10000元以下罚款。

第三十六条　旅行社违反本办法第十八条规定,不采取相应措施的,由旅游主管部门处2000元以下罚款;情节严重的,处2000元以上10000元以下罚款。

第三十七条　按照旅游业国家标准、行业标准评定的旅游经营者违反本办法规定的,由旅游主管部门建议评定组织依据相关标准作出处理。

第三十八条　旅游主管部门及其工作人员违反相关法律、法规及本办法规定,玩忽职守,未履行安全管理职责的,由有关部门责令改正,对直接负责的主管人员和其他直接责任人员依法给予处分。

第六章　附　　则

第三十九条　本办法所称旅游突发事件,是指突然发生,造成或者可能造成旅游者人身伤亡、财产损失,需要采取应急处置措施予以应对的自然灾害、事故灾难、公共卫生事件和社会安全事件。

　　根据旅游突发事件的性质、危害程度、可控性以及造成或者可能造成的影响,旅游突发事件一般分为特别重大、重大、较大和一般四级。

第四十条　本办法所称特别重大旅游突发事件,是指下列情形:

　　(一)造成或者可能造成人员死亡(含失踪)30人以上或者重伤

100人以上；

（二）旅游者500人以上滞留超过24小时，并对当地生产生活秩序造成严重影响；

（三）其他在境内外产生特别重大影响，并对旅游者人身、财产安全造成特别重大威胁的事件。

第四十一条　本办法所称重大旅游突发事件，是指下列情形：

（一）造成或者可能造成人员死亡（含失踪）10人以上、30人以下或者重伤50人以上、100人以下；

（二）旅游者200人以上滞留超过24小时，对当地生产生活秩序造成较严重影响；

（三）其他在境内外产生重大影响，并对旅游者人身、财产安全造成重大威胁的事件。

第四十二条　本办法所称较大旅游突发事件，是指下列情形：

（一）造成或者可能造成人员死亡（含失踪）3人以上10人以下或者重伤10人以上、50人以下；

（二）旅游者50人以上、200人以下滞留超过24小时，并对当地生产生活秩序造成较大影响；

（三）其他在境内外产生较大影响，并对旅游者人身、财产安全造成较大威胁的事件。

第四十三条　本办法所称一般旅游突发事件，是指下列情形：

（一）造成或者可能造成人员死亡（含失踪）3人以下或者重伤10人以下；

（二）旅游者50人以下滞留超过24小时，并对当地生产生活秩序造成一定影响；

（三）其他在境内外产生一定影响，并对旅游者人身、财产安全造成一定威胁的事件。

第四十四条　本办法所称的"以上"包括本数；除第三十四条、第三十五条、第三十六条的规定外，所称的"以下"不包括本数。

第四十五条　本办法自2016年12月1日起施行。国家旅游局1990年2月20日发布的《旅游安全管理暂行办法》同时废止。

电信服务质量监督管理暂行办法

1. 2001 年 1 月 11 日信息产业部令第 6 号公布
2. 根据 2014 年 9 月 23 日工业和信息化部令第 28 号《关于废止和修改部分规章的决定》修正

第一条 为了促进我国电信事业健康、有序、快速地发展，维护电信用户的合法权益，加强对电信业务经营者服务质量的监督管理，根据《中华人民共和国电信条例》及有关法律、行政法规的规定，制定本办法。

第二条 本办法适用于中华人民共和国境内所有获得经营许可的电信业务经营者。

第三条 工业和信息化部根据国家有关法律、行政法规对电信业务经营者提供的电信服务质量进行监督管理。

省、自治区、直辖市通信管理局负责对电信业务经营者在本行政区域提供的电信服务质量进行监督管理。（工业和信息化部，省、自治区、直辖市通信管理局以下统称电信管理机构）

第四条 电信服务质量监督管理工作遵循公平、公正、公开的原则，实行政府监管、企业自律、社会监督相结合的机制。

第五条 电信服务质量监督管理的任务是对电信业务经营者提供的电信服务质量实施管理和监督检查；监督电信服务标准的执行情况；依法对侵犯用户合法利益的行为进行处罚；总结和推广先进、科学的电信服务质量管理经验。

第六条 电信管理机构服务质量监督的职责是：

（一）制定颁布电信服务质量有关标准、管理办法并监督实施；

（二）组织用户对电信服务质量进行评价，实时掌握服务动态；

（三）纠正和查处电信服务中的质量问题，并对处理决定的执行情况进行监督，实施对违规电信业务经营者的处罚，对重大的质量事故进行调查、了解，并向社会公布重大服务质量事件的处理过程和结果；

（四）表彰和鼓励电信服务工作中用户满意的先进典型；

（五）对电信业务经营者执行资费政策标准情况、格式条款内容进行监督；

(六)负责组织对有关服务质量事件的调查和争议的调解。

第七条 电信管理机构工作人员在监督检查服务质量和处理用户申诉案件时,可以行使下列职权：

(一)询问被检查的单位及相关人员,并要求提供相关材料；

(二)有权进入被检查的工作场所,查询、复印有关单据、文件、记录和其他资料,暂时封存有关原始记录。

电信管理机构工作人员实施监督检查过程中,应出示有效证件,并由两名或两名以上工作人员共同进行。

第八条 电信管理机构不定期组织对电信业务经营者的服务质量进行抽查,并向社会公布有关抽查结果。

第九条 电信管理机构将用户满意度指数作为对电信业务经营者服务质量评价的核心指标,组织进行电信服务质量的用户满意度评价活动。鼓励电信业务经营者建立科学的用户满意度评价体系。

第十条 电信管理机构定期向社会公布电信服务质量状况和用户满意度指数。

第十一条 电信管理机构可以依靠全国电信用户委员会以及社会舆论等,沟通与广大用户的联系,听取用户的意见与建议,充分发挥用户的监督作用。

电信用户申诉受理中心应当定期通报受理用户申诉和统计分析情况。

第十二条 电信用户有对电信业务经营者的服务质量及保护用户权益工作进行监督的权利,有权向电信业务经营者及电信管理机构提出改善电信服务的意见和建议,有权检举、控告损害用户权益的行为及有关工作人员在监督检查工作中的违法失职行为。

第十三条 电信管理机构有权要求并督促电信业务经营者采取有效措施,保证所提供的服务质量得以持续改进。

第十四条 电信业务经营者应当按规定向电信用户申诉受理中心交纳服务质量保证金。

第十五条 电信业务经营者制定和使用格式条款应当符合国家有关法律、行政法规的规定,全面、准确地界定经营者与用户间的权利和义务,并采取合理的方式提请用户注意免除或限制电信业务经营者责任的条款,按照对方的要求,对该条款予以说明。根据业务发展情况,应及时规范和调整格式条款的有关内容。

第十六条　电信业务经营者应对外公布投诉电话,配备受理用户投诉的人员;对用户投诉应在规定的时限内予以答复,不得互相推诿;对电信管理机构督办的事宜,应在规定的时限内将处理结果或处理过程向其报告;对用户提出的改善电信服务的意见和建议要认真研究,主动沟通。

第十七条　用户要求查询通信费用时,在计费原始数据保存期限内,电信业务经营者应提供查询方便,做好解释工作。在与用户发生争议、尚未解决的情况下,电信业务经营者应负责保存相关原始资料。

计费原始数据保存期限为5个月。

第十八条　电信业务经营者应定期对照电信服务标准进行自查。跨省经营的电信业务经营者将自查情况每半年向工业和信息化部报告,其分支经营单位及取得省内经营电信业务许可证的经营者将自查情况每半年向本省(自治区、直辖市)通信管理局报告。

第十九条　代办电信业务单位(或个人)的服务质量,由委托的电信业务经营者负责,并负责管理和监督检查。

第二十条　电信业务经营者必须配合电信管理机构的检查或调查工作,如实提供有关资料和情况,不得干扰检查或调查活动。

第二十一条　对电信业务经营者违反电信服务标准,并损害用户合法权益的行为,由电信管理机构发出限期整改书;对逾期不改者,视情节轻重给予警告或者处以500元以上、10000元以下罚款。

第二十二条　电信业务经营者妨碍电信管理机构进行监督检查和调查工作或提供虚假资料的,责令改正并予以警告,逾期不改的,处以10000元以下罚款。

第二十三条　电信业务经营者不能按期、如实向电信管理机构报告服务质量自查情况的,给予警告。

第二十四条　电信业务经营者对行政处罚决定不服的,可以向其上一级机关申请复议,对复议决定不服的,可以向人民法院提起诉讼;也可以直接向人民法院提起诉讼。

第二十五条　电信管理机构工作人员对调查所得资料中涉及当事人隐私、商业秘密等事项有保密义务。

第二十六条　电信管理机构工作人员滥用职权、玩忽职守或包庇电信业务经营者侵害用户合法权益的，由其所在部门或上级机关给予行政处分；情节严重，构成犯罪的，依法追究刑事责任。

第二十七条　本办法自发布之日起施行。

电信用户申诉处理办法

1. 2016 年 5 月 26 日工业和信息化部令第 35 号公布
2. 自 2016 年 7 月 30 日起施行

第一章　总　　则

第一条　为了保护电信用户的合法权益，规范用户申诉处理行为，根据《中华人民共和国电信条例》及其他有关法律、行政法规的规定，制定本办法。

第二条　本办法适用于处理用户在接受电信服务的过程中与电信业务经营者发生的争议。

第三条　本办法所称电信管理机构，是指工业和信息化部或省、自治区、直辖市通信管理局。

　　本办法所称申诉受理机构，是指工业和信息化部电信用户申诉受理中心和省、自治区、直辖市电信用户申诉受理机构。

　　本办法所称申诉人，是指在使用电信业务、接受电信服务中，与电信业务经营者发生争议并向申诉受理机构提出申诉的电信用户。

　　本办法所称被申诉人，是指因与用户发生争议而被用户申告的电信业务经营者。

第四条　工业和信息化部对全国电信用户申诉处理工作进行监督指导。工业和信息化部电信用户申诉受理中心受工业和信息化部委托，依据本办法开展全国电信用户申诉受理工作。

　　省、自治区、直辖市通信管理局可以根据本地实际情况设立电信用户申诉受理机构。电信用户申诉受理机构受省、自治区、直辖市通信管理局的委托并在其监督指导下，依据本办法开展本行政区电信用户申诉受理工作。

第五条 申诉处理以事实为依据,以法律为准绳,坚持公正、合理、合法的原则。

第六条 申诉受理机构对电信用户申诉事项实行调解制度,并可以出具调解书。

第七条 申诉受理机构每季度将受理用户申诉的统计报表上报同级电信管理机构。

第二章 受 理

第八条 电信业务经营者应当认真受理用户的投诉,并在接到用户投诉之日起15日内答复用户。用户对电信业务经营者的处理结果不满意或者电信业务经营者在接到投诉后15日内未答复的,可以向申诉受理机构提出申诉。

第九条 申诉人应当向被申诉人所在省、自治区、直辖市的申诉受理机构提出申诉。被申诉人所在省、自治区、直辖市没有设立申诉受理机构的,申诉人可以向工业和信息化部电信用户申诉受理中心提出申诉。

第十条 用户申诉应当符合下列条件:

(一)申诉人是与申诉事项有直接利害关系的当事人;

(二)有明确的被申诉人;

(三)有具体的申诉请求和事实根据;

(四)已经向被申诉人投诉且对其处理结果不满意或者其未在15日内答复。

第十一条 申诉受理机构对有下列情形之一的申诉事项不予受理:

(一)属于收费争议的申诉,申诉事项发生时距提起申诉时超过五个月的,其他申诉,申诉事项发生时距提起申诉时超过二年的;

(二)申诉人与被申诉人已经达成和解协议并执行的;

(三)申诉受理机构已经受理或者处理的;

(四)人民法院、仲裁机构、消费者组织或者其他行政机关已经受理或者处理的;

(五)不符合本办法第十条规定的申诉条件的;

(六)国家法律、行政法规及部门规章另有规定的。

第十二条 申诉采用书面形式。申诉材料应当包括下列内容:

(一)申诉人姓名或名称、地址、电话号码、邮政编码；

(二)被申诉人名称、地址；

(三)申诉要求、理由、事实根据；

(四)申诉日期。

第十三条 申诉受理机构在接到用户申诉时,应当询问用户是否就申诉事项向电信业务经营者提出过投诉,电信业务经营者是否给予处理或答复。

对于未经电信业务经营者处理的用户申诉,申诉受理机构应当告知用户先向电信业务经营者投诉。

对于咨询有关电信政策的用户申诉,申诉受理机构应当向用户作出解答。

第十四条 申诉受理机构应当自收到申诉材料之日起 5 个工作日内,作出受理或者不予受理的决定,并通知申诉人。对于不予受理的申诉,应当告知不予受理的理由。

第三章 办 理

第十五条 对于决定受理的用户申诉,申诉受理机构应当在受理用户申诉后 2 个工作日内将用户申诉内容和转办通知书发送被申诉人。

转办通知书应当载明申诉受理机构名称及联系方式、申诉人名称及联系方式、申诉人的申诉请求摘要、申诉受理机构对申诉处理的要求等。

第十六条 对申诉受理机构要求回复处理意见的,被申诉人收到转办通知书后,应当在 10 日内将申诉事项的事实情况和处理结果或者处理意见以及申诉人对处理结果的意见(满意程度)反馈给申诉受理机构。

第十七条 申诉受理机构应当自收到全部申诉材料之日起 30 日内向申诉人作出答复,将申诉处理情况告知申诉人。

对于被申诉人与申诉人协商和解的申诉,申诉受理机构可以作办结处理。

对于被申诉人与申诉人未能协商和解的申诉,应任何一方申请,申诉受理机构在征得对方同意后应当进行调解。

第四章 调 解

第十八条 对于属于民事争议的下列情形,申诉受理机构可以组织双方当事人进行调解:

（一）申诉人与被申诉人已经就申诉事项进行过协商,但未能和解的;

（二）申诉人、被申诉人同意由申诉受理机构进行调解的;

（三）工业和信息化部规定的其他情形。

第十九条 申诉受理机构应当自争议双方同意调解之日起 30 日内调解完毕。调解达成协议的,视为办结;调解不成的,应当终止调解并告知申诉人,视为办结。调解达成协议的,应任何一方请求,申诉受理机构应当制作调解书。

第二十条 申诉受理机构调解无效的,争议双方可以依照国家有关法律规定就申诉事项向仲裁机构申请仲裁或者向人民法院提起诉讼。

第五章 调 查

第二十一条 申诉受理机构可以通过电话、传真、书信以及实地调查等方式向申诉人和被申诉人了解有关情况,要求提供有关证据;申诉受理机构可以根据有关法律、行政法规和部门规章的规定,收集证据或者召集有关当事人进行调查。

第二十二条 申诉受理机构的调查人员有权行使下列权利:

（一）询问当事人和有关人员;

（二）要求有关单位和个人提供书面材料和证明;

（三）要求当事人提供有关技术材料;

（四）查阅、复制有关文件等。

第二十三条 调查应当由两名工作人员共同进行,调查时应当出示有效证件和有关证明,并应当制作调查笔录。调查人员对涉及当事人隐私、商业秘密等事项负有保密义务。

第二十四条 被调查人员必须如实回答调查人员的询问,提供相关证据。

第二十五条 申诉受理机构认为需要对有关设备、系统进行检测或者鉴定的,经同级电信管理机构批准后,交由指定检测或者鉴定机构进行检测、鉴定。被申诉的电信业务经营者应当予以配合。

第六章 附 则

第二十六条 申诉受理机构每季度将受理用户申诉的统计报表向电信业务经营者进行通报。

第二十七条 对于电信用户与公用电信等代办点的争议,电信用户可以向委托代办的电信业务经营者投诉;对于电信用户与宾馆、饭店等电信业务代办点的争议,电信用户可以直接向申诉受理机构提出申诉。

第二十八条 本办法自2016年7月30日起施行。原信息产业部2001年1月11日公布的《电信用户申诉处理暂行办法》(原信息产业部令第7号)同时废止。

六、价格监管

中华人民共和国价格法

1. 1997年12月29日第八届全国人民代表大会常务委员会第二十九次会议通过
2. 1997年12月29日中华人民共和国主席令第92号公布
3. 自1998年5月1日起施行

目 录

第一章 总 则
第二章 经营者的价格行为
第三章 政府的定价行为
第四章 价格总水平调控
第五章 价格监督检查
第六章 法律责任
第七章 附 则

第一章 总 则

第一条 【立法目的】为了规范价格行为,发挥价格合理配置资源的作用,稳定市场价格总水平,保护消费者和经营者的合法权益,促进社会主义市场经济健康发展,制定本法。

第二条 【适用范围】在中华人民共和国境内发生的价格行为,适用本法。

本法所称价格包括商品价格和服务价格。

商品价格是指各类有形产品和无形资产的价格。

服务价格是指各类有偿服务的收费。

第三条 【价格机制】国家实行并逐步完善宏观经济调控下主要由市场

形成价格的机制。价格的制定应当符合价值规律,大多数商品和服务价格实行市场调节价,极少数商品和服务价格实行政府指导价或者政府定价。

市场调节价,是指由经营者自主制定,通过市场竞争形成的价格。

本法所称经营者是指从事生产、经营商品或者提供有偿服务的法人、其他组织和个人。

政府指导价,是指依照本法规定,由政府价格主管部门或者其他有关部门,按照定价权限和范围规定基准价及其浮动幅度,指导经营者制定的价格。

政府定价,是指依照本法规定,由政府价格主管部门或者其他有关部门,按照定价权限和范围制定的价格。

第四条　【价格秩序】国家支持和促进公平、公开、合法的市场竞争,维护正常的价格秩序,对价格活动实行管理、监督和必要的调控。

第五条　【价格主管部门】国务院价格主管部门统一负责全国的价格工作。国务院其他有关部门在各自的职责范围内,负责有关的价格工作。

县级以上地方各级人民政府价格主管部门负责本行政区域内的价格工作。县级以上地方各级人民政府其他有关部门在各自的职责范围内,负责有关的价格工作。

第二章　经营者的价格行为

第六条　【自主定价】商品价格和服务价格,除依照本法第十八条规定适用政府指导价或者政府定价外,实行市场调节价,由经营者依照本法自主制定。

第七条　【定价原则】经营者定价,应当遵循公平、合法和诚实信用的原则。

第八条　【定价依据】经营者定价的基本依据是生产经营成本和市场供求状况。

第九条　【价格合理】经营者应当努力改进生产经营管理,降低生产经营成本,为消费者提供价格合理的商品和服务,并在市场竞争中获取合法利润。

第十条　【准确记录成本】经营者应当根据其经营条件建立、健全内部价格管理制度,准确记录与核定商品和服务的生产经营成本,不得弄虚作假。

第十一条 【价格活动权利】经营者进行价格活动,享有下列权利:

(一)自主制定属于市场调节的价格;

(二)在政府指导价规定的幅度内制定价格;

(三)制定属于政府指导价、政府定价产品范围内的新产品的试销价格,特定产品除外;

(四)检举、控告侵犯其依法自主定价权利的行为。

第十二条 【价格活动守法】经营者进行价格活动,应当遵守法律、法规,执行依法制定的政府指导价、政府定价和法定的价格干预措施、紧急措施。

第十三条 【价格、商品明示】经营者销售、收购商品和提供服务,应当按照政府价格主管部门的规定明码标价,注明商品的品名、产地、规格、等级、计价单位、价格或者服务的项目、收费标准等有关情况。

经营者不得在标价之外加价出售商品,不得收取任何未予标明的费用。

第十四条 【禁止的价格行为】经营者不得有下列不正当价格行为:

(一)相互串通,操纵市场价格,损害其他经营者或者消费者的合法权益;

(二)在依法降价处理鲜活商品、季节性商品、积压商品等商品外,为了排挤竞争对手或者独占市场,以低于成本的价格倾销,扰乱正常的生产经营秩序,损害国家利益或者其他经营者的合法权益;

(三)捏造、散布涨价信息,哄抬价格,推动商品价格过高上涨的;

(四)利用虚假的或者使人误解的价格手段,诱骗消费者或者其他经营者与其进行交易;

(五)提供相同商品或者服务,对具有同等交易条件的其他经营者实行价格歧视;

(六)采取抬高等级或者压低等级等手段收购、销售商品或者提供服务,变相提高或者压低价格;

(七)违反法律、法规的规定牟取暴利;

(八)法律、行政法规禁止的其他不正当价格行为。

第十五条 【中介收费】各类中介机构提供有偿服务收取费用,应当遵守本法的规定。法律另有规定的,按照有关规定执行。

第十六条 【进出口商品价格】经营者销售进口商品、收购出口商品,应当遵守本章的有关规定,维护国内市场秩序。

第十七条 【行业组织义务】行业组织应当遵守价格法律、法规,加强价格自律,接受政府价格主管部门的工作指导。

第三章 政府的定价行为

第十八条 【政府定价范围】下列商品和服务价格,政府在必要时可以实行政府指导价或者政府定价:

(一)与国民经济发展和人民生活关系重大的极少数商品价格;

(二)资源稀缺的少数商品价格;

(三)自然垄断经营的商品价格;

(四)重要的公用事业价格;

(五)重要的公益性服务价格。

第十九条 【政府定价目录】政府指导价、政府定价的定价权限和具体适用范围,以中央的和地方的定价目录为依据。

中央定价目录由国务院价格主管部门制定、修订,报国务院批准后公布。

地方定价目录由省、自治区、直辖市人民政府价格主管部门按照中央定价目录规定的定价权限和具体适用范围制定,经本级人民政府审核同意,报国务院价格主管部门审定后公布。

省、自治区、直辖市人民政府以下各级地方人民政府不得制定定价目录。

第二十条 【价格主管部门】国务院价格主管部门和其他有关部门,按照中央定价目录规定的定价权限和具体适用范围制定政府指导价、政府定价;其中重要的商品和服务价格的政府指导价、政府定价,应当按照规定经国务院批准。

省、自治区、直辖市人民政府价格主管部门和其他有关部门,应当按照地方定价目录规定的定价权限和具体适用范围制定在本地区执行的政府指导价、政府定价。

市、县人民政府可以根据省、自治区、直辖市人民政府的授权,按照地方定价目录规定的定价权限和具体适用范围制定在本地区执行的政府指导价、政府定价。

第二十一条 【政府定价依据】制定政府指导价、政府定价,应当依据有关商品或者服务的社会平均成本和市场供求状况、国民经济与社会发展要求以及社会承受能力,实行合理的购销差价、批零差价、地区差价和季节差价。

第二十二条 【价格、成本调查】政府价格主管部门和其他有关部门制定政府指导价、政府定价,应当开展价格、成本调查,听取消费者、经营者和有关方面的意见。

政府价格主管部门开展对政府指导价、政府定价的价格、成本调查时,有关单位应当如实反映情况,提供必需的帐簿、文件以及其他资料。

第二十三条 【价格听证】制定关系群众切身利益的公用事业价格、公益性服务价格、自然垄断经营的商品价格等政府指导价、政府定价,应当建立听证会制度,由政府价格主管部门主持,征求消费者、经营者和有关方面的意见,论证其必要性、可行性。

第二十四条 【价格公布】政府指导价、政府定价制定后,由制定价格的部门向消费者、经营者公布。

第二十五条 【价格调整】政府指导价、政府定价的具体适用范围、价格水平,应当根据经济运行情况,按照规定的定价权限和程序适时调整。

消费者、经营者可以对政府指导价、政府定价提出调整建议。

第四章 价格总水平调控

第二十六条 【调控目标】稳定市场价格总水平是国家重要的宏观经济政策目标。国家根据国民经济发展的需要和社会承受能力,确定市场价格总水平调控目标,列入国民经济和社会发展计划,并综合运用货币、财政、投资、进出口等方面的政策和措施,予以实现。

第二十七条 【调控手段】政府可以建立重要商品储备制度,设立价格调节基金,调控价格,稳定市场。

第二十八条 【价格监测】为适应价格调控和管理的需要,政府价格主管部门应当建立价格监测制度,对重要商品、服务价格的变动进行监测。

第二十九条 【农产品保护价】政府在粮食等重要农产品的市场购买价格过低时,可以在收购中实行保护价,并采取相应的经济措施保证其实现。

第三十条 【价格干预】当重要商品和服务价格显著上涨或者有可能显

著上涨,国务院和省、自治区、直辖市人民政府可以对部分价格采取限定差价率或者利润率、规定限价、实行提价申报制度和调价备案制度等干预措施。

省、自治区、直辖市人民政府采取前款规的干预措施,应当报国务院备案。

第三十一条 【紧急措施】当市场价格总水平出现剧烈波动等异常状态时,国务院可以在全国范围内或者部分区域内采取临时集中定价权限、部分或者全面冻结价格的紧急措施。

第三十二条 【解除干预、紧急措施】依照本法第三十条、第三十一条的规定实行干预措施、紧急措施的情形消除后,应当及时解除干预措施、紧急措施。

第五章 价格监督检查

第三十三条 【价格监督主体】县级以上各级人民政府价格主管部门,依法对价格活动进行监督检查,并依照本法的规定对价格违法行为实施行政处罚。

第三十四条 【监督职权】政府价格主管部门进行价格监督检查时,可以行使下列职权:

（一）询问当事人或者有关人员,并要求其提供证明材料和与价格违法行为有关的其他资料;

（二）查询、复制与价格违法行为有关的帐簿、单据、凭证、文件及其他资料,核对与价格违法行为有关的银行资料;

（三）检查与价格违法行为有关的财物,必要时可以责令当事人暂停相关营业;

（四）在证据可能灭失或者以后难以取得的情况下,可以依法先行登记保存,当事人或者有关人员不得转移、隐匿或者销毁。

第三十五条 【被检查者义务】经营者接受政府价格主管部门的监督检查时,应当如实提供价格监督检查所必需的帐簿、单据、凭证、文件以及其他资料。

第三十六条 【工作人员义务】政府部门价格工作人员不得将依法取得的资料或者了解的情况用于依法进行价格管理以外的任何其他目的,不得泄露当事人的商业秘密。

第三十七条 【社会监督】消费者组织、职工价格监督组织、居民委员会、村民委员会等组织以及消费者,有权对价格行为进行社会监督。政府价格主管部门应当充分发挥群众的价格监督作用。

新闻单位有权进行价格舆论监督。

第三十八条 【举报制度】政府价格主管部门应当建立对价格违法行为的举报制度。

任何单位和个人均有权对价格违法行为进行举报。政府价格主管部门应当对举报者给予鼓励,并负责为举报者保密。

第六章 法律责任

第三十九条 【不执行行政措施责任】经营者不执行政府指导价、政府定价以及法定的价格干预措施、紧急措施的,责令改正,没收违法所得,可以并处违法所得五倍以下的罚款;没有违法所得的,可以处以罚款;情节严重的,责令停业整顿。

第四十条 【不正当价格行为处罚】经营者有本法第十四条所列行为之一的,责令改正,没收违法所得,可以并处违法所得五倍以下的罚款;没有违法所得的,予以警告,可以并处罚款;情节严重的,责令停业整顿,或者由工商行政管理机关吊销营业执照。有关法律对本法第十四条所列行为的处罚及处罚机关另有规定的,可以依照有关法律的规定执行。

有本法第十四条第(一)项、第(二)项所列行为,属于是全国性的,由国务院价格主管部门认定;属于是省及省以下区域性的,由省、自治区、直辖市人民政府价格主管部门认定。

第四十一条 【民事责任】经营者因价格违法行为致使消费者或者其他经营者多付价款的,应当退还多付部分;造成损害的,应当依法承担赔偿责任。

第四十二条 【不明码标价责任】经营者违反明码标价规定的,责令改正,没收违法所得,可以并处五千元以下的罚款。

第四十三条 【经营者拒绝暂停营业、转移财务责任】经营者被责令暂停相关营业而不停止的,或者转移、隐匿、销毁依法登记保存的财物,处相关营业所得或者转移、隐匿、销毁的财物价值一倍以上三倍以下的罚款。

第四十四条 【不按规定提供资料责任】拒绝按照规定提供监督检查所

需资料或者提供虚假资料的，责令改正，予以警告；逾期不改正的，可以处以罚款。

第四十五条 【政府工作人员违法行政责任】地方各级人民政府或者各级人民政府有关部门违反本法规定，超越定价权限和范围擅自制定、调整价格或者不执行法定的价格干预措施、紧急措施的，责令改正，并可以通报批评；对直接负责的主管人员和其他直接责任人员，依法给予行政处分。

第四十六条 【价格工作人员违法责任】价格工作人员泄露国家秘密、商业秘密以及滥用职权、徇私舞弊、玩忽职守、索贿受贿，构成犯罪的，依法追究刑事责任；尚不构成犯罪的，依法给予处分。

第七章 附　　则

第四十七条 【收费管理、除外适用】国家行政机关的收费，应当依法进行，严格控制收费项目，限定收费范围、标准。收费的具体管理办法由国务院另行制定。

利率、汇率、保险费率、证券及期货价格，适用有关法律、行政法规的规定，不适用本法。

第四十八条 【施行日期】本法自1998年5月1日起施行。

明码标价和禁止价格欺诈规定

1. 2022年4月14日国家市场监督管理总局令第56号公布
2. 自2022年7月1日起施行

第一条　为了规范经营者明码标价行为，预防和制止价格欺诈，维护市场价格秩序，保护消费者、经营者合法权益和社会公共利益，根据《中华人民共和国价格法》《价格违法行为行政处罚规定》等法律、行政法规，制定本规定。

第二条　本规定适用于市场监督管理部门对经营者违反明码标价规定行为和价格欺诈行为的监督管理和查处。

本规定所称明码标价，是指经营者在销售、收购商品和提供服务过程中,依法公开标示价格等信息的行为。

本规定所称价格欺诈,是指经营者利用虚假的或者使人误解的价格手段,诱骗消费者或者其他经营者与其进行交易的行为。

第三条 经营者应当遵循公开、公平、诚实信用的原则,不得利用价格手段侵犯消费者和其他经营者的合法权益、扰乱市场价格秩序。

第四条 卖场、商场、市场、网络交易平台经营者等交易场所提供者(以下简称交易场所提供者)应当依法配合市场监督管理部门对场所内(平台内)经营者开展价格监督管理工作。

交易场所提供者发现场所内(平台内)经营者有违反本规定行为的,应当依法采取必要处置措施,保存有关信息记录,依法承担相应义务和责任。

交易场所提供者应当尊重场所内(平台内)经营者的经营自主权,不得强制或者变相强制场所内(平台内)经营者参与价格促销活动。

第五条 经营者销售、收购商品和提供服务时,应当按照市场监督管理部门的规定明码标价。

明码标价应当根据商品和服务、行业、区域等特点,做到真实准确、货签对位、标识醒目。

设区的市级以上市场监督管理部门可以根据特定行业、特定区域的交易习惯等特点,结合价格监督管理实际,规定可以不实行明码标价的商品和服务、行业、交易场所。

第六条 经营者应当以显著方式进行明码标价,明确标示价格所对应的商品或者服务。经营者根据不同交易条件实行不同价格的,应当标明交易条件以及与其对应的价格。

商品或者服务的价格发生变动时,经营者应当及时调整相应标价。

第七条 经营者销售商品应当标示商品的品名、价格和计价单位。同一品牌或者种类的商品,因颜色、形状、规格、产地、等级等特征不同而实行不同价格的,经营者应当针对不同的价格分别标示品名,以示区别。

经营者提供服务应当标示服务项目、服务内容和价格或者计价方法。

经营者可以根据实际经营情况,自行增加标示与价格有关的质地、服务标准、结算方法等其他信息。

设区的市级以上市场监督管理部门对于特定商品和服务,可以增加规定明码标价应当标示的内容。

第八条 经营者在销售商品或者提供服务时,不得在标价之外加价出售商品或者提供服务,不得收取任何未予标明的费用。

第九条 经营者标示价格,一般应当使用阿拉伯数字标明人民币金额。

经营者标示其他价格信息,一般应当使用规范汉字;可以根据自身经营需要,同时使用外国文字。民族自治地方的经营者,可以依法自主决定增加使用当地通用的一种或者几种文字。

第十条 经营者收购粮食等农产品,应当将品种、规格、等级和收购价格等信息告知农产品出售者或者在收购场所公示。

第十一条 经营者销售商品,同时有偿提供配送、搬运、安装、调试等附带服务的,应当按照本规定第七条的规定,对附带服务进行明码标价。

附带服务不由销售商品的经营者提供,应当以显著方式区分标记或者说明。

第十二条 经营者可以选择采用标价签(含电子标价签)、标价牌、价目表(册)、展示板、电子屏幕、商品实物或者模型展示、图片展示以及其他有效形式进行明码标价。金融、交通运输、医疗卫生等同时提供多项服务的行业,可以同时采用电子查询系统的方式进行明码标价。

县级以上市场监督管理部门可以发布标价签、标价牌、价目表(册)等的参考样式。

法律、行政法规对经营者的标价形式有规定的,应当依照其规定。

第十三条 经营者通过网络等方式销售商品或者提供服务的,应当通过网络页面,以文字、图像等方式进行明码标价。

第十四条 交易场所提供者为场所内(平台内)经营者提供标价模板的,应当符合本规定的要求。

第十五条 经营者提供服务,实行先消费后结算的,除按照本规定进行明码标价外,还应当在结算前向消费者出具结算清单,列明所消费的服务项目、价格以及总收费金额等信息。

第十六条 经营者在销售商品或提供服务时进行价格比较的,标明的被比较价格信息应当真实准确。

经营者未标明被比较价格的详细信息的,被比较价格应当不高于该经营者在同一经营场所进行价格比较前七日内的最低成交价格;前七日内没有交易的,应当不高于本次价格比较前最后一次交易价格。

与厂商建议零售价进行价格比较的,应当明确标示被比较价格为厂商建议零售价。厂商建议零售价发生变动时,应当立即更新。

第十七条 经营者没有合理理由,不得在折价、减价前临时显著提高标示价格并作为折价、减价计算基准。

经营者不得采用无依据或者无从比较的价格,作为折价、减价的计算基准或者被比较价格。

第十八条 经营者赠送物品或者服务(以下简称赠品)的,应当标示赠品的品名、数量。赠品标示价格或者价值的,应当标示赠品在同一经营场所当前销售价格。

第十九条 经营者不得实施下列价格欺诈行为:

(一)谎称商品和服务价格为政府定价或者政府指导价;

(二)以低价诱骗消费者或者其他经营者,以高价进行结算;

(三)通过虚假折价、减价或者价格比较等方式销售商品或者提供服务;

(四)销售商品或者提供服务时,使用欺骗性、误导性的语言、文字、数字、图片或者视频等标示价格以及其他价格信息;

(五)无正当理由拒绝履行或者不完全履行价格承诺;

(六)不标示或者显著弱化标示对消费者或者其他经营者不利的价格条件,诱骗消费者或者其他经营者与其进行交易;

(七)通过积分、礼券、兑换券、代金券等折抵价款时,拒不按约定折抵价款;

(八)其他价格欺诈行为。

第二十条 网络交易经营者不得实施下列行为:

(一)在首页或者其他显著位置标示的商品或者服务价格低于在详情页面标示的价格;

(二)公布的促销活动范围、规则与实际促销活动范围、规则不一致;

(三)其他虚假的或者使人误解的价格标示和价格促销行为。

网络交易平台经营者不得利用技术手段等强制平台内经营者进行虚假的或者使人误解的价格标示。

第二十一条 有下列情形之一的,不属于第十九条规定的价格欺诈行为:

(一)经营者有证据足以证明没有主观故意;

（二）实际成交价格能够使消费者或者与其进行交易的其他经营者获得更大价格优惠；

　　（三）成交结算后，实际折价、减价幅度与标示幅度不完全一致，但符合舍零取整等交易习惯。

第二十二条 经营者违反本规定有关明码标价规定的，由县级以上市场监督管理部门依照《中华人民共和国价格法》、《价格违法行为行政处罚规定》有关规定进行处罚。

第二十三条 经营者违反本规定第十六条至第二十条规定的，由县级以上市场监督管理部门依照《中华人民共和国价格法》、《中华人民共和国反不正当竞争法》、《中华人民共和国电子商务法》、《价格违法行为行政处罚规定》等法律、行政法规进行处罚。

第二十四条 交易场所提供者违反本规定第四条第二款、第三款，法律、行政法规有规定的，依照其规定；法律、行政法规没有规定的，由县级以上市场监督管理部门责令改正，可以处三万元以下罚款；情节严重的，处三万元以上十万元以下罚款。

第二十五条 交易场所提供者提供的标价模板不符合本规定的，由县级以上市场监督管理部门责令改正，可以处三万元以下罚款；情节严重的，处三万元以上十万元以下罚款。

第二十六条 经营者违反本规定，但能够主动消除或者减轻危害后果，及时退还消费者或者其他经营者多付价款的，依法从轻或者减轻处罚。

　　经营者违反本规定，但未实际损害消费者或者其他经营者合法权益，违法行为轻微并及时改正，没有造成危害后果的，依法不予处罚；初次违法且危害后果轻微并及时改正的，可以依法不予处罚。

第二十七条 本规定自 2022 年 7 月 1 日起施行。2000 年 10 月 31 日原中华人民共和国国家发展计划委员会令第 8 号发布的《关于商品和服务实行明码标价的规定》、2001 年 11 月 7 日原中华人民共和国国家发展计划委员会令第 15 号发布的《禁止价格欺诈行为的规定》同时废止。

七、法律责任

中华人民共和国民法典(节录)

1. 2020年5月28日第十三届全国人民代表大会第三次会议通过
2. 2020年5月28日中华人民共和国主席令第45号公布
3. 自2021年1月1日起施行

第七编 侵权责任

第四章 产品责任

第一千二百零二条 【产品生产者责任】因产品存在缺陷造成他人损害的,生产者应当承担侵权责任。

第一千二百零三条 【被侵权人请求损害赔偿的途径和先行赔偿人追偿权】因产品存在缺陷造成他人损害的,被侵权人可以向产品的生产者请求赔偿,也可以向产品的销售者请求赔偿。

产品缺陷由生产者造成的,销售者赔偿后,有权向生产者追偿。因销售者的过错使产品存在缺陷的,生产者赔偿后,有权向销售者追偿。

第一千二百零四条 【生产者和销售者对有过错第三人的追偿权】因运输者、仓储者等第三人的过错使产品存在缺陷,造成他人损害的,产品的生产者、销售者赔偿后,有权向第三人追偿。

第一千二百零五条 【危及他人人身、财产安全的责任承担方式】因产品缺陷危及他人人身、财产安全的,被侵权人有权请求生产者、销售者承担停止侵害、排除妨碍、消除危险等侵权责任。

第一千二百零六条 【流通后发现有缺陷的补救措施和侵权责任】产品投入流通后发现存在缺陷的,生产者、销售者应当及时采取停止销售、警示、召回等补救措施;未及时采取补救措施或者补救措施不力造成损害扩大的,对扩大的损害也应当承担侵权责任。

依据前款规定采取召回措施的,生产者、销售者应当负担被侵权人因此支出的必要费用。

第一千二百零七条　【产品责任惩罚性赔偿】明知产品存在缺陷仍然生产、销售,或者没有依据前条规定采取有效补救措施,造成他人死亡或者健康严重损害的,被侵权人有权请求相应的惩罚性赔偿。

中华人民共和国刑法(节录)

1. 1979 年 7 月 1 日第五届全国人民代表大会第二次会议通过
2. 1997 年 3 月 14 日第八届全国人民代表大会第五次会议修订
3. 根据 1998 年 12 月 29 日第九届全国人民代表大会常务委员会第六次会议通过的《全国人民代表大会常务委员会关于惩治骗购外汇、逃汇和非法买卖外汇犯罪的决定》、1999 年 12 月 25 日第九届全国人民代表大会常务委员会第十三次会议通过的《中华人民共和国刑法修正案》、2001 年 8 月 31 日第九届全国人民代表大会常务委员会第二十三次会议通过的《中华人民共和国刑法修正案(二)》、2001 年 12 月 29 日第九届全国人民代表大会常务委员会第二十五次会议通过的《中华人民共和国刑法修正案(三)》、2002 年 12 月 28 日第九届全国人民代表大会常务委员会第三十一次会议通过的《中华人民共和国刑法修正案(四)》、2005 年 2 月 28 日第十届全国人民代表大会常务委员会第十四次会议通过的《中华人民共和国刑法修正案(五)》、2006 年 6 月 29 日第十届全国人民代表大会常务委员会第二十二次会议通过的《中华人民共和国刑法修正案(六)》、2009 年 2 月 28 日第十一届全国人民代表大会常务委员会第七次会议通过的《中华人民共和国刑法修正案(七)》、2009 年 8 月 27 日第十一届全国人民代表大会常务委员会第十次会议通过的《全国人民代表大会常务委员会关于修改部分法律的决定》、2011 年 2 月 25 日第十一届全国人民代表大会常务委员会第十九次会议通过的《中华人民共和国刑法修正案(八)》、2015 年 8 月 29 日第十二届全国人民代表大会常务委员会第十六次会议通过的《中华人民共和国刑法修正案(九)》、2017 年 11 月 4 日第十二届全国人民代表大会常务委员会第三十次会议通过的《中华人民共和国刑法修正案(十)》、2020 年 12 月 26 日第十三届全国人民代表大会常务委员会第二十四次会议通过的《中华人民共和国刑法修正案(十一)》和 2023 年 12 月 29 日第十四届全国人民代表大会常务委员会第七次会议通过的《中华人民共和国刑法修正案(十二)》修正①

---

① 刑法、历次刑法修正案、涉及修改刑法的决定的施行日期,分别依据各法律所规定的施行日期确定。

第二编 分 则

第三章 破坏社会主义市场经济秩序罪

第一节 生产、销售伪劣商品罪

第一百四十条 【生产、销售伪劣产品罪】生产者、销售者在产品中掺杂、掺假,以假充真,以次充好或者以不合格产品冒充合格产品,销售金额五万元以上不满二十万元的,处二年以下有期徒刑或者拘役,并处或者单处销售金额百分之五十以上二倍以下罚金;销售金额二十万元以上不满五十万元的,处二年以上七年以下有期徒刑,并处销售金额百分之五十以上二倍以下罚金;销售金额五十万元以上不满二百万元的,处七年以上有期徒刑,并处销售金额百分之五十以上二倍以下罚金;销售金额二百万元以上的,处十五年有期徒刑或者无期徒刑,并处销售金额百分之五十以上二倍以下罚金或者没收财产。

第一百四十一条 【生产、销售、提供假药罪】生产、销售假药的,处三年以下有期徒刑或者拘役,并处罚金;对人体健康造成严重危害或者有其他严重情节的,处三年以上十年以下有期徒刑,并处罚金;致人死亡或者有其他特别严重情节的,处十年以上有期徒刑、无期徒刑或者死刑,并处罚金或者没收财产。

药品使用单位的人员明知是假药而提供给他人使用的,依照前款的规定处罚。

第一百四十二条 【生产、销售、提供劣药罪】生产、销售劣药,对人体健康造成严重危害的,处三年以上十年以下有期徒刑,并处罚金;后果特别严重的,处十年以上有期徒刑或者无期徒刑,并处罚金或者没收财产。

药品使用单位的人员明知是劣药而提供给他人使用的,依照前款的规定处罚。

第一百四十二条之一 【妨害药品管理罪】违反药品管理法规,有下列情形之一,足以严重危害人体健康的,处三年以下有期徒刑或者拘役,并处或者单处罚金;对人体健康造成严重危害或者有其他严重情节的,处三年以上七年以下有期徒刑,并处罚金:

(一)生产、销售国务院药品监督管理部门禁止使用的药品的;

（二）未取得药品相关批准证明文件生产、进口药品或者明知是上述药品而销售的；

（三）药品申请注册中提供虚假的证明、数据、资料、样品或者采取其他欺骗手段的；

（四）编造生产、检验记录的。

有前款行为，同时又构成本法第一百四十一条、第一百四十二条规定之罪或者其他犯罪的，依照处罚较重的规定定罪处罚。

第一百四十三条 【生产、销售不符合安全标准的食品罪】生产、销售不符合食品安全标准的食品，足以造成严重食物中毒事故或者其他严重食源性疾病的，处三年以下有期徒刑或者拘役，并处罚金；对人体健康造成严重危害或者有其他严重情节的，处三年以上七年以下有期徒刑，并处罚金；后果特别严重的，处七年以上有期徒刑或者无期徒刑，并处罚金或者没收财产。

第一百四十四条 【生产、销售有毒、有害食品罪】在生产、销售的食品中掺入有毒、有害的非食品原料的，或者销售明知掺有有毒、有害的非食品原料的食品的，处五年以下有期徒刑，并处罚金；对人体健康造成严重危害或者有其他严重情节的，处五年以上十年以下有期徒刑，并处罚金；致人死亡或者有其他特别严重情节的，依照本法第一百四十一条的规定处罚。

第一百四十五条 【生产、销售不符合标准的医用器材罪】生产不符合保障人体健康的国家标准、行业标准的医疗器械、医用卫生材料，或者销售明知是不符合保障人体健康的国家标准、行业标准的医疗器械、医用卫生材料，足以严重危害人体健康的，处三年以下有期徒刑或者拘役，并处销售金额百分之五十以上二倍以下罚金；对人体健康造成严重危害的，处三年以上十年以下有期徒刑，并处销售金额百分之五十以上二倍以下罚金；后果特别严重的，处十年以上有期徒刑或者无期徒刑，并处销售金额百分之五十以上二倍以下罚金或者没收财产。

第一百四十六条 【生产、销售不符合安全标准的产品罪】生产不符合保障人身、财产安全的国家标准、行业标准的电器、压力容器、易燃易爆产品或者其他不符合保障人身、财产安全的国家标准、行业标准的产品，或者销售明知是以上不符合保障人身、财产安全的国家标准、行业标准的产品，造成严重后果的，处五年以下有期徒刑，并处销售金额百分之五十以上二倍以下罚金;后果特别严重的,处五年以上有期徒刑,并处销售金额百分之五十以上二倍以下罚金。

第一百四十七条　**【生产、销售伪劣农药、兽药、化肥、种子罪】**生产假农药、假兽药、假化肥,销售明知是假的或者失去使用效能的农药、兽药、化肥、种子,或者生产者、销售者以不合格的农药、兽药、化肥、种子冒充合格的农药、兽药、化肥、种子,使生产遭受较大损失的,处三年以下有期徒刑或者拘役,并处或者单处销售金额百分之五十以上二倍以下罚金;使生产遭受重大损失的,处三年以上七年以下有期徒刑,并处销售金额百分之五十以上二倍以下罚金;使生产遭受特别重大损失的,处七年以上有期徒刑或者无期徒刑,并处销售金额百分之五十以上二倍以下罚金或者没收财产。

第一百四十八条　**【生产、销售不符合卫生标准的化妆品罪】**生产不符合卫生标准的化妆品,或者销售明知是不符合卫生标准的化妆品,造成严重后果的,处三年以下有期徒刑或者拘役,并处或者单处销售金额百分之五十以上二倍以下罚金。

第一百四十九条　**【对生产、销售伪劣商品行为的法条适用】**生产、销售本节第一百四十一条至第一百四十八条所列产品,不构成各该条规定的犯罪,但是销售金额在五万元以上的,依照本节第一百四十条的规定定罪处罚。

　　生产、销售本节第一百四十一条至第一百四十八条所列产品,构成各该条规定的犯罪,同时又构成本节第一百四十条规定之罪的,依照处罚较重的规定定罪处罚。

第一百五十条　**【单位犯生产、销售伪劣商品罪的处罚规定】**单位犯本节第一百四十条至第一百四十八条规定之罪的,对单位判处罚金,并对其直接负责的主管人员和其他直接责任人员,依照各该条的规定处罚。

最高人民法院关于审理人身损害
赔偿案件适用法律若干问题的解释

1. 2003 年 12 月 4 日最高人民法院审判委员会第 1299 次会议通过、2003 年 12 月 26 日公布、自 2004 年 5 月 1 日起施行(法释〔2003〕20 号)
2. 根据 2020 年 12 月 23 日最高人民法院审判委员会第 1823 次会议通过、2020 年 12 月 29 日公布、自 2021 年 1 月 1 日起施行的《最高人民法院关于修改〈最高人民法院关于在民事审判工作中适用〈中华人民共和国工会法〉若干问题的解释〉等二十七件民事类司法解释的决定》(法释〔2020〕17 号)第一次修正
3. 根据 2022 年 2 月 15 日最高人民法院审判委员会第 1864 次会议通过、2022 年 4 月 24 日公布、自 2022 年 5 月 1 日起施行的《最高人民法院关于修改〈最高人民法院关于审理人身损害赔偿案件适用法律若干问题的解释〉的决定》(法释〔2022〕14 号)第二次修正

　　为正确审理人身损害赔偿案件,依法保护当事人的合法权益,根据《中华人民共和国民法典》《中华人民共和国民事诉讼法》等有关法律规定,结合审判实践,制定本解释。

第一条　因生命、身体、健康遭受侵害,赔偿权利人起诉请求赔偿义务人赔偿物质损害和精神损害的,人民法院应予受理。

　　本条所称"赔偿权利人",是指因侵权行为或者其他致害原因直接遭受人身损害的受害人以及死亡受害人的近亲属。

　　本条所称"赔偿义务人",是指因自己或者他人的侵权行为以及其他致害原因依法应当承担民事责任的自然人、法人或者非法人组织。

第二条　赔偿权利人起诉部分共同侵权人的,人民法院应当追加其他共同侵权人作为共同被告。赔偿权利人在诉讼中放弃对部分共同侵权人的诉讼请求的,其他共同侵权人对被放弃诉讼请求的被告应当承担的赔偿份额不承担连带责任。责任范围难以确定的,推定各共同侵权人承担同等责任。

　　人民法院应当将放弃诉讼请求的法律后果告知赔偿权利人,并将放弃诉讼请求的情况在法律文书中叙明。

第三条　依法应当参加工伤保险统筹的用人单位的劳动者,因工伤事故

遭受人身损害,劳动者或者其近亲属向人民法院起诉请求用人单位承担民事赔偿责任的,告知其按《工伤保险条例》的规定处理。

因用人单位以外的第三人侵权造成劳动者人身损害,赔偿权利人请求第三人承担民事赔偿责任的,人民法院应予支持。

第四条 无偿提供劳务的帮工人,在从事帮工活动中致人损害的,被帮工人应当承担赔偿责任。被帮工人承担赔偿责任后向有故意或者重大过失的帮工人追偿的,人民法院应予支持。被帮工人明确拒绝帮工的,不承担赔偿责任。

第五条 无偿提供劳务的帮工人因帮工活动遭受人身损害的,根据帮工人和被帮工人各自的过错承担相应的责任;被帮工人明确拒绝帮工的,被帮工人不承担赔偿责任,但可以在受益范围内予以适当补偿。

帮工人在帮工活动中因第三人的行为遭受人身损害的,有权请求第三人承担赔偿责任,也有权请求被帮工人予以适当补偿。被帮工人补偿后,可以向第三人追偿。

第六条 医疗费根据医疗机构出具的医药费、住院费等收款凭证,结合病历和诊断证明等相关证据确定。赔偿义务人对治疗的必要性和合理性有异议的,应当承担相应的举证责任。

医疗费的赔偿数额,按照一审法庭辩论终结前实际发生的数额确定。器官功能恢复训练所必要的康复费、适当的整容费以及其他后续治疗费,赔偿权利人可以待实际发生后另行起诉。但根据医疗证明或者鉴定结论确定必然发生的费用,可以与已经发生的医疗费一并予以赔偿。

第七条 误工费根据受害人的误工时间和收入状况确定。

误工时间根据受害人接受治疗的医疗机构出具的证明确定。受害人因伤致残持续误工的,误工时间可以计算至定残日前一天。

受害人有固定收入的,误工费按照实际减少的收入计算。受害人无固定收入的,按照其最近三年的平均收入计算;受害人不能举证证明其最近三年的平均收入状况的,可以参照受诉法院所在地相同或者相近行业上一年度职工的平均工资计算。

第八条 护理费根据护理人员的收入状况和护理人数、护理期限确定。

护理人员有收入的,参照误工费的规定计算;护理人员没有收入或者雇佣护工的,参照当地护工从事同等级别护理的劳务报酬标准计算。

护理人员原则上为一人,但医疗机构或者鉴定机构有明确意见的,可以参照确定护理人员人数。

　　护理期限应计算至受害人恢复生活自理能力时止。受害人因残疾不能恢复生活自理能力的,可以根据其年龄、健康状况等因素确定合理的护理期限,但最长不超过二十年。

　　受害人定残后的护理,应当根据其护理依赖程度并结合配制残疾辅助器具的情况确定护理级别。

第九条　交通费根据受害人及其必要的陪护人员因就医或者转院治疗实际发生的费用计算。交通费应当以正式票据为凭;有关凭据应当与就医地点、时间、人数、次数相符合。

第十条　住院伙食补助费可以参照当地国家机关一般工作人员的出差伙食补助标准予以确定。

　　受害人确有必要到外地治疗,因客观原因不能住院,受害人本人及其陪护人员实际发生的住宿费和伙食费,其合理部分应予赔偿。

第十一条　营养费根据受害人伤残情况参照医疗机构的意见确定。

第十二条　残疾赔偿金根据受害人丧失劳动能力程度或者伤残等级,按照受诉法院所在地上一年度城镇居民人均可支配收入标准,自定残之日起按二十年计算。但六十周岁以上的,年龄每增加一岁减少一年;七十五周岁以上的,按五年计算。

　　受害人因伤致残但实际收入没有减少,或者伤残等级较轻但造成职业妨害严重影响其劳动就业的,可以对残疾赔偿金作相应调整。

第十三条　残疾辅助器具费按照普通适用器具的合理费用标准计算。伤情有特殊需要的,可以参照辅助器具配制机构的意见确定相应的合理费用标准。

　　辅助器具的更换周期和赔偿期限参照配制机构的意见确定。

第十四条　丧葬费按照受诉法院所在地上一年度职工月平均工资标准,以六个月总额计算。

第十五条　死亡赔偿金按照受诉法院所在地上一年度城镇居民人均可支配收入标准,按二十年计算。但六十周岁以上的,年龄每增加一岁减少一年;七十五周岁以上的,按五年计算。

第十六条　被扶养人生活费计入残疾赔偿金或者死亡赔偿金。

第十七条　被扶养人生活费根据扶养人丧失劳动能力程度,按照受诉法院所在地上一年度城镇居民人均消费支出标准计算。被扶养人为未成年人的,计算至十八周岁;被扶养人无劳动能力又无其他生活来源的,计算二十年。但六十周岁以上的,年龄每增加一岁减少一年;七十五周岁以上的,按五年计算。

被扶养人是指受害人依法应当承担扶养义务的未成年人或者丧失劳动能力又无其他生活来源的成年近亲属。被扶养人还有其他扶养人的,赔偿义务人只赔偿受害人依法应当负担的部分。被扶养人有数人的,年赔偿总额累计不超过上一年度城镇居民人均消费支出额。

第十八条　赔偿权利人举证证明其住所地或者经常居住地城镇居民人均可支配收入高于受诉法院所在地标准的,残疾赔偿金或者死亡赔偿金可以按照其住所地或者经常居住地的相关标准计算。

被扶养人生活费的相关计算标准,依照前款原则确定。

第十九条　超过确定的护理期限、辅助器具费给付年限或者残疾赔偿金给付年限,赔偿权利人向人民法院起诉请求继续给付护理费、辅助器具费或者残疾赔偿金的,人民法院应予受理。赔偿权利人确需继续护理、配制辅助器具,或者没有劳动能力和生活来源的,人民法院应当判令赔偿义务人继续给付相关费用五至十年。

第二十条　赔偿义务人请求以定期金方式给付残疾赔偿金、辅助器具费的,应当提供相应的担保。人民法院可以根据赔偿义务人的给付能力和提供担保的情况,确定以定期金方式给付相关费用。但是,一审法庭辩论终结前已经发生的费用、死亡赔偿金以及精神损害抚慰金,应当一次性给付。

第二十一条　人民法院应当在法律文书中明确定期金的给付时间、方式以及每期给付标准。执行期间有关统计数据发生变化的,给付金额应当适时进行相应调整。

定期金按照赔偿权利人的实际生存年限给付,不受本解释有关赔偿期限的限制。

第二十二条　本解释所称"城镇居民人均可支配收入""城镇居民人均消费支出""职工平均工资",按照政府统计部门公布的各省、自治区、直辖市以及经济特区和计划单列市上一年度相关统计数据确定。

"上一年度",是指一审法庭辩论终结时的上一统计年度。

第二十三条　精神损害抚慰金适用《最高人民法院关于确定民事侵权精

神损害赔偿责任若干问题的解释》予以确定。

第二十四条　本解释自 2022 年 5 月 1 日起施行。施行后发生的侵权行为引起的人身损害赔偿案件适用本解释。

本院以前发布的司法解释与本解释不一致的,以本解释为准。

价格违法行为行政处罚规定

1. 1999 年 8 月 1 日国家发展计划委员会发布
2. 根据 2006 年 2 月 21 日国务院令第 461 号《关于修改〈价格违法行为行政处罚规定〉的决定》第一次修订
3. 根据 2008 年 1 月 13 日国务院令第 515 号《关于修改〈价格违法行为行政处罚规定〉的决定》第二次修订
4. 根据 2010 年 12 月 4 日国务院令第 585 号《关于修改〈价格违法行为行政处罚规定〉的决定》第三次修订

第一条　为了依法惩处价格违法行为,维护正常的价格秩序,保护消费者和经营者的合法权益,根据《中华人民共和国价格法》(以下简称价格法)的有关规定,制定本规定。

第二条　县级以上各级人民政府价格主管部门依法对价格活动进行监督检查,并决定对价格违法行为的行政处罚。

第三条　价格违法行为的行政处罚由价格违法行为发生地的地方人民政府价格主管部门决定;国务院价格主管部门规定由其上级价格主管部门决定的,从其规定。

第四条　经营者违反价格法第十四条的规定,有下列行为之一的,责令改正,没收违法所得,并处违法所得 5 倍以下的罚款;没有违法所得的,处 10 万元以上 100 万元以下的罚款;情节严重的,责令停业整顿,或者由工商行政管理机关吊销营业执照:

(一)除依法降价处理鲜活商品、季节性商品、积压商品等商品外,为了排挤竞争对手或者独占市场,以低于成本的价格倾销,扰乱正常的生产经营秩序,损害国家利益或者其他经营者的合法权益的;

(二)提供相同商品或者服务,对具有同等交易条件的其他经营者实行价格歧视的。

第五条 经营者违反价格法第十四条的规定,相互串通,操纵市场价格,造成商品价格较大幅度上涨的,责令改正,没收违法所得,并处违法所得 5 倍以下的罚款;没有违法所得的,处 10 万元以上 100 万元以下的罚款,情节较重的处 100 万元以上 500 万元以下的罚款;情节严重的,责令停业整顿,或者由工商行政管理机关吊销营业执照。

除前款规定情形外,经营者相互串通,操纵市场价格,损害其他经营者或者消费者合法权益的,依照本规定第四条的规定处罚。

行业协会或者其他单位组织经营者相互串通,操纵市场价格的,对经营者依照前两款的规定处罚;对行业协会或者其他单位,可以处 50 万元以下的罚款,情节严重的,由登记管理机关依法撤销登记、吊销执照。

第六条 经营者违反价格法第十四条的规定,有下列推动商品价格过快、过高上涨行为之一的,责令改正,没收违法所得,并处违法所得 5 倍以下的罚款;没有违法所得的,处 5 万元以上 50 万元以下的罚款,情节较重的处 50 万元以上 300 万元以下的罚款;情节严重的,责令停业整顿,或者由工商行政管理机关吊销营业执照:

(一)捏造、散布涨价信息,扰乱市场价格秩序的;

(二)除生产自用外,超出正常的存储数量或者存储周期,大量囤积市场供应紧张、价格发生异常波动的商品,经价格主管部门告诫仍继续囤积的;

(三)利用其他手段哄抬价格,推动商品价格过快、过高上涨的。

行业协会或者为商品交易提供服务的单位有前款规定的违法行为的,可以处 50 万元以下的罚款;情节严重的,由登记管理机关依法撤销登记、吊销执照。

前两款规定以外的其他单位散布虚假涨价信息,扰乱市场价格秩序,依法应当由其他主管机关查处的,价格主管部门可以提出依法处罚的建议,有关主管机关应当依法处罚。

第七条 经营者违反价格法第十四条的规定,利用虚假的或者使人误解的价格手段,诱骗消费者或者其他经营者与其进行交易的,责令改正,没收违法所得,并处违法所得 5 倍以下的罚款;没有违法所得的,处 5 万元以上 50 万元以下的罚款;情节严重的,责令停业整顿,或者由工商行政管理机关吊销营业执照。

第八条 经营者违反价格法第十四条的规定,采取抬高等级或者压低等级等手段销售、收购商品或者提供服务,变相提高或者压低价格的,责令改正,没收违法所得,并处违法所得5倍以下的罚款;没有违法所得的,处2万元以上20万元以下的罚款;情节严重的,责令停业整顿,或者由工商行政管理机关吊销营业执照。

第九条 经营者不执行政府指导价、政府定价,有下列行为之一的,责令改正,没收违法所得,并处违法所得5倍以下的罚款;没有违法所得的,处5万元以上50万元以下的罚款,情节较重的处50万元以上200万元以下的罚款;情节严重的,责令停业整顿:

（一）超出政府指导价浮动幅度制定价格的;

（二）高于或者低于政府定价制定价格的;

（三）擅自制定属于政府指导价、政府定价范围内的商品或者服务价格的;

（四）提前或者推迟执行政府指导价、政府定价的;

（五）自立收费项目或者自定标准收费的;

（六）采取分解收费项目、重复收费、扩大收费范围等方式变相提高收费标准的;

（七）对政府明令取消的收费项目继续收费的;

（八）违反规定以保证金、抵押金等形式变相收费的;

（九）强制或者变相强制服务并收费的;

（十）不按照规定提供服务而收取费用的;

（十一）不执行政府指导价、政府定价的其他行为。

第十条 经营者不执行法定的价格干预措施、紧急措施,有下列行为之一的,责令改正,没收违法所得,并处违法所得5倍以下的罚款;没有违法所得的,处10万元以上100万元以下的罚款,情节较重的处100万元以上500万元以下的罚款;情节严重的,责令停业整顿:

（一）不执行提价申报或者调价备案制度的;

（二）超过规定的差价率、利润率幅度的;

（三）不执行规定的限价、最低保护价的;

（四）不执行集中定价权限措施的;

（五）不执行冻结价格措施的;

（六）不执行法定的价格干预措施、紧急措施的其他行为。

第十一条 本规定第四条、第七条至第九条规定中经营者为个人的，对其没有违法所得的价格违法行为，可以处10万元以下的罚款。

本规定第五条、第六条、第十条规定中经营者为个人的，对其没有违法所得的价格违法行为，按照前款规定处罚；情节严重的，处10万元以上50万元以下的罚款。

第十二条 经营者违反法律、法规的规定牟取暴利的，责令改正，没收违法所得，可以并处违法所得5倍以下的罚款；情节严重的，责令停业整顿，或者由工商行政管理机关吊销营业执照。

第十三条 经营者违反明码标价规定，有下列行为之一的，责令改正，没收违法所得，可以并处5000元以下的罚款：

（一）不标明价格的；

（二）不按照规定的内容和方式明码标价的；

（三）在标价之外加价出售商品或者收取未标明的费用的；

（四）违反明码标价规定的其他行为。

第十四条 拒绝提供价格监督检查所需资料或者提供虚假资料的，责令改正，给予警告；逾期不改正的，可以处10万元以下的罚款，对直接负责的主管人员和其他直接责任人员给予纪律处分。

第十五条 政府价格主管部门进行价格监督检查时，发现经营者的违法行为同时具有下列三种情形的，可以依照价格法第三十四条第（三）项的规定责令其暂停相关营业：

（一）违法行为情节复杂或者情节严重，经查明后可能给予较重处罚的；

（二）不暂停相关营业，违法行为将继续的；

（三）不暂停相关营业，可能影响违法事实的认定，采取其他措施又不足以保证查明的。

政府价格主管部门进行价格监督检查时，执法人员不得少于2人，并应当向经营者或者有关人员出示证件。

第十六条 本规定第四条至第十三条规定中的违法所得，属于价格法第四十一条规定的消费者或者其他经营者多付价款的，责令经营者限期退还。难以查找多付价款的消费者或者其他经营者的，责令公告查找。

经营者拒不按照前款规定退还消费者或者其他经营者多付的价

款,以及期限届满没有退还消费者或者其他经营者多付的价款,由政府价格主管部门予以没收,消费者或者其他经营者要求退还时,由经营者依法承担民事责任。

第十七条　经营者有《中华人民共和国行政处罚法》第二十七条所列情形的,应当依法从轻或者减轻处罚。

经营者有下列情形之一的,应当从重处罚:

(一)价格违法行为严重或者社会影响较大的;

(二)屡查屡犯的;

(三)伪造、涂改或者转移、销毁证据的;

(四)转移与价格违法行为有关的资金或者商品的;

(五)经营者拒不按照本规定第十六条第一款规定退还消费者或者其他经营者多付价款的;

(六)应予从重处罚的其他价格违法行为。

第十八条　本规定中以违法所得计算罚款数额的,违法所得无法确定时,按照没有违法所得的规定处罚。

第十九条　有本规定所列价格违法行为严重扰乱市场秩序,构成犯罪的,依法追究刑事责任。

第二十条　经营者对政府价格主管部门作出的处罚决定不服的,应当先依法申请行政复议;对行政复议决定不服的,可以依法向人民法院提起诉讼。

第二十一条　逾期不缴纳罚款的,每日按罚款数额的3%加处罚款;逾期不缴纳违法所得的,每日按违法所得数额的2‰加处罚款。

第二十二条　任何单位和个人有本规定所列价格违法行为,情节严重,拒不改正的,政府价格主管部门除依照本规定给予处罚外,可以公告其价格违法行为,直至其改正。

第二十三条　有关法律对价格法第十四条所列行为的处罚及处罚机关另有规定的,可以依照有关法律的规定执行。

第二十四条　价格执法人员泄露国家秘密、经营者的商业秘密或者滥用职权、玩忽职守、徇私舞弊,构成犯罪的,依法追究刑事责任;尚不构成犯罪的,依法给予处分。

第二十五条　本规定自公布之日起施行。

侵害消费者权益行为处罚办法

1. 2015年1月5日国家工商行政管理总局令第73号公布
2. 根据2020年10月23日国家市场监督管理总局令第31号《关于修改部分规章的决定》修正

第一条 为依法制止侵害消费者权益行为,保护消费者的合法权益,维护社会经济秩序,根据《消费者权益保护法》等法律法规,制定本办法。

第二条 市场监督管理部门依照《消费者权益保护法》等法律法规和本办法的规定,保护消费者为生活消费需要购买、使用商品或者接受服务的权益,对经营者侵害消费者权益的行为实施行政处罚。

第三条 市场监督管理部门依法对侵害消费者权益行为实施行政处罚,应当依照公正、公开、及时的原则,坚持处罚与教育相结合,综合运用建议、约谈、示范等方式实施行政指导,督促和指导经营者履行法定义务。

第四条 经营者为消费者提供商品或者服务,应当遵循自愿、平等、公平、诚实信用的原则,依照《消费者权益保护法》等法律法规的规定和与消费者的约定履行义务,不得侵害消费者合法权益。

第五条 经营者提供商品或者服务不得有下列行为:

（一）销售的商品或者提供的服务不符合保障人身、财产安全要求;

（二）销售失效、变质的商品;

（三）销售伪造产地、伪造或者冒用他人的厂名、厂址、篡改生产日期的商品;

（四）销售伪造或者冒用认证标志等质量标志的商品;

（五）销售的商品或者提供的服务侵犯他人注册商标专用权;

（六）销售伪造或者冒用知名商品特有的名称、包装、装潢的商品;

（七）在销售的商品中掺杂、掺假,以假充真,以次充好,以不合格商品冒充合格商品;

（八）销售国家明令淘汰并停止销售的商品;

（九）提供商品或者服务中故意使用不合格的计量器具或者破坏

计量器具准确度；

（十）骗取消费者价款或者费用而不提供或者不按照约定提供商品或者服务。

第六条 经营者向消费者提供有关商品或者服务的信息应当真实、全面、准确，不得有下列虚假或者引人误解的宣传行为：

（一）不以真实名称和标记提供商品或者服务；

（二）以虚假或者引人误解的商品说明、商品标准、实物样品等方式销售商品或者服务；

（三）作虚假或者引人误解的现场说明和演示；

（四）采用虚构交易、虚标成交量、虚假评论或者雇佣他人等方式进行欺骗性销售诱导；

（五）以虚假的"清仓价"、"甩卖价"、"最低价"、"优惠价"或者其他欺骗性价格表示销售商品或者服务；

（六）以虚假的"有奖销售"、"还本销售"、"体验销售"等方式销售商品或者服务；

（七）谎称正品销售"处理品"、"残次品"、"等外品"等商品；

（八）夸大或隐瞒所提供的商品或者服务的数量、质量、性能等与消费者有重大利害关系的信息误导消费者；

（九）以其他虚假或者引人误解的宣传方式误导消费者。

第七条 经营者对市场监督管理部门责令其对提供的缺陷商品或者服务采取停止销售或者服务等措施，不得拒绝或者拖延。经营者未按照责令停止销售或者服务通知、公告要求采取措施的，视为拒绝或者拖延。

第八条 经营者提供商品或者服务，应当依照法律规定或者当事人约定承担修理、重作、更换、退货、补足商品数量、退还货款和服务费用或者赔偿损失等民事责任，不得故意拖延或者无理拒绝消费者的合法要求。经营者有下列情形之一并超过十五日的，视为故意拖延或者无理拒绝：

（一）经有关行政部门依法认定为不合格商品，自消费者提出退货要求之日起未退货的；

（二）自国家规定、当事人约定期满之日起或者不符合质量要求的自消费者提出要求之日起，无正当理由拒不履行修理、重作、更换、退货、补足商品数量、退还货款和服务费用或者赔偿损失等义务的。

第九条 经营者采用网络、电视、电话、邮购等方式销售商品，应当依照法

律规定承担无理由退货义务,不得故意拖延或者无理拒绝。经营者有下列情形之一的,视为故意拖延或者无理拒绝:

(一)对于适用无理由退货的商品,自收到消费者退货要求之日起超过十五日未办理退货手续,或者未向消费者提供真实、准确的退货地址、退货联系人等有效联系信息,致使消费者无法办理退货手续;

(二)未经消费者确认,以自行规定该商品不适用无理由退货为由拒绝退货;

(三)以消费者已拆封、查验影响商品完好为由拒绝退货;

(四)自收到退回商品之日起无正当理由超过十五日未向消费者返还已支付的商品价款。

第十条 经营者以预收款方式提供商品或者服务,应当与消费者明确约定商品或者服务的数量和质量、价款或者费用、履行期限和方式、安全注意事项和风险警示、售后服务、民事责任等内容。未按约定提供商品或者服务的,应当按照消费者的要求履行约定或者退回预付款,并应当承担预付款的利息、消费者必须支付的合理费用。对退款无约定的,按照有利于消费者的计算方式折算退款金额。

经营者对消费者提出的合理退款要求,明确表示不予退款,或者自约定期满之日起、无约定期限的自消费者提出退款要求之日起超过十五日未退款的,视为故意拖延或者无理拒绝。

第十一条 经营者收集、使用消费者个人信息,应当遵循合法、正当、必要的原则,明示收集、使用信息的目的、方式和范围,并经消费者同意。经营者不得有下列行为:

(一)未经消费者同意,收集、使用消费者个人信息的;

(二)泄露、出售或者非法向他人提供所收集的消费者个人信息的;

(三)未经消费者同意或者请求,或者消费者明确表示拒绝,向其发送商业性信息。

前款中的消费者个人信息是指经营者在提供商品或者服务活动中收集的消费者姓名、性别、职业、出生日期、身份证件号码、住址、联系方式、收入和财产状况、健康状况、消费情况等能够单独或者与其他信息结合识别消费者的信息。

第十二条 经营者向消费者提供商品或者服务使用格式条款、通知、声明、店堂告示等的,应当以显著方式提请消费者注意与消费者有重大利

害关系的内容,并按照消费者的要求予以说明,不得作出含有下列内容的规定:

(一)免除或者部分免除经营者对其所提供的商品或者服务应当承担的修理、重作、更换、退货、补足商品数量、退还货款和服务费用、赔偿损失等责任;

(二)排除或者限制消费者提出修理、更换、退货、赔偿损失以及获得违约金和其他合理赔偿的权利;

(三)排除或者限制消费者依法投诉、举报、提起诉讼的权利;

(四)强制或者变相强制消费者购买和使用其提供的或者其指定的经营者提供的商品或者服务,对不接受其不合理条件的消费者拒绝提供相应商品或者服务,或者提高收费标准;

(五)规定经营者有权任意变更或者解除合同,限制消费者依法变更或者解除合同权利;

(六)规定经营者单方享有解释权或者最终解释权;

(七)其他对消费者不公平、不合理的规定。

第十三条 从事服务业的经营者不得有下列行为:

(一)从事为消费者提供修理、加工、安装、装饰装修等服务的经营者谎报用工用料,故意损坏、偷换零部件或材料,使用不符合国家质量标准或者与约定不相符的零部件或材料,更换不需要更换的零部件,或者偷工减料、加收费用,损害消费者权益的;

(二)从事房屋租赁、家政服务等中介服务的经营者提供虚假信息或者采取欺骗、恶意串通等手段损害消费者权益的。

第十四条 经营者有本办法第五条至第十一条规定的情形之一,其他法律、法规有规定的,依照法律、法规的规定执行;法律、法规未作规定的,由市场监督管理部门依照《消费者权益保护法》第五十六条予以处罚。

第十五条 经营者违反本办法第十二条、第十三条规定,其他法律、法规有规定的,依照法律、法规的规定执行;法律、法规未作规定的,由市场监督管理部门责令改正,可以单处或者并处警告、违法所得三倍以下、但最高不超过三万元的罚款,没有违法所得的,处以一万元以下的罚款。

第十六条 经营者有本办法第五条第(一)项至第(六)项规定行为之一且不能证明自己并非欺骗、误导消费者而实施此种行为的,属于欺诈行为。

经营者有本办法第五条第(七)项至第(十)项、第六条和第十三条规定行为之一的,属于欺诈行为。

第十七条 经营者对市场监督管理部门作出的行政处罚决定不服的,可以依法申请行政复议或者提起行政诉讼。

第十八条 侵害消费者权益违法行为涉嫌犯罪的,市场监督管理部门应当按照有关规定,移送司法机关追究其刑事责任。

第十九条 市场监督管理部门依照法律法规及本办法规定对经营者予以行政处罚的,应当记入经营者的信用档案,并通过企业信用信息公示系统等及时向社会公布。

企业应当依据《企业信息公示暂行条例》的规定,通过企业信用信息公示系统及时向社会公布相关行政处罚信息。

第二十条 市场监督管理执法人员玩忽职守或者包庇经营者侵害消费者合法权益的行为的,应当依法给予行政处分;涉嫌犯罪的,依法移送司法机关。

第二十一条 本办法由国家市场监督管理总局负责解释。

第二十二条 本办法自2015年3月15日起施行。1996年3月15日国家工商行政管理局发布的《欺诈消费者行为处罚办法》(国家工商行政管理局令第50号)同时废止。

市场监督管理投诉举报处理暂行办法

1. 2019年11月30日国家市场监督管理总局令第20号公布
2. 根据2022年3月24日国家市场监督管理总局令第55号《关于修改和废止部分规章的决定》第一次修正
3. 根据2022年9月29日国家市场监督管理总局令第61号《关于修改和废止部分部门规章的决定》第二次修正

第一条 为规范市场监督管理投诉举报处理工作,保护自然人、法人或者其他组织合法权益,根据《中华人民共和国消费者权益保护法》等法律、行政法规,制定本办法。

第二条 市场监督管理部门处理投诉举报,适用本办法。

第三条 本办法所称的投诉,是指消费者为生活消费需要购买、使用商品或者接受服务,与经营者发生消费者权益争议,请求市场监督管理部门解决该争议的行为。

本办法所称的举报,是指自然人、法人或者其他组织向市场监督管理部门反映经营者涉嫌违反市场监督管理法律、法规、规章线索的行为。

第四条 国家市场监督管理总局主管全国投诉举报处理工作,指导地方市场监督管理部门投诉举报处理工作。

县级以上地方市场监督管理部门负责本行政区域内的投诉举报处理工作。

第五条 市场监督管理部门处理投诉举报,应当遵循公正、高效的原则,做到适用依据正确、程序合法。

第六条 鼓励社会公众和新闻媒体对涉嫌违反市场监督管理法律、法规、规章的行为依法进行社会监督和舆论监督。

鼓励消费者通过在线消费纠纷解决机制、消费维权服务站、消费维权绿色通道、第三方争议解决机制等方式与经营者协商解决消费者权益争议。

第七条 向市场监督管理部门同时提出投诉和举报,或者提供的材料同时包含投诉和举报内容的,市场监督管理部门应当按照本办法规定的程序对投诉和举报予以分别处理。

第八条 向市场监督管理部门提出投诉举报的,应当通过市场监督管理部门公布的接收投诉举报的互联网、电话、传真、邮寄地址、窗口等渠道进行。

第九条 投诉应当提供下列材料:

(一)投诉人的姓名、电话号码、通讯地址;

(二)被投诉人的名称(姓名)、地址;

(三)具体的投诉请求以及消费者权益争议事实。

投诉人采取非书面方式进行投诉的,市场监督管理部门工作人员应当记录前款规定信息。

第十条 委托他人代为投诉的,除提供本办法第九条第一款规定的材料外,还应当提供授权委托书原件以及受托人身份证明。

授权委托书应当载明委托事项、权限和期限,由委托人签名。

第十一条 投诉人为两人以上,基于同一消费者权益争议投诉同一经营者的,经投诉人同意,市场监督管理部门可以按共同投诉处理。

共同投诉可以由投诉人书面推选两名代表人进行投诉。代表人的投诉行为对其代表的投诉人发生效力,但代表人变更、放弃投诉请求或者达成调解协议的,应当经被代表的投诉人同意。

第十二条 投诉由被投诉人实际经营地或者住所地县级市场监督管理部门处理。

对电子商务平台经营者以及通过自建网站、其他网络服务销售商品或者提供服务的电子商务经营者的投诉,由其住所地县级市场监督管理部门处理。对平台内经营者的投诉,由其实际经营地或者平台经营者住所地县级市场监督管理部门处理。

上级市场监督管理部门认为有必要的,可以处理下级市场监督管理部门收到的投诉。下级市场监督管理部门认为需要由上级市场监督管理部门处理本行政机关收到的投诉的,可以报请上级市场监督管理部门决定。

第十三条 对同一消费者权益争议的投诉,两个以上市场监督管理部门均有处理权限的,由先收到投诉的市场监督管理部门处理。

第十四条 具有本办法规定的处理权限的市场监督管理部门,应当自收到投诉之日起七个工作日内作出受理或者不予受理的决定,并告知投诉人。

第十五条 投诉有下列情形之一的,市场监督管理部门不予受理:

(一)投诉事项不属于市场监督管理部门职责,或者本行政机关不具有处理权限的;

(二)法院、仲裁机构、市场监督管理部门或者其他行政机关、消费者协会或者依法成立的其他调解组织已经受理或者处理过同一消费者权益争议的;

(三)不是为生活消费需要购买、使用商品或者接受服务,或者不能证明与被投诉人之间存在消费者权益争议的;

(四)除法律另有规定外,投诉人知道或者应当知道自己的权益受到被投诉人侵害之日起超过三年的;

(五)未提供本办法第九条第一款和第十条规定的材料的;

(六)法律、法规、规章规定不予受理的其他情形。

第十六条 市场监督管理部门经投诉人和被投诉人同意,采用调解的方式处理投诉,但法律、法规另有规定的,依照其规定。

鼓励投诉人和被投诉人平等协商,自行和解。

第十七条　市场监督管理部门可以委托消费者协会或者依法成立的其他调解组织等单位代为调解。

受委托单位在委托范围内以委托的市场监督管理部门名义进行调解,不得再委托其他组织或者个人。

第十八条　调解可以采取现场调解方式,也可以采取互联网、电话、音频、视频等非现场调解方式。

采取现场调解方式的,市场监督管理部门或者其委托单位应当提前告知投诉人和被投诉人调解的时间、地点、调解人员等。

第十九条　调解由市场监督管理部门或者其委托单位工作人员主持,并可以根据需要邀请有关人员协助。

调解人员是投诉人或者被投诉人的近亲属或者有其他利害关系,可能影响公正处理投诉的,应当回避。投诉人或者被投诉人对调解人员提出回避申请的,市场监督管理部门应当中止调解,并作出是否回避的决定。

第二十条　需要进行检定、检验、检测、鉴定的,由投诉人和被投诉人协商一致,共同委托具备相应条件的技术机构承担。

除法律、法规另有规定的外,检定、检验、检测、鉴定所需费用由投诉人和被投诉人协商一致承担。

检定、检验、检测、鉴定所需时间不计算在调解期限内。

第二十一条　有下列情形之一的,终止调解:

(一)投诉人撤回投诉或者双方自行和解的;

(二)投诉人与被投诉人对委托承担检定、检验、检测、鉴定工作的技术机构或者费用承担无法协商一致的;

(三)投诉人或者被投诉人无正当理由不参加调解,或者被投诉人明确拒绝调解的;

(四)经组织调解,投诉人或者被投诉人明确表示无法达成调解协议的;

(五)自投诉受理之日起四十五个工作日内投诉人和被投诉人未能达成调解协议的;

(六)市场监督管理部门受理投诉后,发现存在本办法第十五条规定情形的；

（七）法律、法规、规章规定的应当终止调解的其他情形。

终止调解的，市场监督管理部门应当自作出终止调解决定之日起七个工作日内告知投诉人和被投诉人。

第二十二条 经现场调解达成调解协议的，市场监督管理部门应当制作调解书，但调解协议已经即时履行或者双方同意不制作调解书的除外。调解书由投诉人和被投诉人双方签字或者盖章，并加盖市场监督管理部门印章，交投诉人和被投诉人各执一份，市场监督管理部门留存一份归档。

未制作调解书的，市场监督管理部门应当做好调解记录备查。

第二十三条 市场监督管理部门在调解中发现涉嫌违反市场监督管理法律、法规、规章线索的，应当自发现之日起十五个工作日内予以核查，并按照市场监督管理行政处罚有关规定予以处理。特殊情况下，核查时限可以延长十五个工作日。法律、法规、规章另有规定的，依照其规定。

对消费者权益争议的调解不免除经营者依法应当承担的其他法律责任。

第二十四条 举报人应当提供涉嫌违反市场监督管理法律、法规、规章的具体线索，对举报内容的真实性负责。举报人采取非书面方式进行举报的，市场监督管理部门工作人员应当记录。

鼓励经营者内部人员依法举报经营者涉嫌违反市场监督管理法律、法规、规章的行为。

第二十五条 举报由被举报行为发生地的县级以上市场监督管理部门处理。法律、行政法规、部门规章另有规定的，从其规定。

第二十六条 县级市场监督管理部门派出机构在县级市场监督管理部门确定的权限范围内以县级市场监督管理部门的名义处理举报，法律、法规、规章授权以派出机构名义处理举报的除外。

第二十七条 对电子商务平台经营者和通过自建网站、其他网络服务销售商品或者提供服务的电子商务经营者的举报，由其住所地县级以上市场监督管理部门处理。

对平台内经营者的举报，由其实际经营地县级以上市场监督管理部门处理。电子商务平台经营者住所地县级以上市场监督管理部门先行收到举报的，也可以予以处理。

第二十八条 对利用广播、电影、电视、报纸、期刊、互联网等大众传播媒介发布违法广告的举报,由广告发布者所在地市场监督管理部门处理。广告发布者所在地市场监督管理部门处理对异地广告主、广告经营者的举报有困难的,可以将对广告主、广告经营者的举报移送广告主、广告经营者所在地市场监督管理部门处理。

对互联网广告的举报,广告主所在地、广告经营者所在地市场监督管理部门先行收到举报的,也可以予以处理。

对广告主自行发布违法互联网广告的举报,由广告主所在地市场监督管理部门处理。

第二十九条 收到举报的市场监督管理部门不具备处理权限的,应当告知举报人直接向有处理权限的市场监督管理部门提出。

第三十条 两个以上市场监督管理部门因处理权限发生争议的,应当自发生争议之日起七个工作日内协商解决,协商不成的,报请共同的上一级市场监督管理部门指定处理机关;也可以直接由共同的上一级市场监督管理部门指定处理机关。

第三十一条 市场监督管理部门应当按照市场监督管理行政处罚等有关规定处理举报。

举报人实名举报的,有处理权限的市场监督管理部门还应当自作出是否立案决定之日起五个工作日内告知举报人。

第三十二条 法律、法规、规章规定市场监督管理部门应当将举报处理结果告知举报人或者对举报人实行奖励的,市场监督管理部门应当予以告知或者奖励。

第三十三条 市场监督管理部门应当对举报人的信息予以保密,不得将举报人个人信息、举报办理情况等泄露给被举报人或者与办理举报工作无关的人员,但提供的材料同时包含投诉和举报内容,并且需要向被举报人提供组织调解所必需信息的除外。

第三十四条 市场监督管理部门应当加强对本行政区域投诉举报信息的统计、分析、应用,定期公布投诉举报统计分析报告,依法公示消费投诉信息。

第三十五条 对投诉举报处理工作中获悉的国家秘密以及公开后可能危及国家安全、公共安全、经济安全、社会稳定的信息,市场监督管理部门应当严格保密。

涉及商业秘密、个人隐私等信息,确需公开的,依照《中华人民共和国政府信息公开条例》等有关规定执行。

第三十六条 市场监督管理部门应当畅通全国12315平台、12315专用电话等投诉举报接收渠道,实行统一的投诉举报数据标准和用户规则,实现全国投诉举报信息一体化。

第三十七条 县级以上地方市场监督管理部门统一接收投诉举报的工作机构,应当及时将投诉举报分送有处理权限的下级市场监督管理部门或者同级市场监督管理部门相关机构处理。

同级市场监督管理部门相关机构收到分送的投诉举报的,应当按照本办法有关规定及时处理。不具备处理权限的,应当及时反馈统一接收投诉举报的工作机构,不得自行移送。

第三十八条 市场监督管理部门处理依法提起的除本办法第三条规定以外的其他投诉的,可以参照本办法执行。

举报涉嫌违反《中华人民共和国反垄断法》的行为的,按照国家市场监督管理总局专项规定执行。专项规定未作规定的,可以参照本办法执行。

药品监督管理部门、知识产权行政部门处理投诉举报,适用本办法,但法律、法规另有规定的,依照其规定。

第三十九条 自然人、法人或者其他组织反映国家机关、事业单位、代行政府职能的社会团体及其他组织的行政事业性收费问题的,按照《信访条例》有关规定处理。

以投诉举报形式进行咨询、政府信息公开申请、行政复议申请、信访、纪检监察检举控告等活动的,不适用本办法,市场监督管理部门可以告知通过相应途径提出。

第四十条 本办法自2020年1月1日起施行。1998年3月12日原国家质量技术监督局令第51号公布的《产品质量申诉处理办法》、2014年2月14日原国家工商行政管理总局令第62号公布的《工商行政管理部门处理消费者投诉办法》、2016年1月12日原国家食品药品监督管理总局令第21号公布的《食品药品投诉举报管理办法》同时废止。

附 录

最高人民法院发布消费者权益保护典型案例[①]

案例1

医疗美容机构虚假宣传和诊疗过错行为造成患者损害应予赔偿
——邹某与某医美机构侵权责任纠纷案

基本案情

邹某曾在湖南某医院实施眼袋整形术,术后其认为自己下睑皮肤松弛,经其了解,得知北京某医美机构主刀医生师出名门,经验丰富,遂于2015年12月来到该医美机构进行了双侧下睑修复术。术后,邹某出现双侧下睑局部凹陷、疤痕畸形,外眼角畸形短小圆钝等症状。此后,邹某先后六次在其他医院进行修复,但仍无改善。邹某认为该医美机构的修复手术对其造成了损害,遂诉至法院要求该机构赔偿其医疗费、误工费、精神损害抚慰金等损失,并要求适用消费者权益保护法三倍赔偿其手术费。

裁判结果

法院认为:首先,本案属于消费型医疗美容,邹某为健康人士,为满足对美的追求的生活需要而接受美容服务,具有消费者的特征;该医美机构的经营目的为获取利润,具有经营者的特征。消费者为生活消费接受经营者提供服务的,应当受消费者权益保护法调整。经查,该医美机构因发布的医疗广告内容与卫生行政部门审批的广告内容不相符,广告语不真

---

① 本文摘自最高人民法院网,https://www.court.gov.cn/zixun/xiangqing/350961.html。

实等虚假宣传行为屡次受到行政处罚,邹某系受到上述广告误导而接受服务,故该医美机构存在虚假宣传的欺诈行为,应适用消费者权益保护法关于惩罚性赔偿的规定,由该医美机构三倍赔偿邹某的手术费用。其次,该医美机构的诊疗行为存在过错,但术后邹某又在其他医疗美容机构的修复行为已改变医方的手术结果,法院遂判决该医美机构按照60%的过错责任比例赔偿邹某各项损失共计74948元。

典型意义

本案为典型的因医疗美容虚假宣传和诊疗不规范行为引发的侵权责任纠纷。通过该案的审理,法院充分发挥了司法裁判在社会治理中的规则引领和价值导向作用。首先,将医疗美容纠纷纳入医疗损害责任纠纷范畴,按照医疗损害责任纠纷的标准审查证据,有助于督促医美机构加强医疗文书制作及保存工作,规范其诊疗活动。其次,将消费型医疗美容纠纷纳入消费者权益保护法范围并适用惩罚性赔偿的规定,加大对商业欺诈行为的制裁力度,既能对医美机构起到应有的警示作用,预防、震慑其违法行为,也维护了医美市场的诚信和秩序,有利于切实保护消费者合法权益。

案例2

消费者与影楼签订摄影合同后可依法行使解除权
——李某、景某诉某影楼承揽合同纠纷案

基本案情

李某、景某为两在校大学生,看到某影楼发布19.9元古装写真广告,遂去店拍摄。后两人对照片、相册、化妆、服装等项目多次消费升级,与某影楼先后签订了五份协议,合计金额达2.6万余元。李某、景某通过向亲友借款和开通网贷支付了部分款项后,当天向该公司提出变更套餐内容,减少合同金额,遭拒。后两人向某区消保委投诉未果,遂诉至法院,要求解除五份协议,并退还已经支付的全部款项2万余元,尚未支付的5900元不再支付。

裁判结果

法院认为,某影楼按照李某、景某特定拍摄、化妆、选片、选相册等要求而与其签订多份合同,影楼以自己的设备、技术和劳力,根据李某、景某的指示进行相应工作,交付约定的工作成果,李某、景某向影楼支付约定的报酬。故双方为承揽合同关系,李某、景某作为定作人享有任意解除权。但是,任意解除权的行使应有三大限制条件:解除应有效通知到承揽人;解除通知应在承揽人完成承揽工作之前到达承揽人;如因解除行为给承揽人造成损失的,定作人应当赔偿损失。合同解除后,定作人按合同约定预先支付报酬的,承揽人在扣除已完成部分的报酬后,应当将剩余价款返还定作人。故法院判决五份协议中尚未履行的协议全部解除,未全部履行的协议部分解除,已履行完毕的协议不能解除,被告退还两原告合同款项1.86万元。

典型意义

当前,越来越多的消费者选择摄影、美容、美发、健身、婚庆、教育培训等可以满足精神需求的消费方式。本案中,两女大学生从商家19.9元的低价引流活动一路消费升级至2.6万余元。因无力支付,被商家引导现场开通网贷等消费贷款,后因合同协商解除不成引发纠纷。本案通过对系争合同解除争议作出正确判决,最大限度地维护了消费者合法权益的同时,充分发挥个案的指引、评价、教育功能,将司法裁判与倡导树立正确的消费观以及通过司法建议促进商家规范经营相结合,引导广大消费者理性消费,广大商家诚信经营。

案例3

婚礼影像资料丢失精神损害抚慰金的赔偿
——周某某、肖某诉某演绎公司合同纠纷案

基本案情

2019年2月1日,周某某、肖某举行婚礼,聘请某演绎公司为其做婚庆服务,二位在某演绎公司处订购了价值5500元的婚庆服务,包括主持、摄影、摄像、婚车装饰、灯光租赁、音响、花艺师、婚礼现场、运费等,其中摄影服务为600元。周某某向某演绎公司预付了定金500元,婚礼结束后,周某某、肖某支付了全部服务费。尔后,某演绎公司将婚礼过程的摄像资料丢失,无法向周某某、肖某交付该资料,周某某、肖某遂要求法院判决返还服务费5500元并赔偿精神抚慰金50000元。

裁判结果

法院认为，某演绎公司除摄影资料不能交付外，其余服务均已完成，且周某某、肖某未提出异议，故某演绎公司应返还的服务费应当是摄影部分的服务费 600 元，而非全部服务费用。同时，本案诉争的摄像资料记载了周某某、肖某夫妇人生中的重要时刻，有着特殊的纪念意义，由于婚礼过程是不可重复和再现的，该摄影资料记载的内容对于周某某、肖某来说，属于具有人格象征意义的特定纪念物品，某演绎公司未按照双方约定将摄像资料交付给周某某、肖某，造成记录他们婚礼现场场景的载体永久性灭失，某演绎公司的违约行为侵犯了二位新人对其具有人格象征意义的特定纪念物品的所有权，对周某某、肖某造成精神上的伤害。人民法院结合某演绎公司的过错程度、承担责任的经济能力、本地平均生活水平综合酌定精神损害抚慰金为 6000 元。

典型意义

婚礼是极具纪念意义的特殊经历，婚礼现场的影像资料是每一对步入婚姻殿堂的夫妇的珍贵资料，具有不可复制性，一旦毁损灭失将不具可逆性，虽影像资料的丢失未对当事人造成生理上的身体健康及完整性的损害，但此事件对当事人具有精神上的损害，本案中，某演绎公司将他们夫妇的具有人格象征意义的纪念影像丢失，给二位新人造成了不可弥补的精神损失，应当赔偿一定的精神损害抚慰金。本案的处理既维护了消费者的合法权益，又能促使经营者不断地规范自己的经营活动，共同营造良好有序、值得信赖的营商环境，同时也重视了婚姻家庭文化的建设，对弘扬文明、自由、平等、诚信、友善的社会主义核心价值观具有重要的积极意义。

案例 4

预付卡未使用金额经营者应向消费者返还
——张某等人诉某销售公司、孟某某服务合同纠纷案

基本案情

2017 年至 2019 年期间，张某等众多家长为自己 1 至 3 岁的婴幼儿到某销售公司所经营的游泳馆进行办卡消费并签订入会协议，每人预存了几千元至上万元不等的费用，以微信转账或支付宝转账方式支付给该公司法

人及唯一股东孟某某。2020年初,该婴幼儿游泳馆即处于闭店状态,后该公司承租场地合同到期终止,不再继续经营。该公司在退还部分家长未使用费用后便不再进行退款。张某等人与该销售公司法人孟某某协商无果后,张某等人诉至法院,请求判决销售公司及孟某某退还剩余服务费用。

裁判结果

法院认为,销售公司所经营游泳馆疫情期间未营业,且在承租场地到期后不再继续经营,该销售公司亦不再具备继续履行的条件及能力,故销售公司应当按照各消费者所剩余次数折算后退还相应的预付费用。因孟某某作为该销售公司的唯一股东,其以个人账户接收消费者的预付款项,形成了个人财产与公司财产的混同,该法院依法判决,销售公司向张某等人返还剩余预付款,孟某某对上述预付款的返还承担连带责任。

典型意义

预付卡消费在服务领域,特别是在教育培训、美容美发、洗车、洗衣、健身等服务中广泛存在,而预付卡消费实践中存在以下情况:办卡过程中因经营者存在宣传诱导、预付卡合同中存在"消费者办卡后不补、不退、不得转让,逾期作废概不退款"等约定、办卡后扣款不明及服务下降,导致消费者在预付卡消费中与商家存在争议;更有甚者,部分经营者以装修、维护、停业整顿为名,携款跑路,或在重新整修后,改换门面,终止服务,造成预付卡消费者的消费困境。本案通过查明消费者与经营者之间合同履行情况,在确认经营者无法继续提供约定服务的情况下,明确作为经营者负有将预付款中尚未消费的部分应当予以返还,并结合该销售公司为一人公司的性质及股东收取预付款情况,依法认定股东应当作为责任主体,对销售公司所负有返还剩余预付款的债务承担连带责任,最大限度地维护消费者合法权益。

案例5

购房后无法正常用电,
买受人有权要求开发商赔偿损失
——张某与某房地产开发公司房屋买卖合同纠纷案

基本案情

张某从开发商处购买房屋一套,入住后发现房屋负一层所有电源插座无法使用,只要一经合闸,全单元总闸跳闸。张某多次联系物业公司和开发商未果。为此,张某将开发商诉至法院,要求开发商承担电路修缮费用。开发商辩称,房屋已经通过竣工验收并交付使用,不认可案涉工程质量有问题,不同意张某的诉讼请求。审理过程中,张某申请对房屋用电无法正常使用的具体原因、修复方案及修复费用进行鉴定,鉴定机构出具鉴定意见,认为用户无法正常用电的具体原因为地下一层插座线路之间存在短路,修复方案分为明敷设和拆除原装插座线路恢复原状修复,其中明敷设修复费用为5000元,恢复原状修复费用为3万元。

裁判结果

法院认为,开发商作为建设单位,对其交付的房屋应当承担质量瑕疵担保责任,对存在质量问题的房屋应当及时予以修复。本案中,出现质量问题的电路系统虽然不属于房屋主体结构,但仍然是房屋整体的组成部分。尽管房屋整体通过竣工验收,但不影响开发商对经鉴定确定存在的问题承担修复责任,开发商始终未予修复,应当赔偿张某的修复损失。关于修复费用的标准,虽然鉴定机构在出具鉴定意见时,给出了两种不同的修复方案,但是张某不同意适用明敷设配管配线的修复方案,综合考虑案件质量问题的起因、质量问题的程度、质量问题持续的时间、开发商在解决问题过程中的作为情况,法院最终判决开发商按照恢复原状修复方案赔偿张某修缮费用并承担本案鉴定费用。

典型意义

住有所居、安居宜居,是万千家庭的共同心愿。商品房房款动辄几百万,普通家庭要举一家几代人的力量才能负担。商品房质量直接关系群众的居住体验,关系老百姓的安居幸福感。电路插座也是房屋的重要组成部分,尽管该瑕疵在房屋交付验收时不易被发现,但却实际影响了张某的日常用电和生活起居,且持续多年未得到解决。本案裁判不仅明确了开发商对出售房屋的质量瑕疵担保责任,而且明确了全面、充分保护的原则。就修复方案的考量,还考虑了房屋质量问题的起因、程度、持续时间以及开发商在解决问题过程中的作为情况,最大限度地保障了房屋买受人的合法权益,有助于引导房地产企业重品质、守诚信,对构建诚实、守信、和谐的房地产市场环境贡献了司法力量。

案例 6

网络消费格式条款中与消费者有重大利害关系内容存在例外情形，应以显著方式进行提示
——邬某诉某旅游 App 经营公司网络服务合同纠纷案

基本案情

邬某通过 A 公司经营的旅游 App 预定境外客房，支付方式为"到店支付"，订单下单后即被从银行卡中扣除房款，后原告未入住。原告认为应当到店后付款，A 公司先行违约，要求取消订单。A 公司认为其已经在服务条款中就"到店支付"补充说明"部分酒店住宿可能会对您的银行卡预先收取全额预订费用"，不构成违约，拒绝退款。邬某将 A 公司起诉至法院，请求判令退还预扣的房款。

裁判结果

法院经审理认为，对"到店支付"的通常理解应为用户到酒店办理住宿时才会支付款项，未入住之前不需要支付。即使该条款后补充说明部分酒店会"预先收取全额预订费用"，但对这种例外情形应当进行特别提示和说明，如果只在内容复杂繁多的条款中规定，不足以起到提示的作用，A 公司作为预定服务的提供者应当承担责任。最终，法院支持邬某退还房款的诉讼请求。

典型意义

在数字经济、互联网产业飞速发展的大背景下，线上交易中企业基本都采用格式条款的方式与消费者建立契约关系。但是，在格式条款发挥其便捷、高效、积极作用的同时，因其本身具有的单方提供、内容固定的特质所带来的问题和风险，也不容忽视。法律明确赋予了格式条款提供者进行提示说明的义务，民法典第四百九十六条规定："提供格式条款的一方未履行提示或者说明义务，致使对方没有注意或者理解与其有重大利害关系的条款的，对方可以主张该条款不成为合同的内容。"提供格式条款的企业应当基于公平、诚信原则，依法、合理制定格式条款的内容，并对于履行方式等与消费者有重大利害关系的条款，向消费者进行特别的提醒和说明，从而维护交易秩序，平衡双方利益，促进行业发展。本案的裁判进一步厘清了网络服务提供者作为提供格式

条款一方的责任,引导互联网交易模式更加符合契约自由和契约正义的精神。

案例 7

对于网络店铺客服的行为店铺应当负责
——李某诉某书店信息网络买卖合同纠纷案

基本案情

李某在 M 书店经营的网络店铺付款 22172 元购买书籍,因该电商平台关联的银行账户额度所限,经与店铺客服沟通后,李某通过平台付款 10172 元,向店铺客服赵某微信转账 12000 元。2019 年 8 月 25 日李某告知赵某书单有变化,待确定后再发货,赵某表示同意。后双方对购买商品品种和数量做了变更,交易价格变更为 1223 元。M 书店将通过平台支付的 10172 元退还给李某,但通过微信支付给赵某的款项扣除交易价款后尚有 10777 元未退回。多次要求退款无果,李某将 M 书店诉至法院,请求退还购书款。

裁判结果

法院认为,案涉交易发生时,赵某系 M 书店的员工,并作为 M 书店所经营网络店铺的客服与李某就购书事宜进行了磋商,该行为属于网店客服人员职权范围内的事项。M 书店并未就交易磋商的方式和渠道进行特殊提示或告知,故无论该行为是通过电商平台还是微信,只是磋商渠道和方式的不同。李某有理由相信赵某的行为是代表 M 书店与其进行交易磋商,赵某的行为对 M 书店应发生效力。李某与 M 书店之间就购买书籍建立了网络购物合同关系。后,李某提出变更购买图书的名称及数量,并要求退还剩余款项,赵某表示同意,应视为李某与 M 书店就合同内容进行了变更,M 书店应当退还剩余款项 10777 元,故判决支持了李某的诉讼请求。

典型意义

便捷、快速进行交易是互联网消费的优势之一,而交易的安全和稳定同样是消费者保护的应有之意,两者不可偏废。现实中,考虑到消费者对购物、沟通软件使用习惯、偏好的不同以及其他具体特殊情况,不宜仅仅因为消费者未完全通过电商平台进行支付轻易否认消费者与商家相关交易行为的效力。该案判决认定店铺客服能够代表店铺进行交易,是对交易中消费者对店铺信任的保护,也是对于交易秩序和安全的维护,压实了商家主体责任,提示、督促商家加强内部管理监督,从而进一步规范线上交易中商家的销售行为,促进互联网数字经济行业有序发展。

案例 8

经营者未经许可不得将其掌握的消费者信息用于商业宣传
——郑某诉某公司网络侵权责任纠纷案

基本案情

郑某与其配偶在某公司开设的照相馆拍摄了一组亲密照。订立合同时,郑某并未同意拍摄作品可由照相馆作商业宣传使用。2019 年 11 月 1 日,某公司在其经营所用的两个微信的朋友圈,使用郑某与其配偶的亲密照宣传业务。郑某认为某公司侵害其肖像权、隐私权,向人民法院起诉要求某公司赔礼道歉、赔偿损失 72000 元。

裁判结果

法院认为,某公司未经郑某同意,在其经营所用微信的朋友圈使用郑某肖像用于商业宣传,构成利用网络侵害郑某的肖像权。案涉照片属于郑某及其配偶的亲密照,某公司亦侵害郑某的隐私权。结合郑某的合理维权开支、某公司主观过错程度等情况,法院判令某公司向郑某赔礼道歉、赔偿损失 15000 元。

典型意义

消费者在接受服务过程中留下的私人信息,如姓名、肖像、接受的服务内容等,涉及到消费者的肖像权、隐私权等权利,受到法律的保护。对经营者而言,消费者信息具有经济价值,为经营者非法使用提供了利益驱动。经营者在业务活动中使用其收集到的消费者信息,应当遵循合法、正当、必要的原则,且不得违反法律法规的规定和双方的约定。本案明确经营者在未经消费者同意的情况下,不得使用其掌握的消费者个人信息进行宣传,有利于指引经营者规范自身经营行为,加强消费者个人信息保护。

案例9

销售者在二手商品网站从事经营活动
构成欺诈的,应当承担惩罚性赔偿责任
——高某诉杨某网络信息购物合同纠纷案

基本案情

杨某在某二手商品网络交易平台发布二手"某知名品牌无线耳机"的交易信息,称该无线耳机系其外出旅游时在官方专营店购买其他数码产品时赠送,全新正品,现闲置低价转让。高某获知该信息,向杨某确认该二手商品系全新官方正品后,通过二手商品网络交易平台与杨某达成交易。高某收到耳机后,发现该无线耳机系假冒产品,认为杨某销售行为构成欺诈,遂向法院提起诉讼,请求判令杨某返还已支付的购物款并承担价款三倍的惩罚性赔偿责任。法院经审理查明,杨某销售的"二手商品"确系假冒产品,且杨某短时间内在某二手商品网络交易平台以同样宣传方式已销售同款无线耳机40余笔,交易金额超5万余元。

裁判结果

法院认为,杨某在二手网络交易平台假借出售个人闲置物品的名义长期从事经营性销售活动,并以虚假宣传的方式销售假冒商品,致高某陷入错误认识,进而订立合同,形成交易,杨某行为应认定为商业性经营行为,其行为构成销售欺诈。高某主张杨某依据消费者权益保护法承担经营者责任,法院应予支持。故判令杨某退还高某已支付的商品价款并承担商品价款三倍的惩罚性赔偿。

典型意义

近年来,个人闲置物品的网络交易,方兴未艾,交易人数、交易量发展迅速。各大二手商品网络交易平台的出现,更促进了社会个人闲置二手商品交易的繁荣,但不可忽视的是二手商品网络交易平台中销售者发布的商品鱼目混珠,侵害合法权益的事件多有发生。对于二手商品网络交易平台发生的交易,买家权益受到损害,能否适用消费者权益保护法要求销售者承担经营者责任,相关法律规定并不明确。从促进全社会个人闲置二手物品线上交易健康、规范、有序发展,以及平等保护市场交易主体合法权益的角度考虑,有必要对网络二手市场的交易主体进行区分,应在

综合考虑出售商品的性质、来源、数量、价格、频率、是否有其他销售渠道、收入等情况下,合理将长期从事二手交易营利活动的销售者界定为经营者,适用消费者权益保护法的相关规定,以切实维护消费者的合法权益。

案例 10

电子商务经营者应当遵守对消费者做出的有利承诺,对承诺的解释应按普通消费者的通常认知进行
——齐某某诉罗某某网络信息购物合同纠纷案

基本案情

罗某某在某网络购物平台开设有网络店铺,从事某品牌电动摩托车锂电池的销售经营活动。罗某某在其网络店铺销售商品时对外宣称,商品"签收 15 天内支持免费退换货,半年内质量问题换新,两年保修"。齐某某在罗某某网络店铺购了前述品牌的电动摩托车锂电池,使用三个月后发现存在充电不满等质量问题,便要求罗某某按销售承诺为其更换新电池。罗某某经检查确认交付的锂电池确实存在质量问题后,同意为齐某某更换新的电池。更换电池后,齐某某仍发现存在同样的质量问题,通过平台与罗某某协商,罗某某明确此前并未给齐某某换新电池,仅更换了电芯,并以销售承诺中的"换新"仅指换"新电芯"为由,拒绝为齐某某更换全新的电池。齐某某因此诉至法院,请求判令解除与罗某某的信息网络购物合同,并由罗某某退还已支付的商品价款。

裁判结果

法院认为,罗某某在销售案涉商品时,通过商品网络详情页对齐某某做出承诺,所售商品"半年内质量问题换新",按社会普通消费者的通常理解,此处的"换新"应指电池整机换新,而非构成电池组成部分零部件换新。罗某某确认交付给齐某某的锂电池存在质量问题,但却未按销售承诺给齐某某换新电池,而是将部分零部件进行了更换。齐某某要求罗某某按承诺,对整个电池换新,但罗某某一直予以拒绝。齐某某只能另行购买新的电池使用。罗某某在销售商品存在质量问题的情况下,拒不按销售承诺履行更换义务,已构成违约。现其违约行为已致合同目的无法实现,齐某某要求解除合同,退还货款,依法应予支持。

典型意义

电子商务经营者在销售商品时对消费者做出有利承诺的,应当遵守其承诺。现实中存在不少电子商务经营者为吸引流量、促进销售,在销售商品或提供服务时以宣传或告示等形式向消费者做出高于国家、行业标准的有利承诺,当消费者接受承诺与经营者形成交易关系后,经营者却以各种理由拒不兑现其承诺,有损消费者的合理预期,也侵害了消费者的合法权益。电子商务经营者兑现对消费者做出的有利承诺,既是对交易双方协议约定重要义务的履行,更是经营者诚信经营的重要体现。电子商务经营者的承诺是向消费者做出的,一般应以社会普通消费者能够理解的方式进行表达,当消费者对其中某些用语的理解,与经营者的理解不同时,应以交易时社会普通消费者的通常理解为标准进行解释,以强化对消费者权益的保障。

网络消费典型案例[①]

案例 1

不正当干预搜索结果的"负面内容压制"约定无效
—— 某文化传播公司诉某信息技术公司网络服务合同纠纷案

【基本案情】

原告某文化传播公司为某新能源电池品牌提供搜索引擎优化及线上传播服务。被告某信息技术公司与原告系合作关系,双方于 2020 年 11 月签订《委托合同》,该《委托合同》附件具体列明了被告应提供的各项服务内容。其中"软文优化"服务项目中的"负面压制"条款约定:被告对某

---

① 本文摘自最高人民法院网,https://www.court.gov.cn/zixun/xiangqing/393481.html。

新能源电池品牌方指定的关键词搜索引擎优化,实现某搜索引擎前5页无明显关于该品牌的负面内容,以及负面压制期为30天等。后原告以被告未按约完成负面压制服务为由诉请解除合同。

【裁判结果】

审理法院认为,提供网络"负面压制"服务之约定是否有效,应当结合合同目的、行为方式、社会危害依法作出认定。从缔约目的看,负面压制目的违反诚实信用原则;从履行方式看,负面压制实质是掩饰了部分公众本可以获取的信息,影响公众对事物的客观和全面的认知;从行为危害性来看,负面压制行为损害消费者权益及市场竞争秩序,有损社会公共利益,违背公序良俗;从社会效果来看,负面压制行为扰乱互联网空间管理秩序,影响互联网公共空间的有序发展。综上,诉争"负面压制"条款具有违法性,依据《中华人民共和国民法总则》(2017年施行)第一百四十三条、《最高人民法院关于适用〈中华人民共和国民法典〉时间效力的若干规定》第一条规定,应认定为无效。

【典型意义】

互联网时代,搜索引擎是重要流量来源以及流量分发渠道,搜索结果排序是搜索引擎最核心的部分。"负面内容压制"服务以营利为目的,通过算法技术等手段人为干预搜索结果排名,以实现正面前置,负面后置,严重影响消费者正常、客观、全面地获取信息,侵害消费者知情权,破坏公平有序市场竞争秩序,依法应认定为无效。本案裁判对于维护网络消费者知情权及互联网空间公共秩序具有积极意义。

案例2

商家因"差评"擅自公布消费者个人信息构成侵权
——张某等人诉某商家网络侵权责任纠纷案

【基本案情】

原告张某等人因不满被告某商家的"剧本杀"游戏服务,上网发布"差评",该商家遂在微信公众号发布与张某等人的微信群聊记录、游戏包厢监控视频录像片段、微信个人账号信息,还称"可向公众提供全程监控录像"。张某等人认为商家上述行为侵害其隐私权和个人信息权益,起诉要求商家停止侵权、赔礼道歉及赔偿精神损失等。

【裁判结果】

审理法院认为,消费者在经营者提供的包间内的活动具有私密性,商家为了澄清"差评"通过微信公众号公开消费者包间内监控录像并称可提供全程录像,构成对消费者隐私权的侵害;商家未经张某等人同意公布其微信个人账号信息,侵害了张某等人的个人信息权益。依据《中华人民共和国民法典》第一千零三十二条、第一千零三十三条、第一千零三十四条、《中华人民共和国个人信息保护法》第四条、第十三条规定,判令商家立即停止公开监控录像,删除公众号文章中"可向公众提供全程监控录像"表述及张某等人的微信个人账号信息,在微信公众号发布致歉声明,并向张某等人赔偿精神损害抚慰金。

【典型意义】

评价机制在网络消费领域中的作用日益明显,消费者提出批评意见的权利应予保护。经营者对其因提供商品或服务而获取的消费者个人信息负有保护义务,经营者公开回应消费者"差评"时,应注意不得侵犯消费者隐私权和个人信息权益。本案裁判厘清了经营者澄清消费者"差评"时的行为边界,维护了消费者合法权益,为网络消费信用评价机制的有序运行提供了司法保障。

案例 3

未成年人超出其年龄智力程度购买游戏点卡监护人可依法追回充值款

——张某某诉某数码科技有限公司网络买卖合同纠纷案

【基本案情】

原告张某某的女儿张小某,出生于 2011 年,为小学五年级学生。张小某于 2022 年 4 月 19 日晚上在原告不知情的情况下使用原告的手机通过某直播平台,在主播诱导下通过原告支付宝账户支付给被告某数码科技有限公司经营的"某点卡专营店"5949.87 元,用于购买游戏充值点卡,共计 4 笔。该 4 笔交易记录发生在 2022 年 4 月 19 日 21 时 07 分 53 秒至 2022 年 4 月 19 日 21 时 30 分 00 秒。原告认为,张小某作为限制民事行为能力人使用原告手机在半个小时左右的时间里从被告处购买游戏充值点卡达到5949.87元,并且在当天相近时间段内向其他游戏点卡网络经营者充值及进行网络直播打赏等消费10余万元,显然已经超出与其年龄、智力相适宜的范围,被告应当予以返还,遂诉至法院请求被告返还充值款5949.87元。

【裁判结果】

审理法院认为:限制民事行为能力人实施的纯获利益的民事法律行为或者与其年龄、智力、精神状况相适应的民事法律行为有效;实施的其他民事法律行为经法定代理人同意或者追认后有效。本案中,原告张某某的女儿张小某为限制民事行为能力人,张小某使用其父支付宝账号分4次向被告经营的点卡专营店共支付5949.87元,该行为明显已经超出与其年龄、智力相适宜的程度,现原告对张小某的行为不予追认,被告应当将该款项退还原告。依据《中华人民共和国民法典》第十九条、第二十三条、第二十七条、第一百四十五条规定,判令被告返还原告充值款5949.87元。

【典型意义】

当前,随着互联网的普及,未成年人上网行为日常化,未成年人网络打赏、网络充值行为时有发生。本案裁判结合原告女儿在相近时间内其他充值打赏行为等情况,认定案涉充值行为明显超出与其年龄、智力相适宜的程度,被告应当返还充值款,依法维护未成年人合法权益,有利于为未成年人健康成长营造良好的网络空间和法治环境。

案例 4

提供酒店在线预订服务方
应当履行协助退订等合同附随义务
——熊某等诉某旅行社网络服务合同纠纷案

【基本案情】

原告熊某通过某旅游App向被告某旅行社预订了"机票+酒店"自由行产品。出行前两日,因同行人员中原告儿子患病无法出行,原告遂向被告申请退订。被告就该酒店产品联系其中间供应商,中间供应商反馈

"需要扣除每间每晚 200 元共计违约金 800 元,去申请且不保证结果"。但被告未将酒店取消政策告知原告,亦未继续要求供应商取消订单,而是告知原告该订单不可取消,如未实际入住将全额收取房费。熊某后未实际出行,诉至法院。审理中,经当庭拨打酒店客服电话,确认涉案订单当时的取消政策为"如自行取消要扣除每间每晚 200 元的违约金,如提供相关疾病证明则除节假日外可无损取消"。

【裁判结果】

审理法院认为,本案双方是网络服务合同关系,被告提供服务的主要内容为通过相应渠道代原告预订其指定酒店,以使原告与酒店方顺利建立住宿服务合同关系。鉴于涉案服务合同履行的特殊性,预订等事宜并非由原告直接与相应产品提供方沟通确定,故在原告因同行人员患病需取消预订时,应当认为被告依法负有及时协助原告向酒店方申请取消订单、申请退款等合同附随义务,而非一经预订成功即视为全部义务已履行完毕。本案中,案涉酒店预订事实上可以取消,至多承担 800 元违约金,但被告未将该情况如实告知原告,依据《中华人民共和国民法典》第五百零九条之规定,应认定被告未能履行附随义务导致原告损失,被告应予以赔偿。

【典型意义】

现实生活中,人们通过在线旅游平台预订酒店等服务的情况十分常见。线上预订服务提供者上游对接各类服务商或供应商,下游对接广大消费者,中间往往涉及多个环节,容易滋生侵害消费者权益的道德风险。本案裁判认定提供酒店在线预订服务方应当履行协助退订等合同附随义务,防止消费者权益被不当减损,有利于促进在线旅游平台经营模式健康发展。

案例 5

限时免单条款约定条件成就,经营者应当依约免单
——张某与周某、某购物平台信息网络买卖合同纠纷案

【基本案情】

被告周某在经营网上店铺过程中开展了"双 12"限时免单活动,制定并公示了相关规则,原告张某在购买产品时参与了限时免单活动。张某

在参与该次活动前向店铺客服咨询了免单的规则为付款优先者享受。但在张某付款时间在先的情况下，周某未按照规则给张某免单，张某认为周某构成违约，诉请周某退还其支付的货款。

【裁判结果】

审理法院认为，根据《中华人民共和国合同法》（1999年施行）第十四条、第六十条、第四十四条、《中华人民共和国电子商务法》第四十九条规定，当事人关于限时免单的约定属于附条件履行义务的合同条款，消费者符合免单规则的要求，经营者即应当履行免单义务，否则构成违约。张某在参加活动前咨询客服获知的规则应视为此次活动的规则，双方应当遵守。张某付款时间在先，周某未按照免单规则为张某免单，构成违约，张某要求周某退还货款的行为，于法有据，应予支持。

【典型意义】

随着电子商务的蓬勃发展，各种形式的促销手段层出不穷。这些促销活动活跃了市场，刺激了消费，同时也伴生了一些损害消费者权益的问题。本案裁判进一步厘清了电子商务经营者进行免单、打折等各类促销活动制定的活动规则的法律性质，引导经营者依法依约诚信经营，切实保护消费者合法权益。

案例6

以盈利为目的持续性销售二手商品，应承担经营者责任
——王某诉陈某网络购物合同纠纷案

【基本案情】

2019年9月，原告王某为求学所需，在某二手交易平台中被告陈某处下单购买某品牌笔记本电脑一台，收货后发现该电脑外观磨损严重，无法正常充电使用，后送至官方售后检测发现电脑内部电池鼓胀、有非官方拆改和非原厂部件，与陈某所宣传的95成新明显不符，王某联系陈某退货退款遭拒。王某认为陈某构成欺诈，诉至法院请求陈某退款并按照价款三倍赔偿。陈某辩称，其在二手平台处理自用二手物品，不属于消费者权益保护法规定的经营者。

【裁判结果】

审理法院认为,本次合同成立前,陈某通过其二手平台账号多次销售某品牌电脑等电子设备,非偶然、少量处理闲置物品,超过一般二手闲置物品处理的合理范畴,具有以盈利为目的持续性对外出售商品获利的意图,故陈某具有电子商务经营者身份。根据双方联系情况看,双方是以涉案电脑为正品电脑作为交易前提,而涉案电脑经检查设备内部固态硬盘非原装部件,设备有非官方拆改痕迹,即涉案电脑并非正品二手电脑。被告构成欺诈,应当承担惩罚性赔偿责任,依据《中华人民共和国消费者权益保护法》第五十五条之规定,判决陈某退款并按照货款三倍赔偿。

【典型意义】

闲置物品交易模式是数字经济中的一种典型模式。二手物品交易平台的出现有利于闲置物品的盘活、再利用。但在现实中,有些人在二手交易平台以交易闲置物品的名义进行经营行为,商品出现问题后又以是自用闲置物品交易为由拒绝承担经营者责任。本案裁判综合销售者出售商品的性质、来源、数量、价格、频率、收入等情况,认定以盈利为目的持续性销售二手商品的销售者应承担经营者责任,有利于更好地维护消费者合法权益,对于类似案件的处理具有借鉴意义。

案例 7

电商经营者销售未标明生产日期的预包装食品,应承担惩罚性赔偿责任
—— 彭某某诉某电子商务有限公司网络购物合同纠纷案

【基本案情】

原告彭某某在被告某电子商务公司开立的网络商铺购买了4份"××压力瘦身糖果"(每份为2盒60粒),共计支付货款1475.60元后,该商铺通过快递向彭某送达货物。彭某某收到上述货物并食用部分后发现,商品包装盒上虽然注明:保质期24个月;生产商某纤瘦有限公司;生产地址××省××市××区×××号;生产日期见喷码,但是产品包装上均无相关生产日期的喷码标识,亦未查询到生产商的相关信息。彭某某遂以某电子商务公司销售不符合食品安全标准的食品为由诉至法院,要求某

电子商务公司退还货款 1475.60 元并支付货款金额十倍的惩罚性赔偿金。

【裁判结果】

审理法院认为,某电子商务公司作为食品经营者,在电商平台上销售无生产日期标识、虚构生产厂家的"XX 压力瘦身糖果",属于《中华人民共和国食品安全法》第一百四十八条规定的"生产不符合食品安全标准的食品或者经营明知是不符合食品安全标准的食品"的情形,依据《最高人民法院关于审理食品安全民事纠纷案件适用法律若干问题的解释(一)》第十一条规定,应当承担惩罚性赔偿责任,判决某电子商务公司退还彭某货款 1475.60 元,并支付货款金额十倍的赔偿金 14756 元。

【典型意义】

目前,大众通过网络购买食品十分普遍,同时,于消费者而言,网络食品因交易环境的虚拟化潜藏着一定的风险。预包装食品包装标签上缺少生产日期信息,消费者无法对食品安全作出判断,存在损害消费者身体健康和生命安全的重大隐患。本案裁判认定电商经营者销售未标明生产日期的预包装食品,应承担惩罚性赔偿责任,压实食品经营者主体责任,进一步规范网络食品交易秩序。

案例 8

外卖平台未审核餐饮服务提供者资质应承担连带责任

——王某与甲公司产品责任纠纷案

【基本案情】

被告甲公司运营某外卖餐饮平台,提供外卖订餐服务,并向消费者郑重承诺:我平台已对入网餐饮服务提供者的食品经营许可证进行严格的实地审查,并保证入网餐饮服务提供者食品经营许可证载明的经营者名称、经营场所、主体业态、经营项目、有效期等许可信息合法、真实、准确、有效。原告王某在该平台上一家麻辣烫店铺购买了一份麻辣烫,后发现该麻辣烫店铺未取得食品经营许可证。王某诉至法院,要求甲公司与该麻辣烫店铺承担连带赔偿责任。

【裁判结果】

审理法院认为:甲公司经营的外卖餐饮平台属于网络交易第三方平台,依照《中华人民共和国食品安全法》第一百三十一条规定以及甲公司在外卖平台上作出的承诺,甲公司应对入网食品经营者进行实名登记,并审查其是否取得食品经营许可证,但甲公司未履行上述义务,使王某购买到了无食品经营资质商家制作的食品,合法权益受损,甲公司应与食品经营者承担连带赔偿责任。

【典型意义】

在数字经济背景下,互联网平台应当依法履行主体责任,尤其是涉及消费者身体健康的外卖餐饮平台,更应加强对平台内餐饮服务提供者身份及经营许可资质的审核。本案裁判明确外卖餐饮平台经营者未依法尽到资质审核义务,导致消费者合法权益受损的,应承担连带赔偿责任,确保人民群众的身体健康和生命安全不受非法侵害。

案例9

在线租车公司未按照承诺足额投保三责险,应在不足范围内对消费者损失承担赔偿责任
——杨某与某租车公司车辆租赁合同纠纷案

【基本案情】

原告杨某通过某租车 App 向被告某租车公司承租一辆小型客车,并按约享受"尊享服务",租期4天。某租车公司为该租车 App 的运营者。租车 App 中说明:"在您购买尊享服务后,无需承担保险理赔范围内的损失以及保险理赔范围外的轮胎损失。"某租车公司在保险责任中承诺商业第三者责任险保险金额为200000元,但实际仅投保50000元。后杨某驾驶租赁车辆发生交通事故,造成他人财产损失。因商业第三者责任险投保不足,扣除通过保险获赔金额后,杨某被判赔偿案外人428000元。后杨某诉至法院,请求某租车公司支付其事故赔偿428000元等。

【裁判结果】

审理法院认为,某租车公司承诺投保商业第三者责任险保险金额200000元,尊享服务说明承租人无需承担保险理赔范围内的损失,但本

案中杨某发生交通事故后保险公司赔付的商业第三者责任险保险金仅50000元，差额部分150000元属于杨某本可以通过商业保险避免的损失，该损失应由被告承担。依据《中华人民共和国合同法》（1999年施行）第一百零七条规定，判决被告某租车公司赔偿原告杨某150000元。

【典型意义】

网络租车平台是数字化赋能的典型商业模式。实际经营中，存在经营者为规避风险、提高利润，违背向租车人作出的承诺，为出租的汽车投保保险金额较低的商业保险的情况。本案裁判通过认定在线租赁公司承担投保不足导致的赔偿责任，树立正确的价值导向，引导在线租赁公司诚信经营，保障租车消费者的合法权益。

案例10

"不支持售后维权"的霸王条款无效
——张某与吴某网络购物合同纠纷案

【基本案情】

2020年12月，原告张某在某网络交易平台向吴某购买了某品牌二手女款包，价款14000元，卖家保证为正品，承诺货到付款，如假包退。后张某委托检测机构进行检测，发现该包并非正品，遂将该包寄回给吴某，张某要求退款未果，遂诉至法院要求全额退款。被告吴某陈述，其专业从事奢侈品经营交易，与原告曾进行过多次交易，并辩称交易是货到付款，买家付款表明已认可商品质量，且平台《用户行为规范》明确："交易成功后，不支持售后维权"，故不同意退货退款。

【裁判结果】

审理法院认为，平台《用户行为规范》关于"交易完成，不支持售后维权"的内容，是电子商务经营者为重复使用而预先拟定，在订立合同时未与对方协商的条款，属格式条款。该格式条款不合理地免除了经营者责任，排除了消费者权利，依据《最高人民法院关于审理网络消费纠纷案件适用法律若干问题的规定（一）》第一条之规定，应认定为无效。

【典型意义】

实践中，存在电子商务经营者利用其优势地位，制定不公平不合理的格式条款侵害消费者合法权益的情况。本案裁判通过对网络消费格式条款进行合法性审查,对于不合理地免除经营者责任、排除消费者权利的格式条款作出否定性评价,有力地维护消费者合法权益和健康、清朗消费环境。

食品安全惩罚性赔偿典型案例[①]

案例一

消费者有权请求销售假冒注册商标食品的经营者支付价款十倍惩罚性赔偿金
——郭某诉某经营部产品责任纠纷案

基本案情

2021年11月17日,郭某向某经营部购买某品牌白酒2件12瓶,并支付货款11160元。2021年11月23日,郭某再次向某经营部购买某品牌白酒2件12瓶,并支付货款10937元。后郭某怀疑其购买的白酒为假酒,遂向当地市场监督管理部门举报。某白酒公司出具《鉴定证明书》,表明上述某品牌白酒并非该公司生产,属于假冒注册商标的产品。郭某起诉某经营部,要求退还购酒款并支付购酒款十倍的赔偿金。

裁判理由

审理法院认为,《中华人民共和国食品安全法》第一百四十八条第二款规定:"生产不符合食品安全标准的食品或者经营明知是不符合食品安全标准的食品,消费者除要求赔偿损失外,还可以向生产者或者经营者要求支付价款十倍或者损失三倍的赔偿金;增加赔偿的金额不足一千元的,为一千元。但是,食品的标签、说明书存在不影响食品安全且不会对消费者造成误导的瑕疵的除外。"《最高人民法院关于审理食品安全民事纠纷案件适用法律若干问题的解释(一)》第十一条规定:"生产经营未标明生产者名称、地址、成分或者配料表,或者未清晰标明生产日期、保质期

[①] 本文摘自最高人民法院网,https://www.court.gov.cn/zixun/xiangqing/418922.html。

的预包装食品,消费者主张生产者或者经营者依据食品安全法第一百四十八条第二款规定承担惩罚性赔偿责任的,人民法院应予支持,但法律、行政法规、食品安全国家标准对标签标注事项另有规定的除外。"某经营部销售的某品牌白酒为假冒注册商标的预包装食品,标注虚假的生产者名称、地址等信息,不符合食品安全标准。某经营部作为食品经营者,对其销售的假冒注册商标食品,不能证明食品来源合法,也未尽到进货审查义务,应当退还货款并承担惩罚性赔偿责任。某经营部关于其所出售假冒注册商标的白酒未对原告造成人身损害,只侵犯了某白酒公司的商标权,不应支付价款十倍赔偿金的抗辩不成立。郭某购买白酒属于生活消费行为,其请求支付价款十倍的惩罚性赔偿金,于法有据,应予支持,故判决某经营部退还郭某货款22097元并支付郭某赔偿金220970元。

典型意义

假冒伪劣食品会危害人民群众身体健康、生命安全。经营者销售假冒注册商标的食品,不仅侵害了企业的商标权,扰乱市场秩序,还侵害了消费者合法权益。消费者有权依据《中华人民共和国食品安全法》第一百四十八条第二款规定,请求经营者支付价款十倍的惩罚性赔偿金。本案中,郭某基于生活消费需要购买本案涉白酒,人民法院严格落实习近平总书记提出的"四个最严"要求,不仅判决经营者向消费者退还货款,还判决经营者向消费者支付价款十倍的惩罚性赔偿金220970元。本案通过判决违法销售假冒注册商标食品的经营者承担惩罚性赔偿责任,让违法生产者或者经营者无法从违法行为中获利,既有利于营造诚实守信、公平竞争的营商环境,促进经济社会高质量发展,又有利于打击和遏制售假冒伪劣食品的违法行为,保护人民群众"舌尖上的安全"。

案例二

消费者有权请求销售未标明生产日期等基本信息的预包装食品的经营者支付价款十倍惩罚性赔偿金
——刘某诉某鹿业公司买卖合同纠纷案

基本案情

2020年12月,刘某在某鹿业公司购买了鹿胎膏和鹿鞭膏,支付3680

元;次年1月,刘某在某鹿业公司再次购买鹿胎膏和鹿鞭膏,支付7000元。上述鹿胎膏、鹿鞭膏产品标签上标注了主要成分、储存方式、保质期、净含量,但未标注生产厂址、厂名、生产日期、生产者的名称、地址、联系方式、产品标准代号等信息,刘某遂以此为由起诉请求某鹿业公司返还鹿胎膏和鹿鞭膏价款10680元并支付106800元赔偿金等。

裁判理由

审理法院认为,案涉鹿胎膏和鹿鞭膏属于预包装食品,在包装标签上未标明该商品的生产日期、生产者的名称、地址、联系方式、产品标准代号,不符合《中华人民共和国食品安全法》第六十七条规定和《预包装食品标签通则》的规定,属于标签缺乏基本信息,而非标签瑕疵。《最高人民法院关于审理食品药品纠纷案件适用法律若干问题的规定》第三条规定:"因食品、药品质量问题发生纠纷,购买者向生产者、销售者主张权利,生产者、销售者以购买者明知食品、药品存在质量问题而仍然购买为由进行抗辩的,人民法院不予支持。"本条司法解释的适用应当与《中华人民共和国消费者权益保护法》第二条和《中华人民共和国食品安全法》第一百四十八条规定相结合,在"生活消费需要"范围内支持"购买者"提出的支付惩罚性赔偿金的诉讼请求。本案刘某购买鹿胎膏和鹿鞭膏未超出生活消费需要,根据《中华人民共和国食品安全法》第一百四十八条第二款和《最高人民法院关于审理食品安全民事纠纷案件适用法律若干问题的解释(一)》第十一条规定,其有权请求生产经营者承担惩罚性赔偿责任,故判决某鹿业公司向刘某返还价款10680元,并支付价款十倍惩罚性赔偿金106800元。

典型意义

标签非小事。预包装食品的包装标签所标明的生产者的名称、地址、联系方式、产品标准代号、生产许可证编号等事项对于保护消费者知情权、食品安全具有重要意义。经营者销售食品时,应当对预包装食品的包装标签是否标明了这些基本信息进行审查,否则将依法承担法律责任。《中华人民共和国食品安全法》第一百四十八条第二款规定的标签、说明书瑕疵,是指食品的标签、说明书存在不影响食品安全且不会对消费者造成误导的瑕疵,包括文字、符号、数字的字号、字体、字高不规范,以及虽有错别字、多字、漏字但不会导致消费者对食品安全产生误解等情形。本案中,某鹿业公司销售给刘某的鹿胎膏和鹿鞭膏在包装标签上未标明生产者的名称、地址、联系方式、生产日期、产品标准代号等基本信息,不符合食品安全标准,会影响食品安全,也会对消费者造成误导,不属于标签瑕疵。刘某购买鹿胎膏和鹿鞭膏未超出其个人和家庭等生活消费需要,故刘某请求某鹿业公司支付价款十倍惩罚性赔偿金,应当依法支持。

《中华人民共和国食品安全法》第一百四十八条第二款规定经营者承担惩罚性赔偿责任的条件是经营明知是不符合食品安全标准的食品,而非已经或者确定会对消费者生命健康造成损害的食品。食品安全不容有万分之一的风险。有的不符合食品安全标准的食品,对人体健康的危害具有潜伏性、长期性,因此,消费者主张生产经营者依据《中华人民共和国食品安全法》第一百四十八条第二款规定承担惩罚性赔偿责任,生产者或者经营者以未造成消费者人身损害为由的抗辩不能成立。本案对于明确预包装食品包装标签的价值、经营者承担惩罚性赔偿责任的条件、标签瑕疵的认定规则具有典型意义。

案例三

购买食品发现不符合食品安全标准后再多次追加购买的,以未超出购买者合理生活消费需要部分为基数计算十倍惩罚性赔偿金

——沙某诉安徽某食品科技有限公司
网络买卖合同纠纷案

基本案情

原告沙某于 2020 年 12 月 15 日在被告安徽某食品科技有限公司开设的网店购买了 30 盒"黄芪薏米饼干",付款 516 元。2020 年 12 月 18 日签收后,发现不符合食品安全标准,又分别于 2020 年 12 月 30 日、2021 年 1 月 12 日、2021 年 3 月 3 日,先后购买 40 盒、60 盒、100 盒"黄芪薏米饼干",分别付款 636 元、1134 元、1890 元。四次总计付款 4176 元。沙某以产品中添加有黄芪粉,违反了有关规定为由起诉请求经营者退还价款 4176 元,支付相当于价款十倍的赔偿金 41760 元。

裁判理由

审理法院认为,国家有关部门就在食品中添加黄芪等 9 种药材开展

试点工作,明确了试点审批要求。安徽某食品科技有限公司未按国家规定取得有关部门审批同意就私自在案涉饼干中添加黄芪并进行生产销售,违反我国关于食品安全的相关规定,属于生产经营不符合食品安全标准食品的行为,应依法承担责任。沙某首单购买30盒"黄芪薏米饼干"未超出合理生活消费需要,对其就该部分饼干提出的惩罚性赔偿请求应予支持。但是,沙某在收到首单饼干并确认饼干不符合食品安全标准后又在两个多月时间内多次向同一商家大量加购同款饼干,加购数量共计200盒,总重量高达18.4公斤。综合考量案涉饼干的保质期、普通消费者通常的生活消费习惯等因素,沙某的加购行为超出正常的生活消费所需,对其就加购饼干提出的惩罚性赔偿请求不应支持,故判决支持沙某就首单购买饼干提出的惩罚性赔偿请求。

典型意义

《最高人民法院关于审理食品药品纠纷案件适用法律若干问题的规定》第三条规定:"因食品、药品质量问题发生纠纷,购买者向生产者、销售者主张权利,生产者、销售者以购买者明知食品、药品存在质量问题而仍然购买为由进行抗辩的,人民法院不予支持。"人民法院在适用本条司法解释时,应当与《中华人民共和国消费者权益保护法》第二条和《中华人民共和国食品安全法》第一百四十八条规定相结合,在"生活消费需要"范围内支持"购买者"关于支付价款十倍惩罚性赔偿金的诉讼请求。本条解释所规定的"购买者"的购买行为,既包括消费行为也可能包括超出生活消费需要的非消费行为,"购买者"仅对所购食品未超出其个人和家庭等合理生活消费需要的部分,有权主张价款十倍惩罚性赔偿金。

本案中,沙某首次购买30盒"黄芪薏米饼干",收货并确认饼干不符合食品安全标准后又连续加购三次,加购数量达200盒。人民法院综合考虑食品的保质期、普通消费者通常的生活消费习惯、购买次数及间隔时间等因素,认定沙某首次购买30盒"黄芪薏米饼干"符合合理生活消费需要,并据此确定计算惩罚性赔偿金的基数,对于正确适用食品安全惩罚性赔偿制度,打击违法生产经营行为,引导消费者诚信、理性维权,服务和保障经济社会高质量发展具有积极意义,实现了保护食品安全与维护生产经营秩序两种价值取向的平衡。

案例四

购买食品时故意分多次小额支付并主张每次结算赔偿一千元的,应以合理生活消费需要为限在付款总额内确定计算惩罚性赔偿金的基数
——张某诉上海某生鲜食品有限公司买卖合同纠纷案

基本案情

2016年2月20日,原告张某在被告上海某生鲜食品有限公司购买了6枚熟散装咸鸭蛋,每枚单价人民币2.20元,生产日期为2015年8月23日,保质期为180天。原告同时通过银行卡刷卡支付6次,由被告同时分别开具6枚咸鸭蛋购物小票6张。该批咸鸭蛋已过保质期1天。2月21日,原告又在被告处购买了相同批次的40枚咸鸭蛋,同时通过银行卡支付40次,由被告同时分别开具40枚咸鸭蛋购物小票40张。该批咸鸭蛋已过保质期2天。原告以46枚咸鸭蛋均已过保质期为由向当地市场监督管理局举报,经调解未成,诉至法院,请求被告退还原告购物款101.20元,并由原告退还被告46枚咸鸭蛋;由被告按照每枚最低赔偿1000元计算共计赔偿46000元。

裁判理由

审理法院认为,原告在被告处购买46枚咸鸭蛋,购买当时均已过保质期,故原告以案涉产品不符合食品安全标准为由主张退款退货,于法有据,应予支持。被告销售超过保质期食品,属于"经营明知是不符合食品安全标准的食品",应当承担惩罚性赔偿责任。另,双方虽就同一批次相同过期食品结算了46次,但被告系与张某同一消费者进行交易,而非与不同消费者进行交易。张某于2日内分46次结算购买46枚咸鸭蛋,并据此主张按照每枚咸鸭蛋赔偿1000元为标准计算惩罚性赔偿金共计46000元,明显与《中华人民共和国食品安全法》惩罚性赔偿制度精神不符,亦有悖于诚实信用原则,不应予以支持。张某购买46枚咸鸭蛋所支付的总金额为101.20元,未超出生活消费需要,应当以总金额为基数,计算惩罚性赔偿金。因此,审理法院判决被告退还原告购物款101.20元,赔偿原告1012元;原告返还被告熟散装咸鸭蛋46枚。

典型意义

购买者故意在单次交易中进行数次或者数十次小额付款,并依照《中华人民共和国食品安全法》第一百四十八条第二款关于增加赔偿的金额不足一千元应按一千元计算的规定,请求每次结算赔偿一千元,按结算次数累计计算惩罚性赔偿金,不符合消费者通常交易习惯,与《中华人民共和国食品安全法》第一百四十八条第二款规定的惩罚性赔偿制度精神不符。人民法院应当在合理生活消费需要范围内,将购买人分次支付价款的总额作为计算惩罚性赔偿金的基数,判决生产经营者支付价款十倍惩罚性赔偿金。本案中,原告购买 46 枚咸鸭蛋,共支付价款 101.20 元,未超出其个人和家庭等的合理生活消费需要,审理法院以其实际支付的总价款 101.20 元为基数,计算价款十倍惩罚性赔偿金,明确了人民法院坚持在"生活消费需要"范围内支持"消费者"关于惩罚性赔偿诉讼请求的立场,既保护广大人民群众"舌尖上的安全",又维护诚信有序的生产经营秩序。

最高人民法院发布涉产品质量典型案例[①]

案例一

非直接购买缺陷产品的受害人有权依法请求生产者、销售者承担赔偿责任
——奶某某诉某烟花爆竹专营店产品责任纠纷案

基本案情

2021 年 1 月,奶某某的亲戚伍某某从某烟花爆竹专营店处购买了一批烟花爆竹。燃放过程中,其中一箱爆竹出现侧面喷射及倾倒现象,导致奶某某以及在场多人受伤。奶某某右脚被炸伤,送至医院住院治

[①] 本文摘自最高人民法院网,https://www.court.gov.cn/zixun/xiangqing/444261.html。

疗，住院 49 天。因赔偿事宜协商未果，奶某某遂起诉要求某烟花爆竹专营店赔偿其医疗费、护理费、营养费、伙食补助费、交通费等共计 14 万余元。

裁判结果

审理法院认为，《中华人民共和国产品质量法》第十三条规定："可能危及人体健康和人身、财产安全的工业产品，必须符合保障人体健康和人身、财产安全的国家标准、行业标准；未制定国家标准、行业标准的，必须符合保障人体健康和人身、财产安全的要求。禁止生产、销售不符合保障人体健康和人身、财产安全的标准和要求的工业产品。具体管理办法由国务院规定。"第四十三条规定："因产品存在缺陷造成人身、他人财产损害的，受害人可以向产品的生产者要求赔偿，也可以向产品的销售者要求赔偿。属于产品的生产者的责任，产品的销售者赔偿的，产品的销售者有权向产品的生产者追偿。属于产品的销售者的责任，产品的生产者赔偿的，产品的生产者有权向产品的销售者追偿。"国家标准《烟花爆竹安全与质量》(GB 10631-2013)明确规定烟花爆竹在燃放时不应产生倾倒，应符合发射偏斜角的要求。本案中，案涉烟花在燃放时存在侧面喷射和倾倒现象，不符合国家标准，具有质量缺陷。缺陷产品造成人身、财产损害时，受害人有权请求生产者和销售者承担责任。受害人既包括直接购买并使用缺陷产品的人，也包括非直接购买使用缺陷产品但受到缺陷产品损害的其他人。奶某某虽非直接购买人，但属于因产品缺陷受到损害的人，其就人身损害请求赔偿具有事实和法律依据。法院判决某烟花爆竹专营店向奶某某支付医疗费、护理费、营养费、伙食补助费、交通费等各项损失共计 13 万余元。

典型意义

产品责任是产品存在缺陷导致人身或者财产损害，生产者、销售者应当承担的赔偿责任。缺陷产品侵权纠纷中受害人既可能是产品的购买者，也可能是购买者之外的其他人。本案认定非直接购买使用缺陷产品但受到缺陷产品损害的受害人有权向产品生产者、销售者请求赔偿，符合法律规定，对于督促生产者提升产品质量、销售者销售合格产品，保护受害人权益具有积极意义。

案例二

销售有效成分含量与包装标识严重不符的化肥构成消费欺诈的,应承担惩罚性赔偿责任
——敬某诉某生物科技有限公司、魏某产品责任纠纷案

基本案情

2022年3月,敬某种植打瓜需购买化肥,在某生物科技有限公司处购买钾肥99吨,共计支付货款435600元。2023年3月,敬某认为2022年度打瓜减产与使用该化肥有关,随即联系该公司要求对上述钾肥进行质量成分检测。2023年3月28日,某生物科技有限公司指派人员与敬某共同委托某地产品质量监督检验研究院进行检测,检验结论为水溶性氧化钾的质量分数为27%,硫的质量分数为12%,氯离子的质量分数为13.1%,不符合国家标准《农业用硫酸钾》(GB/T 20406-2017)的规定,也与包装袋上载明的硫酸钾≥51%、硫≥17%、氯离子≤1.5%的成分标识严重不符。敬某与某生物科技有限公司多次协商未果后,起诉请求某生物科技有限公司退还化肥款并支付货款三倍的赔偿金。

裁判结果

审理法院认为,《中华人民共和国产品质量法》第二十七条规定:"产品或者其包装上的标识必须真实,并符合下列要求:(一)有产品质量检验合格证明;(二)有中文标明的产品名称、生产厂厂名和厂址;(三)根据产品的特点和使用要求,需要标明产品规格、等级、所含主要成份的名称和含量的,用中文相应予以标明;需要事先让消费者知晓的,应当在外包装上标明,或者预先向消费者提供有关资料;(四)限期使用的产品,应当在显著位置清晰地标明生产日期和安全使用期或者失效日期;(五)使用不当,容易造成产品本身损坏或者可能危及人身、财产安全的产品,应当有警示标志或者中文警示说明。裸装的食品和其他根据产品的特点难以附加标识的裸装产品,可以不附加产品标识。"第三十六条规定:"销售者销售的产品的标识应当符合本法第二十七条的规定。"案涉钾肥有效成分含量与包装标识严重不符,违反法律规定。根据国家市场监督管理总局《侵害消费者权益行为处罚办法》第五条、第六条和第十六条规定,经营者在销售的商品中以假充真、以次充好,或以虚假的商品说明、商品标

准等方式销售商品,以及夸大所提供商品的质量、性能等与消费者有重大利害关系的信息误导消费者属欺诈行为。本案中,某生物科技有限公司作为钾肥的经营者,没有向敬某提供产品的真实信息,其销售的钾肥有效成分含量等质量性能指标与外包装标识严重不符,误导消费者购买化肥,其行为已经构成欺诈。故根据《中华人民共和国消费者权益保护法》第五十五条第一款、第六十二条规定判决某生物科技有限公司退还敬某化肥款并支付货款三倍的赔偿金。

典型意义

消费欺诈惩罚性赔偿制度设立的主要目的是对经营者欺诈行为予以惩罚,并威慑、警告其他经营者,防止欺诈行为发生,净化市场环境。化肥、农药等农资产品质量关乎农业生产和农民收入,涉及到广大农民群体的切身利益。本案中,农资经营者向农民销售的化肥产品与国家标准严重不符,化肥有效成分含量与包装标识严重不符,已构成欺诈行为,审理法院依法适用"退一赔三"惩罚性赔偿制度,判决经营者承担惩罚性赔偿责任,态度鲜明地依法打击坑农害农行为,营造健康有序的农资市场环境,切实保障农民合法权益,为推进乡村全面振兴提供有力的司法服务和保障。

案例三

经营者销售假种子未尽质量查验义务应担责
——某种子商场诉某县农业农村局行政处罚案

基本案情

2022年1月,某县农业农村局行政执法大队对某种子商场开展农作物种子质量监督抽查,经检验被测样品与农业农村部征集审定品种标准样品不同。某县农业农村局对该种子商场以涉嫌经营假种子立案调查。经查,某种子商场存在经营假种子的问题。2022年7月,某县农业农村局对某种子商场作出行政处罚决定,没收122袋假种子和违法所得,并处罚款58万余元。某种子商场不服,以种子零售商对经营种子的质量和真伪没有检验义务、自身无过错为由,向人民法院提起行政诉讼,请求撤销行政处罚决定。

裁判结果

审理法院认为,某县农业农村局作为政府农业农村行政主管部门主管辖区农作物种子工作,有对辖区内从事品种选育和种子生产、经营、使用、管理等活动中的违法行为作出行政处罚的法定职责。《中华人民共和国种子法》第四十八条第一款规定,禁止生产经营假、劣种子。该条第二款第二项规定,种子种类、品种与标签标注的内容不符或者没有标签的,属于假种子。某种子商场作为销售者,所销售的种子存在生产经营许可信息未标注或与许可证载明内容不一致、品种审定编号不正确的情况。生产经营假种子是法律明令禁止的行为,对种子的标签标注内容进行查验属于种子经营者应尽的义务,某种子商场并未尽到其应尽的查验义务。某县农业农村局综合考虑其违法行为后果、违法经营货值和违法品种数量等事实作出行政处罚,履行了受案、传唤询问、调查取证、陈述申辩听证权利告知、集体讨论决定作出处罚、送达等法定程序,处罚不存在过当情形。法院判决驳回某种子商场的诉讼请求。

典型意义

仓廪实,天下安。种子作为重要的农资,是粮食安全的基础。为确保粮食安全和农业生态安全,种子相关的生产经营活动应受到严格管理。《中华人民共和国种子法》明确禁止生产经营假、劣种子,种子产品经营者对所销售种子的标签标注内容有查验义务,否则将依法承担法律责任。本案判决彰显了坚决支持农业农村主管部门依法打击生产经营假、劣种子等违法行为的鲜明司法导向,对引导种子经营者依法依规经营、保护农民合法权益、捍卫粮食安全具有重要意义。

案例四

经营者对于产品存在缺陷造成的损害不因产品过保修期而免责

——檀某某诉某农业机械销售有限公司产品责任纠纷案

基本案情

2021年5月18日,檀某某在某农业机械销售有限公司购买一台联合收割机,支付28万元价款,保修期为出售之日起12个月。2022年9月

16 日，该收割机着火自燃。消防部门经勘测调查作出调查认定书，列明"起火部位为收割机右侧，起火点为收割机左后侧下方，起火原因为电气线路故障引燃周围可燃物蔓延成灾"。事故发生时该收割机已使用 16 个月。经人民法院委托鉴定机构出具评估报告认定，火灾事故造檀某某造成的损失为 202200 元。因协商无果，檀某某起诉请求依法判令某农业机械销售有限公司赔偿其车辆损失 202200 元。

裁判结果

审理法院认为，《中华人民共和国民法典》第一千二百零二条规定："因产品存在缺陷造成他人损害的，生产者应当承担侵权责任。"第一千二百零三条规定："因产品存在缺陷造成他人损害的，被侵权人可以向产品的生产者请求赔偿，也可以向产品的销售者请求赔偿。产品缺陷由生产者造成的，销售者赔偿后，有权向生产者追偿。因销售者的过错使产品存在缺陷的，生产者赔偿后，有权向销售者追偿。"案涉收割机发生事故时虽已购买 16 个月，但收割机电气线路故障为危害人身、财产安全的不合理危险，属于产品缺陷，不因超过 12 个月保修期而免除责任。法院判决某农业机械销售有限公司赔偿檀某某损失 202200 元。

典型意义

本案为一起涉农用机械产品缺陷引发的产品责任纠纷。妥善处理每一起涉农资产品责任纠纷，确保农机产品质量过硬、农业生产秩序良好，以司法手段护航农业生产是人民法院应尽的职责。即使产品过了保修期，如果产品存在危及人身财产安全的重大产品缺陷，生产者仍然应当依法承担责任。农业机械是农民的重要生产工具和财产，本案依法判决经营者赔偿农机产品缺陷造成的损失，对于维护农民合法权益、保护农业生产具有积极意义。

案例五

制售不符合安全标准的食品构成犯罪的，应依法承担刑事责任
——谢某生产、销售不符合安全标准的食品案

基本案情

2021 年 7 月，被告人谢某经营某烤鸭店，主要销售凉菜、卤煮熟食等

食品。在开业促销活动中,因低价促销,购买消费者多,售卖窗口没有及时关闭,室内温度过高,导致食物滋生细菌,且有的食材超过保质期,多人购买食用后出现身体不适,10人以上出现食物中毒症状送医治疗。经检验,在当天抽检的40份单品中,11批次凉菜检测出"大肠菌群""金黄色葡萄球菌",17批次"金黄色葡萄球菌"超出标准限值,鸡翅、烤鸭亚硝酸盐严重超标。2022年4月18日,被告人谢某自动投案,如实供述自己的罪行。检察机关对谢某依法提起公诉。

裁判结果

审理法院认为,被告人谢某生产、销售的食品不符合食品安全标准,对人体健康造成严重危害,致使10人以上出现食物中毒症状并送医治疗,其行为已构成生产、销售不符合安全标准的食品罪。根据其自首、认罪认罚和主动赔偿等情节,对其减轻处罚,判决被告人谢某犯生产、销售不符合安全标准的食品罪,判处有期徒刑一年,并处罚金人民币2万元。

典型意义

食品安全是人民群众最关心、最直接、最现实的利益问题,每一道生产流程、每一个制作环节都直接关系到消费者的生命健康安全。经营者必须自觉遵守食品安全法律法规及相关食品安全标准,依法诚信经营,始终把消费者的生命健康安全放在首位。本案中,食品经营者生产、销售的严重超标食品致使10余名消费者患食源性疾病,被依法追究刑事责任,对生产经营者起到了有效的震慑和教育作用。

案例六

空调产品生产者对于产品缺陷造成损失应承担赔偿责任
——某奶粉店诉某空调股份有限公司产品责任纠纷案

基本案情

某奶粉店内安装有某空调股份有限公司生产的立式空调一台。2022年7月,某奶粉店发生火灾,该县消防救援大队作出火灾事故认定书,对起火原因认定如下:起火部位位于某奶粉店东北角处,起火点位于奶粉店东北角立式空调部位,认定起火原因为立式空调线路故障引发起火。某奶粉店遂诉至法院,请求判令某空调股份有限公司赔偿货物损失、房屋修复费用、停止经营期间损失、停止经营期间租金损失、赔偿他人损失等各项损失60余万元。

裁判结果

审理法院认为,作为火灾事故调查和处理的职能机构,某县消防救援大队作出的火灾事故认定书认定,起火原因为某奶粉店立式空调线路故障引发起火。火灾事故认定书认定的起火原因可以证明某奶粉店内的空调存在质量缺陷,该缺陷与损害事实之间具有因果关系。某空调股份有限公司作为案涉空调的生产者,应当对某奶粉店因案涉火灾事故遭受的损失承担赔偿责任。法院根据某奶粉店的实际损失情况判决某空调股份有限公司赔偿40余万元。

典型意义

火灾是生产生活中常见的由产品质量缺陷引发的事故,对人民群众生命财产安全和生产经营秩序造成严重危害。近年来,因电动自行车、家用电器等产品存在质量缺陷引发的火灾事故屡见报端。关于生产者应对缺陷产品造成的损失承担赔偿责任的法律制度,旨在促使生产者加强产品质量监控和管理,保护质量安全。本案判决空调生产者对缺陷产品造成损失承担赔偿责任,充分发挥了司法裁判在社会治理中的规范引导作用,对于警示违法生产经营行为、保护购买者合法权益、筑牢安全生产经营防线具有积极意义。

"3·15"消费者权益保护检察公益诉讼典型案例[①]

1. 海南省文昌市人民检察院督促整治兽用处方药等违规经营使用行政公益诉讼案

【关键词】

行政公益诉讼诉前程序　食品安全　人药兽用　诉源治理

[①] 本文摘自最高人民检察院网,https://www.spp.gov.cn//xwfbh/dxal/202403/t20240315_649550.shtml。

【要旨】

针对水产养殖等农产品生产环节存在的兽药滥用、违规销售特别是"人药兽用"等问题,检察机关充分运用调查权,查清问题根源,通过制发诉前检察建议,整合行政监管力量,督促各行政机关形成综合施治,实现诉源治理。

【基本案情】

海南省文昌市部分乡镇兽药店违法出售兽用处方药,部分药店存在将人用药卖给养殖户"人药兽用"现象,致使大量有潜在副作用的人用药或兽用药流入水产养殖领域,严重危害食用农产品安全。

【调查和督促履职】

2023年6月,海南省文昌市人民检察院(以下简称文昌市院)在海南省人民检察院关于开展维护农产品质量安全公益诉讼专项监督行动中发现,文昌市辖区存在水产养殖领域兽药违法经营、使用问题,遂迅速成立办案组开展初步调查,并于7月、8月对文昌市农业农村局(以下简称农业农村局)、文昌市场监督管理局(以下简称市监局)和文昌市综合行政执法局(以下简称综合执法局)立案。办案组通过多方查阅资料明确兽药经营范围及销售规定,同时前往文昌市昌洒镇、翁田镇、铺前镇等10个乡镇兽药店和养殖户开展实地走访,现场查阅比对兽药店进货、销售记录及养殖户用药记录等,进一步查明辖区多个兽药店销售台账记录不全、无兽药处方笺违规出售兽用处方药,多名养殖户未依法进行养殖用药记录、购买人用处方药进行蛙类养殖,存在"人药兽用"等情况。为进一步查清案件事实,文昌市院委托第三方检测机构随机抽取上述10个乡镇养殖的罗非鱼、石斑鱼、青蛙等51个水产样本进行检测,有8个样本检测出含有《食品动物中禁止使用的药品及其他化合物清单》(农业农村部公告第250号)中禁止食品动物使用的孔雀石绿、呋喃西林、氯霉素等药品及其他化合物。

2023年7月31日,文昌市院依据《中华人民共和国农产品质量安全法》及农业农村部下发的《农业农村部关于开展蛙类养殖违法违规用药专项整治行动的通知》等相关规定向农业农村局发出诉前检察建议,建议农业农村局加强兽用处方药监管及农产品质量安全监管,对文昌市蛙类养殖开展全面排查。2023年8月14日,文昌市院依据《中华人民共和国药品管理法》《药品流通监督管理办法》等相关规定向市监局发出诉前检察建议,建议市监局做好人用处方药凭处方购买以及打击养殖户违规将人用药用于养殖等工作,确保文昌市药品零售企业依法经营。2023年9月4日,依据《兽用处方药和非处方药管理办法》《兽药管理条例》等相关规定分别向综合执法局和农业农村局发出诉前检察建议,建议执法局认真做好兽药销售过程的执法工作,加强与农业农村局沟通联系,加大违规销售兽药案件的查处力度;建议农业农村局全面解决没有兽药处方笺就出售兽用处方药等存在问题,严格规范兽药店销售兽用处方药等行为,协助做好违规销售兽药案件的查处及宣传工作。

2023年9月25日,农业农村局书面回复,通过两个月的全面摸排,统计出全市未建设污染处理设施等非法蛙类养殖场162家,养殖面积38.5亩,已拆除整治非法养殖场158家,对农药批发零售经营店联合巡查检查124家,发现问题8例,并限期整改,联合开展"农资打假"专项行动,查获农药类违法案件3起,立案3宗、结案2宗。2023年10月8日,市监局书面回复,已检查药品经营企业200余家次,向综合执法局移送处方药案件线索15宗。2023年11月2日,执法局和农业农村局同时予以书面回复,已对全市88家兽药饲料店进行联合检查,对违法违规经营主体,现场引导教育34人次,当场整改5起,下发责令整改通知书29份,立案查处10宗未凭处方销售兽药案和1宗涉嫌销售假药案,同时积极开展培训宣传,于2023年9月19日在市农产品质量安全检查检测站举办兽药经营企业培训会,120多人次参会。

2023年11月15日,文昌市院邀请"益心为公"志愿者对全市兽药销售和养殖户安全用药情况进行跟踪回访,发现162家非法养殖场已经全部整治拆除,且未发现兽药店和养殖户涉水产养殖兽药违法行为反弹回潮,达到了"办理一案,治理一片"的办案效果。

【典型意义】

水产养殖中使用禁用药物会产生生物累积效应,食用后对人体产生毒害作用。检察机关依法行使公益诉讼调查权,通过现场走访、委托检测等方式收集证据;核查药店销售底账,发现可疑购买记录,进而锁定违法事实。针对公益损害事项涉及多个具有监管职责的行政机关,分别制发检察建议,督促相关行政机关形成监管合力,强化兽药销售环节监管、使用环节监管、养殖户用药环节监管,保证整改效果。

2. 浙江省宁海县人民检察院督促整治
违规使用生鲜灯行政公益诉讼案

【关键词】

行政公益诉讼诉前程序　食品安全　生鲜灯　代表建议与检察建议衔接转化

【要旨】

针对农贸市场管理不规范、生鲜灯显色指数不达标、违规使用生鲜灯误导消费者等问题，人大监督与公益诉讼检察监督同频发力，借助代表建议提升检察办案质效，督促行政机关依法履职，助推行业行政监管规范出台，促进农贸市场规范运营，维护消费者合法权益。

【基本案情】

浙江省宁海县部分农贸市场肉类鲜销摊位经营者使用显色指数低的红暖生鲜灯，不真实展现肉类产品的生鲜度颜色，影响消费者色觉感观，误导消费者购买不新鲜肉类产品，存在食品安全隐患，损害了消费者合法权益。

【调查和督促履职】

2022年9月上旬，浙江省宁海县人民检察院（以下简称宁海县院）与宁海县人大常委会开展农产品质量安全联动监督专项活动时，有人大代表提出部分农贸市场过度使用生鲜灯，建议予以规范。2022年11月21日，宁海县院对生鲜灯照明失真问题依法立案。调查期间，宁海县院委托宁波市产品食品质量检验研究院对宁海县辖区农贸市场生鲜灯进行现场抽样检测。经检测，被抽检生鲜灯显色指数分别为45.9和61，远低于中华人民共和国住房和城乡建设部发布的《建筑照明设计标准》规定的农贸市场显色指数不应低于80的标准。

2022年12月2日，宁海县院依据《中华人民共和国食品安全法》等相关法律规定，向宁海县市场监督管理局（以下简称县市监局）发出检察建议，建议及时查处不规范使用生鲜灯的鲜销摊位，加强农贸市场监督管理，进行全面整治。收到检察建议后，县市监局高度重视，组织调研了肉类灯具使用情况，开展灯具检测，统一了使用标准，约谈了不规范使用灯具的经营者，要求全县20余家农贸市场使用不合格灯具的商户限期整改，并在全县农贸市场入口处张贴使用生鲜灯前后的农产品对比照片及附有文字说明的醒目告示,提醒广大消费者注意甄别。2023年1月31日,县市监局就整改情况向宁海县院进行回复。

为推动全域治理,宁海县院邀请县人大代表、县市监局工作人员、宁波市灯具协会专家、农贸市场商户代表、人民监督员等共同参加生鲜灯技术改造论证会,听取灯具行业专业人员意见,规范商家使用符合销售场地及商品种类要求的灯具。2023年2月,全县24家农贸市场、190余个摊位、539盏生鲜灯全部整改到位。2023年4月,宁波市人民检察院将督促整治生鲜灯规范使用案件作为消费者权益维护公益诉讼专项案件向全市推广,至2023年11月底,全市累计已更换生鲜美颜灯1.4万余盏,整改率近100%。

办案过程中,检察机关将相关情况向宁波市人大作专项汇报,积极推动出台规范使用生鲜灯的地方性立法。在生鲜灯立法调研和整治过程中,国家市场监管总局食品经营司农产品监管处调研并吸纳了宁波市生鲜灯整改工作经验,于2023年6月30日出台了《食用农产品市场销售质量安全监督管理办法》,明确规定生鲜食用农产品销售过程中不得使用对真实色泽等感官性状造成明显改变的照明设施。

【典型意义】

肉类、海鲜、蔬菜等食用农产品使用"生鲜美颜灯",影响消费者色觉感观,易误导消费者购买不新鲜肉类等产品,导致食品安全隐患。检察机关针对食品安全领域暴露出的该类问题,在行业监管规范出台之前,通过代表建议与检察建议有效衔接转化,主动作为,督促行政机关依法履职。通过个案办理,推动和实现全域治理、源头治理,促进相关行业行政监管规范出台,切实提升人民群众生活品质,守护人民群众舌尖上的安全。

3. 福建省龙岩市人民检察院督促整治医疗美容行业安全隐患行政公益诉讼案

【关键词】

行政公益诉讼诉前程序　消费者权益保护　医疗美容　大数据法律监督

【要旨】

针对医疗美容行业存在的虚假宣传、违法经营等突出问题,检察机关注重发挥一体化办案优势,在个案办理的基础上,构建大数据法律监督模型,排查区域内行业安全管理隐患,综合运用磋商、检察建议、圆桌会议等方式,督促有关部门依法履行监管职责,营造良好的医美消费服务环境。

【基本案情】

福建省龙岩市部分医疗美容机构存在违法发布广告进行虚假宣传;违法经营药品、医疗器械;从业人员不具备相关资质,超范围开展诊疗活动;"有照无证",违规开展医疗美容服务等问题,存在严重医疗安全隐患,威胁消费者生命健康安全。

【调查和督促履职】

2023年3月,新闻媒体曝光福建省龙岩市长汀县部分美容机构存在无从业资质、超经营范围宣传、销售过期药品等危害消费者合法权益问题。2023年3月7日,福建省龙岩市长汀县人民检察院(以下简称长汀县院)启动行政公益诉讼立案程序。经调查查明8家医疗美容机构存在从业人员无执业医师资格证明、上岗人员未办理健康证或健康证已过期、使用过期药品、虚假宣传、未向消费者提示医疗美容项目风险隐患等违法行为。

福建省龙岩市人民检察院(以下简称龙岩市院)在指导办案中认为,上述个案问题可能具有普遍性,于2023年4月14日决定在全市部署医疗美容行业公益诉讼专项监督行动,并建立大数据法律监督模型。该模型通过查询大众点评、美团、高德地图等App获取美容服务机构信息,与龙岩市市场监督管理局、卫生健康委员会注册登记信息进行分析比对筛查,从4000余家美容机构中筛查出210家医疗美容机构无营业执照、512家无医疗机构执业许可证、12家违规使用美容药品或医疗器械、15家违法发布医疗广告。2023年4月至6月间,全市检察机关共摸排医疗美容行业案件线索40件,全部启动行政公益诉讼立案程序。2023年9月12日,根据产品质量法、医疗机构管理条例、医疗美容服务管理办法、医疗广告管理办法相关法律法规规定,龙岩市院向龙岩市市场监督管理局、卫生健康委员会提出检察建议,建议相关部门依法履行医美安全监管职责,开展专项整治,建立多部门协作共管机制,凝聚医美安全监管合力。

收到检察建议后,龙岩市市场监督管理局开展全面排查整治,全市共查处虚假宣传、假冒专利、违规使用医疗美容器械或化妆品等各类案件150件,责令限期改正111家、拆除医疗美容宣传广告12家,罚没金额158万余元,开展医疗美容安全普法宣传616次,签订承诺书1350余份;龙岩市卫生健康委员会部署开展美容机构专项治理,立案查处违法开展医疗美容相关案件23件,罚没金额35万余元。2023年12月,为巩固治理效果,龙岩市院组织召开圆桌会议,出台《关于在医疗美容服务领域加强协作配合的实施意见》,建立健全线索移送、联席会议、定期开展专项活动等工作机制,凝聚多部门监管合力,有效保障消费者医疗美容安全需求。

【典型意义】

检察机关通过个案研判,部署开展医疗美容行业专项监督活动,借智借力数字检察,建立大数据法律监督模型,同步开展"线上数据模型线索分析+线下联合整治",从源头上整治医疗美容行业乱象。在办案中注重加强与相关行政部门的履职配合,建立健全医疗美容监管长效机制,充分保护消费者合法权益。

4.北京铁路运输检察院督促整治以探店视频形式违规发布涉食品安全广告行政公益诉讼案

【关键词】

行政公益诉讼诉前程序 消费者权益保护 探店视频 互联网食品营销

【要旨】

针对短视频平台"探店达人"在发布推广视频时附加购物链接未标注"广告"字样的行为,可以认定其发布的视频具有广告属性,其故意模糊兴趣分享与商业广告边界的行为违法,检察机关可以依法督促行政机关对此类行为加强监管,规范探店广告发布,切实维护消费者知情权。

【基本案情】

位于北京市昌平区的MCN机构(专业培育和扶持网红达人的经纪公司或机构)旗下的"达人",系某短视频平台上"视频带货榜"排名前列的用户,其以普通消费者身份发布视频,分享评价多家餐饮店铺的食品口味、服务水平,并在视频下方附加了相关购物链接,但未在视频中显著标明"广告"字样,有消费者评价其购买后发现所涉店铺存在食品质量不达标、实际价格与推广视频宣传的价格不符等问题。

【调查和督促履职】

北京铁路运输检察院(以下简称北京铁检院)通过媒体报道发现该案线索,遂于2023年9月8日立案,随即对北京市范围内各大短视频平台"探店达人"发布的探店视频展开筛查，同时走访涉案MCN公司调查其运行模式、审核机制、广告承接及发布流程等。经查，该类视频系MCN机构接受相关店铺委托后拍摄，但旗下"达人"以普通消费者身份在社交平台进行店铺分享，意图通过作出优质评价，诱导消费者出于对"达人"的信任进行消费，侵害了消费者的知情权，损害了社会公共利益。根据2023年5月1日实施的《互联网广告管理办法》第九条规定，通过知识介绍、体验分享、消费测评等形式推销商品或者服务，并附加购物链接等购买方式的，广告发布者应当显著标明"广告"字样。

2023年9月21日，北京铁检院向昌平区市场监管部门制发检察建议，督促其依法履行监督管理职责，对涉案广告发布者的违法行为进行查处，并建立健全长效工作机制，规范"达人探店"等行为，加强"广告"标识适用，进一步加强对辖区互联网广告发布者的监督管理。行政机关收到检察建议后，立即调查涉案MCN机构旗下8名"达人"发布互联网广告方面的相关违法情况，对涉案MCN机构及旗下"达人"进行集中约谈，并制发《责令改正通知书》，要求涉案MCN机构全面整改，加强"达人"管理和广告审核；在全区开展的互联网广告专项整治工作中，共查处互联网广告违法案件354件，罚没款项132.73万元。

为深化诉源治理，北京铁检院在推动公益诉讼个案办理的同时，联动行政机关综合施策，进一步规范辖区短视频广告发布行为：一是在规范探店视频"广告"标识的基础上，推动行政机关对辖区内MCN机构探店达人所推广的餐饮店铺食品安全问题常态检查；二是督促短视频平台加强引导MCN机构和网红达人合法合规开展营销宣传活动，不断完善规则建设；三是加大对《互联网广告管理办法》等规定的宣传力度，通过多种形式开展相关培训50余场次，培训指导相关从业人员1100余人次，提升互联网广告从业者合规经营意识。另外，针对该案办理过程中发现的其他辖区有关互联网视频营销广告发布行为不规范造成的食品安全隐患问题，北京铁检院开展类案监督促进该类问题一并解决，实现"办理一案、监督一批、治理一片"的社会治理效能。

【典型意义】

互联网广告业已融入生产、流通、消费等各环节，在引导消费、扩大内需、拉动经济增长等方面发挥着重要作用。检察机关依法能动履职，聚焦互联网营销新业态治理，审慎界定"探店达人"较为隐蔽的违法推广行为,明确 MCN 机构作为广告发布者的主体责任,督促行政机关加强行业监管,推动互联网广告发布管理新规有效实施的同时,消除违法宣传带来的食品安全隐患,线上线下联动保障消费者"舌尖上的安全"。

5. 广西壮族自治区桂林市象山区人民检察院督促整治进口商品连锁超市违法销售境外药品行政公益诉讼案

【关键词】

行政公益诉讼诉前程序　境外药品　进口超市　诉源治理

【要旨】

检察机关针对进口商品连锁超市将境外药品作为普通商品违法销售的行为,梯次运用磋商、检察建议监督手段,督促行政机关将违法行为纳入监管范围,以点带面开展专项整治,规范药品市场秩序,保障人民群众购药用药安全。

【基本案情】

广西壮族自治区桂林市某贸易有限责任公司(以下简称某贸易公司)旗下 3 家以销售进口商品为主要经营内容的超市,在未办理《药品经营许可证》情况下,违法销售"肚痛健胃整肠丸""大正成人感冒药""太田胃散"等 30 余种来自日本、法国、瑞士、泰国、越南等国家的非处方类药品。该类药品在我国未取得进口药品批准文号,外包装大多无中文标识,消费者在购买时无法了解其功能主治、用法用量、注意事项和禁忌等内容,超市亦没有依法配备药师或者其他药学技术人员现场指导,容易导致群众误购误服,危害群众用药安全和身体健康。

【调查和督促履职】

广西壮族自治区桂林市象山区人民检察院(以下简称象山区院)在履职中发现该案线索后,经过初步调查,于 2023 年 4 月 13 日立案。通过调查走访该公司旗下象山区辖区内的超市、询问部分消费者、涉案超市相关工作人员,并调取销售记录等相关材料,查明上述超市违法销售未取得进口药品批准文号的境外药品的事实。同日,象山区院与广西壮族自治区桂林市象山区市场监督管理局(以下简称象山区市监局)进行磋商,该局认为涉案超市销售的境外药品在国外虽按药品管理,但并未纳入我国药品管理目录，且其跨境直邮的商品已经保税区海关通关，应按日用商品进行管理，不宜认定超市销售行为违法。为确保监督精准性，象山区院将案涉境外药品外包装盒的外文文字转化为中文文字，发现文字说明不同程度包含有药效药理、成分含量、用法用量、使用注意事项及禁忌等信息，符合《中华人民共和国药品管理法》第二条第二款的规定，应按药品进行管理。但涉案超市未办理《药品经营许可证》且销售时没有依照《中华人民共和国药品管理法》的相关规定，配备药师或者其他药学技术人员指导，涉案药品亦未获得进口药品批准文号，上述违规销售情形造成极大的药品安全隐患，象山区市监局未依法履行职责。

2023年6月29日，象山区院依据《中华人民共和国药品管理法》的相关规定，向象山区市监局发出诉前检察建议，督促其对案涉违法主体依法作出处理，对进口超市违法销售境外药品行为依法履行监管职责。收到检察建议后，象山区市监局高度重视，经请示上级主管单位，并多次召开专门会议研究，同意检察机关观点，认为该种情形应按药品进行监管。2023年8月28日，象山区市监局书面回复：依法对涉案超市作出罚款、没收境外药品等行政处罚，并向某贸易公司住所地市场监管局发出协查函，推动该贸易公司旗下分布在全广西的其他11家连锁超市自行完成整改，停止违法销售境外药品。同时，在辖区开展为期一个月药品市场专项整治行动，对辖区内进口商店销售境外药品情况进行全面大排查，共查获境外药品52种。经象山区院跟进监督，确认上述公益受损事实已整改到位。

【典型意义】

随着消费者对购买海外商品需求的增长，国内跨境电商零售进口业务快速发展，给人民群众生活带来了便利，但通过跨境直邮直接通关将境外药品在国内市场销售的监管仍存在盲区。检察机关落实精准监督的办案要求，依法通过检察建议督促行政机关全面履职，将处于监管盲区的境外药品纳入我国药品管理范畴，堵塞了监管漏洞，守护人民群众的用药安全。

6. 河南省信阳市固始县人民检察院督促规范宫颈癌疫苗接种行政公益诉讼案

【关键词】

行政公益诉讼诉前程序　药品安全　疫苗接种　综合履职

【要旨】

针对假冒宫颈癌疫苗反映出的疫苗接种工作不规范等问题,检察机关充分发挥公益诉讼职能,通过诉前检察建议督促相关职能部门依法履职,推动行业系统治理,切实保护消费者合法权益。

【基本案情】

河南省信阳市固始县某医院工作人员李某某在医院和家中擅自给他人接种由生理盐水假冒的宫颈癌疫苗,侵害消费者人身、财产权益。

【调查和督促履职】

河南省信阳市固始县人民检察院(以下简称固始县院)在办理一起非法经营刑事案件中发现该案线索,经充分评估后,于2023年11月17日对固始县卫生健康委员会(以下简称县卫健委)立案。固始县院通过问卷调查,实地查看固始县疾病预防控制中心和32家接种单位的冷链室、门诊室,对照查阅疫苗出入库记录、接种记录、疫苗生产厂家的资质证书等材料,询问相关人员等方式补充调查收集证据。经调查查明,固始县某医院工作人员李某某(已被刑事立案)在未进行疫苗预防接种专业培训的情况下,给消费者接种用生理盐水自制的假冒宫颈癌疫苗。固始县疾病预防控制中心存在未建立真实、准确、完整的宫颈癌疫苗储存、配送、供应等记录,部分出库的宫颈癌疫苗去向不清,部分接种单位未如实记录疫苗接种的医疗卫生人员信息,未按规定保存相关记录备查等问题。根据《中华人民共和国药品管理法》《中华人民共和国疫苗管理法》《中华人民共和国消费者权益保护法》等法律法规规定,县卫健委对固始县辖区内疫苗预防接种工作负有监管职责。

2023年11月20日,固始县院依法向县卫健委制发诉前检察建议,建议其针对调查发现的问题,对相关单位和责任人员依法处理,开展行业治理,规范建立真实、准确、完整的疫苗储存、配送、供应、接种记录并妥善保存,强化预防接种专业培训,加强日常监管,建立长效监管机制,确保疫苗安全,切实保障消费者合法权益。

县卫健委收到检察建议书后高度重视,固始县院全程跟进监督。县卫健委依据相关法律规定,对固始县疾病预防控制部门、固始县某医院责令改正,给予警告;对上述单位负责宫颈癌疫苗接种、储存的直接负责的主管人员和直接责任人员进行批评、警示教育,给予警告处理;组织召开专题会议,开展全面排查,进行预防接种专业培训,督促各接种单位建立内部规范,公示监督举报方式,接受社会监督。

2023年12月5日,县卫健委将整改情况书面回复固始县院。2023年12月6日,固始县院邀请"益心为公"志愿者、特邀检察官助理、人民监督员等开展跟踪回访,确认接种单位存在的宫颈癌疫苗接种不规范问题已整改。

【典型意义】

宫颈癌疫苗能够有效预防宫颈癌等疾病,疫苗安全关乎消费者的财产、健康权益。针对疫苗接种管理的突出问题,检察机关充分发挥综合履职优势,通过刑事和公益诉讼检察协同发力,社会各界共同参与评估整改,以点带面推动系统治理,督促职能部门建立长效监管机制,为消费者健康护航。

7. 河北省邯郸市丛台区人民检察院督促整治动物血制品非法添加工业用甲醛行政公益诉讼案

【关键词】

行政公益诉讼起诉　食品安全　非法添加　综合履职

【要旨】

针对生产、销售非法添加工业用甲醛动物血制品的违法行为,检察机关综合运用"刑事公诉+公益诉讼"的方式,既追究违法行为人刑事责任、民事责任,又发挥行政公益诉讼职能,以诉的方式督促行政机关依法履职,强化监管责任,推动行业治理,营造良好的食品安全环境。

【基本案情】

2018年以来,李某军生产、销售非法添加工业用甲醛的羊血块371.55吨,销售金额共计83.599万元;石某身、程某用二人在明知的情况下,分别以某食品塑料袋大全店铺、某火锅食材经销处的名义,从李某军处购进羊血块对外销售,共计销售350.64吨,销售金额79.2264万元。李某军、石某身、程某用三人生产、销售非法添加工业用甲醛的羊血块,持续时间长、涉案金额大,严重侵害人民群众的身体健康和生命安全。

【调查和诉讼】

2023年6月,河北省邯郸市丛台区人民检察院(以下简称丛台区院)在履职中发现该案线索。同年7月28日,丛台区院对李某军、石某身、程某用以涉嫌生产、销售有毒、有害食品罪提起刑事附带民事公益诉讼,该案已获胜诉判决并执行到位。

根据《中华人民共和国食品安全法》规定:"食品经营者未按规定要求销售食品……情节严重的,责令停产停业……"因负有食品安全监督管理职责的河北省邯郸市丛台区市场监督管理局(以下简称区市场监管局)未依法履行其监管职责对涉案主体作出相应行政处罚,丛台区院于2023年8月15日立案。2023年10月9日,丛台区院向区市场监管局制发检察建议,建议其依法履行食品安全监督管理职责,责令涉案店铺停产停业,全面排查检查辖区内生产、销售、使用动物血制品的经营者,开展食品安全宣传活动。

检察建议整改期届满,区市场监管局未作出书面回复。丛台区院跟进调查,通过调取涉案两家店铺生产经营许可、走访邻近商铺、询问市场管理员、查阅店铺销售记录及用电缴费记录,发现两店铺仍处于违法经营状态。

2023年12月5日,丛台区院向丛台区人民法院提起行政公益诉讼,请求判决区市场监管局按照检察建议依法全面履行监督管理职责。

检察机关提起诉讼后,区市场监管局高度重视,依法关停涉案两家商铺,对李某军等三人给予从业禁止处罚;组成专班制定《关于进一步加强动物血制品、牛羊肉监管工作的实施方案》,开展专项治理行动;责令整改火锅店3家、关停小餐饮门市7家,对食品经营者作出行政处罚13人次。2023年12月28日,丛台区院跟进监督,涉案两商铺已经关停,随机抽检市场销售的动物血制品10次,均符合国家食品安全标准。

2024年1月4日,丛台区院邀请公安、法院、人大代表、政协委员、人民监督员及食品经营者代表,对区市场监管局整改效果进行公开听证,一致认为区市场监管局按照检察建议全部整改到位,诉讼请求全部实现。为巩固深化监督质效,丛台区院与区市场监管局、区公安分局共同出台《关于建立食品药品领域行政执法、刑事司法与公益诉讼衔接工作机制的意见》,建立协同监督机制。因本案行政机关全部整改到位,丛台区院于2024年2月18日撤回起诉。

【典型意义】

甲醛对人体有明确的致癌性,生产、销售非法添加甲醛的食品,不仅构成犯罪,还危害不特定人群的身体健康,损害社会公共利益。检察机关一方面严厉打击食品安全犯罪行为,同时通过附带民事公益诉讼加大责任追究力度,让违法者"痛到不敢再犯"。另一方面充分运用行政公益诉讼手段,以"诉"的形式精准监督行政机关全面履职,并建立协作机制,堵塞监管漏洞,促进权力规范运行,消除食品安全风险隐患。

8.广东省深圳市南山区人民检察院诉刘某销售假冒奶瓶奶嘴刑事附带民事公益诉讼案

【关键词】

刑事附带民事公益诉讼　食品相关产品　惩罚性赔偿　综合履职

【要旨】

针对销售明知是假冒注册商标且不符合食品安全国家标准的婴幼儿奶瓶奶嘴,严重危害婴幼儿等敏感群体合法权益的违法犯罪行为,检察机关提起刑事附带民事公益诉讼,依法提出惩罚性赔偿的诉讼请求,维护消费者合法权益和未成年人身体健康,同时依法平等保护各类市场主体,加大知识产权综合司法保护力度。

【基本案情】

2020年2月以来,刘某为牟取非法利益,在未获得权利人授权许可的情况下,通过网络向众多消费者销售假冒贝亲牌的奶瓶奶嘴,商品外观标有"贝亲自然实感口径PPSU塑料奶瓶,不含双酚A"。经查明,刘某通过网络销售上述假冒的贝亲牌奶瓶奶嘴共计人民币177623.2元。其中,涉案PPSU塑料奶瓶(不含奶嘴、玻璃奶瓶)的销售金额为人民币45150.8元。

【调查和诉讼】

2023年1月30日,广东省深圳市南山区人民检察院(以下简称南山区院)依托一体化办案模式,启动知识产权刑事案件同步审查机制,在刘某涉嫌销售假冒注册商标的商品案中发现刘某侵犯消费者和未成年人合法权益的公益诉讼案件线索,于2023年3月3日立案调查。南山区院充分发挥"四检合一"综合履职优势,通过提前介入、制定调查计划引导公安机关同步进行刑事案件和公益诉讼案件的侦查取证工作,查清刘某明知其销售的商品是假冒注册商标、销售范围覆盖全国各地母婴店等基本事实。

为查明涉案婴幼儿专用商品是否对婴幼儿存在严重危害性，经依法委托司法鉴定中心对涉案奶瓶的材质和成分进行检测，查明涉案塑料奶瓶的主材质为聚碳酸酯。南山区院进一步调查发现，聚碳酸酯遇高温会分解出有毒物质双酚A，对人体健康产生严重影响，不符合食品安全国家标准《食品接触用塑料树脂》(GB 4806.6-2016)，违反卫生部等六部门《关于禁止双酚A用于婴幼儿奶瓶的公告》中"禁止生产聚碳酸酯婴幼儿奶瓶和其他含双酚A的婴幼儿奶瓶"的规定，对不特定婴幼儿身体健康造成严重影响，严重侵害了社会公共利益。

2023年5月11日，经依法公告后，南山区院针对刘某销售明知是假冒注册商标且不符合食品安全国家标准的婴幼儿专用商品，侵犯未成年人合法权益的行为依法提起刑事附带民事公益诉讼。南山区检察院认为，是否损害社会公共利益应当以是否存在对众多不特定消费者造成食品安全潜在风险为前提，不仅包括已经发生的损害，也包括有重大损害风险的情形。刘某明知其销售的奶瓶是假冒注册商标的商品，未向众多消费者真实、全面地提供产品的质量、性能等重要信息，其销售的商品不仅侵犯注册商标权益，也不符合食品安全国家标准，违反有关禁止性规定，严重危害婴幼儿身体健康，损害了社会公共利益，应当根据《中华人民共和国消费者权益保护法》第五十五条的规定，按照销售价款的三倍承担惩罚性赔偿责任。2023年9月20日，南山区人民法院作出一审判决，支持南山区检察院全部诉讼请求，以销售假冒注册商标的商品罪判处刘某十个月有期徒刑并处罚金，判决刘某承担公益损害赔偿金人民币135452.4元并在国家级新闻媒体上公开赔礼道歉。目前判决已生效，人民法院已移送强制执行。

【典型意义】

婴幼儿群体是国家法律规定需要特殊、优先保护的群体。销售假冒注册商标且含有有毒有害成分的婴幼儿专用商品，不仅扰乱市场经济秩序，还危害婴幼儿等未成年人身体健康，严重损害社会公共利益。检察机关坚持依法能动履职，通过探索"四检合一"，强化四大检察综合履职，对食品相关产品安全进行监督，严格把握公益损害认定标准，准确适用公共利益损害惩罚性赔偿，加大违法行为人的侵权成本，震慑违法犯罪。

9. 贵州省安顺市西秀区人民检察院诉董某某等三人销售有毒有害食品刑事附带民事公益诉讼案

【关键词】

刑事附带民事公益诉讼　减肥药　非法添加　惩罚性赔偿　寄递安全

【要旨】

针对跨境代购含禁止添加物质的减肥药,通过网络发展下线实施多级分销的行为,检察机关依法提起刑事附带民事公益诉讼,提出惩罚性赔偿诉讼请求,并对物流行业监管盲区制发社会治理检察建议,促进网络药品销售规范有序。

【基本案情】

2020年6月至2021年11月期间,董某某在未取得营业执照、食品经营许可证的情况下,从国外购入无任何标识和批号的减肥产品。其明知该产品在中国未取得生产、销售许可,亦未注明相关成分,消费者反映食用后出现头晕、发热、心慌、肢体发麻、失眠等诸多不适症状下,仍伙同王某某、武某某通过网络平台发布大量推销信息,发展数十名下级代理商,形成多级分销网络遍布全国,向不特定消费者进行销售,非法获利805180元。经鉴定,该减肥药中含有药品类易制毒化学品"麻黄碱"和精神管制类药物"咖啡因"。

【调查和诉讼】

2022年1月6日,贵州省安顺市西秀区人民检察院(以下简称西秀区院)在办理董某某、王某某、武某某三人销售有毒、有害食品刑事案件时,发现三人行为侵害众多不特定消费者身体健康权,依法以刑事附带民事公益诉讼立案办理,并于同日在正义网发布公告。经公告,没有适格主体提起诉讼。

西秀区院派员提前介入,引导及时收集和固定董某某等三人销售减肥药的物流信息、微信和支付宝交易明细、微信聊天记录等相关书证,查明违法销售数额。经咨询食药监部门专家,证实食用麻黄碱会引发心血管和中枢神经疾病,已被国家食品药品监督管理部门明令禁止在保健品中添加。

2022年4月7日,西秀区院向西秀区人民法院提起刑事附带民事公益诉讼,请求依法判令被告董某某等三人按照销售有毒、有害食品价款的十倍支付赔偿金人民币 8051800 元并在全国主流媒体上公开赔礼道歉。

2022 年 5 月 9 日,西秀区人民法院公开开庭审理本案,当庭判决支持检察机关全部诉讼请求。三名被告人当庭表示认罪认罚服判,未上诉。2022 年 9 月,西秀区人民法院依法启动执行程序,委托三名被告人住所地法院对其价值 658 万余元的财产进行查封、扣押和冻结后开展强制执行。

2022 年 5 月 31 日,西秀区院针对该案反映出的快递网点执行寄递安全规定不到位、事前教育培训、事后惩戒处罚制度缺失等问题,向涉案快递公司制发社会治理检察建议,建议完善从业准则、行业规范和奖惩制度,加大从业人员法治教育和职业道德教育培训力度。2022 年 6 月 15 日,涉案快递公司回复称,已建立《新员工岗前安全教育培训制度》《快递员工管理和奖惩制度》等五项岗前安全教育、管理、惩戒等快递企业内控制度,有力防范违禁食品通过快递进行流通。

【典型意义】

近年来,电商时代下的医美纤体行业规模快速扩张,违规制售减肥药侵害消费者身体健康的问题频发。检察机关针对跨境代购涉毒减肥药在网络平台大量销售的违法行为,将依法办案和加强监督结合起来,通过内部合力和外部协作,在追究行为人刑事责任的同时,让其承担惩罚性赔偿责任,并推动物流行业堵塞漏洞,深化"办理一案、治理一片"的诉源治理效果,全方位维护消费者生命健康权益。

10. 重庆市人民检察院第一分院支持重庆市消费者权益保护委员会诉某汽车销售公司设置不公平格式合同条款损害消费者权益民事公益诉讼案

【关键词】

民事公益诉讼　支持起诉　格式合同　消费者权益保护

【要旨】

针对经营者提供的格式合同中包含不公平、不合理条款,侵害不特定消费者合法权益,消费者权益保护组织商请检察机关支持起诉的,检察机关可在全面查证、评估研判的基础上,提出支持起诉意见。对消费者权益保护疑难问题,可依托一体化综合履职、借助专家"外脑"等方式,精准提出监督意见。

【基本案情】

重庆某汽车销售服务有限公司（以下简称汽车销售公司）制定的《汽车销售合同》存在多条不公平、不合理条款，约定由销售商代扣代缴不应由消费者承担的消费税，税费若增加也由消费者承担，并约定因第三方责任导致交车时间推延时销售方不承担违约责任。重庆市消费者权益保护委员会（以下简称重庆消保委）于2023年2月在受理消费者投诉中发现前述问题。该公司经重庆消保委约谈后仍未纠正，持续侵害不特定消费者的合法权益。

【调查和诉讼】

2023年5月，重庆市消委会商请重庆市人民检察院第一分院（以下简称重庆一分院）支持起诉。因案涉消费"霸王条款"，监督情形属于检察公益诉讼新领域办案范围，为依法保障消费者权益，重庆一分院在重庆市人民检察院的指导下开展调查。

重庆一分院通过走访市场监管、税务等行政主管部门，了解消费税征收、汽车销售行业经营等相关情况，听取专家意见。向相关领域人大代表咨询社情民意，召开公益诉讼、民事行政跨部门检察官联席会，厘清案件中存在的消费税约定承担是否有效、民事合同主体意思自治与"霸王条款"认定等疑难问题，并就涉案条款对公益的损害、检察权介入的必要性、拟提出诉讼请求进行评估研判。

重庆一分院经审查认为，该两项条款违背公平、诚信原则，通过不合理分配合同权利义务，排除限制消费者权利、减轻或者免除销售商责任、加重消费者责任。其中，汽车销售公司提供的合同条款中使用"代扣代缴消费税"的表述，误导消费者产生此项税目本应自行承担的错误认识；约定汽车销售公司不对第三方原因导致的延迟交货承担违约责任，违背合同相对性原则，排除销售方违约责任。重庆一分院结合前期走访掌握的近年汽车合同纠纷投诉数据情况，综合考虑个体消费者维权能力不足、维权意愿不强等因素，认为加强汽车销售领域"霸王条款"监督确有必要。

2023年6月8日，重庆消保委向重庆市第一中级人民法院（以下简称重庆一中院）提起诉讼，要求确认两项争议格式合同条款无效，重庆一分院向重庆一中院提交支持起诉意见书。同年11月21日，该案开庭审理，重庆一分院以支持起诉人身份派员当庭阐述意见，重庆市人大代表受邀跟庭监督。

2023年12月5日，重庆一中院作出判决，对原告的诉讼请求予以支持,对检察机关的支持起诉意见予以采纳,判决前述格式条款内容无效。

判决生效后,当地市场监管部门启动立案调查。重庆一分院、重庆消保委与市汽车销售行业组织跟进沟通,督促成员企业对类似"霸王条款"自查自纠,对经约谈仍不整改的汽车销售企业,将继续依法履职,规范和引导汽车消费市场健康发展。

【典型意义】

市场经营主体利用自身优势地位,以"霸王条款"不合理分配合同权利义务,侵害不特定消费者合法权益。本案中,检察机关根据消费者保护组织商请意见,积极稳妥开展消费者保护领域公益诉讼监督,注重加强横向支持配合,推动与行政机关、公益组织形成合力,经支持起诉后人民法院最终判决确认格式条款无效,推动开展行业治理,以高质效的检察履职精准对接人民群众的法治新需求。

最高人民法院发布涉预付式消费典型案例[①]

案例一

培训机构单方改变培训地点给消费者造成明显不便的,消费者有权解除合同
——黄某诉重庆某公司教育培训合同纠纷案

【基本案情】

2020年4月3日,黄某与重庆某公司签订培训合同约定,黄某自2020年4月19日至2021年4月18日在重庆某公司处接受舞蹈培训,培训费3000元。当天,黄某即向重庆某公司交纳全部培训费。合同签订后,黄某在重庆某公司开设于重庆市两江新区金开大道的培训场所接受培训至2020年6月21日。2020年6月22日,重庆某公司向接受培训的

---

① 本文摘自最高人民法院网,https://www.court.gov.cn/zixun/xiangqing/459331.html。

消费者发出《消费者告知函》称,位于重庆市两江新区金开大道的培训场所停止教学,消费者应于 2020 年 6 月 30 日前选择新的培训地点。因消费者个人原因不到场培训的,重庆某公司不承担任何责任,消费者不得以此为由变更或解除合同、要求赔偿。黄某认为其决定选择该培训机构的主要因素是接受培训的便利程度,原培训地点紧挨其住所,更换后的三个培训地点离黄某居住地很远,导致其签订合同的目的无法实现,遂起诉请求解除合同并由重庆某公司退还培训费用。

【裁判结果】

审理法院认为,《中华人民共和国消费者权益保护法》第五十三条规定:"经营者以预收款方式提供商品或者服务的,应当按照约定提供。未按照约定提供的,应当按照消费者的要求履行约定或者退回预付款;并应当承担预付款的利息、消费者必须支付的合理费用。"黄某与重庆某公司签订的培训合同合法有效,当事人应按约定履行义务。重庆某公司单方更换的培训地点离黄某的住所都很远,使黄某获得培训服务的时间和交通成本明显增加,导致黄某就近接受舞蹈培训的合同目的不能实现。黄某要求解除合同,应予支持。故判决重庆某公司返还黄某培训费 2473.97 元。

【典型意义】

预付式消费已成为培训领域消费者广泛采用的消费方式。培训地点的远近和交通便捷性对消费者决定是否订立预付式消费合同有重要影响。经营者变更培训地点对消费者影响较小的,一般不会产生争议。但是,如果培训地点的变更给消费者接受培训造成明显不便,显著增加消费者在途时间和交通成本,导致消费者在工作、生活之余就近接受培训服务的合同目的不能实现的,消费者有权请求解除合同。

案例二

计时型预付式消费合同因经营者停业解除的,应按实际未履行期限认定退款金额
—— 白某诉李某服务合同纠纷案

【基本案情】

李某系个体工商户"某宝宝儿童乐园"游乐场的经营者。2021 年 10

月 25 日，白某通过微信转账的方式向李某支付 800 元，用于办理上述游乐场的年卡会员。双方口头约定，年卡会员有效期为 2021 年 10 月 25 日至 2022 年 10 月 25 日，在此期间白某可不限次数地进入游乐场享受娱乐服务。2022 年 2 月 1 日，该游乐场停业。白某遂起诉请求解除与李某口头订立的服务合同，由李某返还剩余的预付服务费用。

【裁判结果】

审理法院认为，《中华人民共和国消费者权益保护法》第五十三条规定："经营者以预收款方式提供商品或者服务的，应当按照约定提供。未按照约定提供的，应当按照消费者的要求履行约定或者退回预付款；并应当承担预付款的利息、消费者必须支付的合理费用。"李某在与白某订立服务合同、收取预付款后停业，白某无法再获得服务，有权解除合同并请求李某返还剩余履行期限对应的预付款。白某系通过诉讼方式解除合同，停止服务与合同解除之间存在较长时间间隔，应当自游乐场停业时起计算剩余履行期限，并按剩余期限与全部履行期限的比例计算应返还的预付款。故判决李某向白某返还预付款 599 元。

【典型意义】

预付式消费合同可分为计时型合同和计次型合同。计时型合同应当依据合同剩余履行期限计算应返还的预付款金额。合同的剩余履行期限一般应自合同解除时起算，但是经营者停业引发纠纷的，自经营者停业时起至合同解除这段时间，消费者无法获得服务，该期间亦应计入合同剩余履行期限。审理法院以经营者停业后未实际履行的剩余履行期限作为计算应退预付款的依据，对于保护消费者权益、敦促商家诚信履约具有积极意义。

案例三

经营者违约导致预付式消费合同解除的，应按合同约定的优惠方案计算已提供服务的价款

——张某诉某健身公司服务合同纠纷案

【基本案情】

2023 年 7 月 2 日，张某因个人健身需要与某健身公司签订《健身入

会申请表》，约定张某在某健身公司处办理会员卡，业务类型为次卡50次，起始日期 2023 年 7 月 3 日，截止日期 2024 年 7 月 2 日，入会费 2000元，同时备注"赠送 10 次，不退不换"。当日，张某向某健身公司支付全部费用。2023 年 8 月，某健身公司终止提供服务。张某在该健身公司消费12次，尚有48次未使用，遂起诉请求某健身公司返还剩余健身服务费1600元。

【裁判结果】

审理法院认为，《中华人民共和国消费者权益保护法》第五十三条规定："经营者以预收款方式提供商品或者服务的，应当按照约定提供。未按照约定提供的，应当按照消费者的要求履行约定或者退回预付款；并应当承担预付款的利息、消费者必须支付的合理费用。"张某办理会员卡后，某健身公司在合同履行期内终止服务，应当向张某返还服务费。双方约定某健身公司提供50次健身服务，另赠送10次服务。在正常履约情况下，消费者能够享受60次服务，应将60次服务而非50次服务作为2000元入会费的合理对价。在经营者违约解除合同的情况下，对消费者的保护不应低于合同正常履行情况下所能获得的利益，审理法院遂判决某健身公司退还张某会员卡剩余费用 1600 元 [2000 元 × (48/60)]。

【典型意义】

预付式消费中，经营者向消费者赠送服务的情况较为常见。在合同正常履行的情况下，消费者既能享受购买服务又能享受赠送服务。经营者违约导致预付式消费合同解除的，消费者有权请求经营者退还剩余预付款。在计算已提供服务的价款时，如果不考虑合同约定的优惠方案，将经营者赠送服务排除于经营者义务之外，将导致多计算已提供服务的价款，应返还消费者的剩余预付款减少，经营者违约可能获得比合同正常履行情况下更大的利益，既缺乏法律依据也不符合公平原则。因此，在经营者违约导致合同解除的情况下，应当保护消费者的履行利益，按合同约定的优惠方案计算已提供服务的价款，充分保护消费者权益，引导经营者信守合同、诚信经营。

案例四

经营者不提供证据证明其提供服务的数量和价款的，人民法院可根据消费者主张结合案情作出认定
——杨某诉某健康管理公司服务合同纠纷案

【基本案情】

杨某自2013年起在某美疗馆接受美容美体、养生按摩等服务，共支付预付服务费1016124.6元，双方未签订书面合同。2020年底，某美疗馆更名为某健康管理公司。公司更名后，要求杨某再交纳5000元服务费才能继续享受服务，且原有的很多服务项目不再提供。杨某称，某美疗馆的项目总是更新，上一次充的钱还没花完又得买新项目，钱越存越多，项目越做越乱，不接受某健康管理公司提出的处理方案，要求退还剩余款项。该公司表示杨某预付款仅剩一万余元。因双方就杨某预付款余额、剩余服务项目次数等均不能达成一致，杨某遂起诉请求某健康管理公司退还服务费547794元。

【裁判结果】

审理法院认为，杨某与某健康管理公司存在服务合同关系。杨某提供的银行卡对账单、部分充值档案照片和销售凭证证明其支付的预付服务费为1016124.6元。某健康管理公司作为服务提供方，应就其向杨某提供服务的内容、次数、金额承担举证责任，但是其作为客户档案和交易资料的持有方，在法院释明举证责任后仍未提供完整的客户充值记录和消费记录。审理法院综合考虑杨某的诉讼请求和本案实际情况，根据杨某预付服务费的总金额、部分客户消费记录记载的合同履行频次、部分充值档案照片载明的服务项目单价，酌情确定某健康管理公司退还杨某服务费50万元。

【典型意义】

预付式消费中，合同文本以及记载消费金额、次数、预付款余额等信息的证据，多由经营者掌握。消费者经常面临"举证难"的维权困境。如果经营者掌握相关证据，拒不向人民法院提交，人民法院可根据消费者的主张，综合全案证据认定剩余预付款金额等事实。本案中，某健康管理公司存在不与消费者签订书面合同、用其他公司POS机代收款、收费核销

账目混乱等不规范经营行为，拒不提供完整的记载消费金额、次数、预付款余额等信息的证据，引发预付款退费难问题，影响案件事实查明。在此情况下，审理法院根据消费者的诉讼请求，结合全案证据对应返还的预付款金额作出认定，有利于引导经营者诚信、规范经营，为消费者安心消费提供司法保障。

案例五

"职业闭店人"以虚假材料注销公司的，应依法向消费者承担民事责任
——王某诉薛某清算责任纠纷案

【基本案情】

王某系某公司名下瑜伽店充值会员，该店闭店时其仍有8260元未消费。刘某为某公司法定代表人及唯一股东。薛某多次在朋友圈发送"高价收购经营不善店铺会员""帮助消耗负债""死客激活"等信息，自称提供前述中介服务，收取服务费用。2023年9月13日，刘某将某公司股权全部转让给薛某。次日，薛某变更登记为该公司法定代表人及唯一股东。2023年9月28日，薛某申请注销某公司。注销材料显示债权债务已清理完毕，但案涉瑜伽店会员大约有200人，还有40万元左右的预付款未消费。薛某称已将会员转给另外一家美发店，王某不同意去美发店消费，遂起诉请求薛某返还剩余预付款8260元。

【裁判结果】

审理法院认为，薛某通过"闭店"牟利，其作为公司唯一股东，在明知有大量会员债权未进行清算的情况下，仍作出债权债务已清理完毕的《清算报告》，并向市场监管部门申请注销公司，属于未经依法清算，以虚假清算报告骗取公司登记机关办理法人注销登记的行为。该行为导致王某无法在合法的清算程序中申报债权，使其债权无法受偿，王某有权主张薛某对公司债务承担相应民事责任。故判决薛某退还王某未消费金额8260元。

【典型意义】

近年来，预付式消费领域频现"跑路"逃债现象。有人以帮助"闭店"

为业,恶意帮助经营者逃避债务,从中牟利。公司股东滥用公司法人独立地位和股东有限责任,逃避债务,严重损害消费者等公司债权人利益的,或者一人公司股东不能证明公司财产独立于股东自己的财产的,应当对公司债务承担连带责任。"职业闭店人"与公司股东恶意串通,帮助公司股东逃避债务,损害消费者等债权人权益的,应当与公司股东共同向消费者等债权人承担责任。消费者有权选择向公司原股东或者帮助逃债的"职业闭店人""背债人"主张权利。本案中,消费者自愿选择起诉有偿债能力的薛某承担返还预付款责任,薛某已根据人民法院生效判决向王某还款8260元。经营者与"职业闭店人"恶意串通逃避债务,不仅不能达到逃债的效果,反而让"职业闭店人"也成为责任主体。本案对"职业闭店人"帮助经营者逃避债务的行为给予法律上的否定性评价,有利于提振消费者消费信心、规范公司经营行为,营造诚实守信的法治化营商环境。

案例六

"职业闭店人"以欺诈为目的诱使消费者充值构成犯罪的,应依法追究刑事责任

——郑某顺等诈骗案

【基本案情】

被告人郑某顺在各地物色意欲转让且未被认定实施过诈骗犯罪的店铺,先与店主签订转让协议、支付部分转让费用、变更注册登记,再由被告人颜某玉、郝某玮带领团队人员进驻被收购的店铺,由崔某鑫、王某、曹某月等作为店铺业务人员电话联系原店铺会员,介绍周年庆充值赢大奖活动,才某钧担任小组长帮助业务员与客户商谈充值业务,邢某娇负责实际操控积分排名系统,门某鹏负责前期门店对接、采购办公用品、发放员工工资。各被告人组成分工明确、协作配合的专业化、职业化"闭店"团队。

2023年2月,被告人郑某顺伙同被告人颜某玉为诱骗消费者进行预付款充值实施诈骗,接手宁波市海曙区一摄影店,并在摄影店不具备经营条件的情况下,以门店开展周年庆活动回馈客户为名,虚假承诺待活动结束后会将充值款返还,诱使被害人进行现金充值,后又召集被害人举办颁奖仪式,以现场充值刷排名诱导被害人再次充值。活动结束后,被告人郑

某顺、颜某玉、郝某玮、才某钧、邢某娇、门某鹏等关店失联,共骗取被害人孙某、杨某、王某雯等人人民币146万余元。

【裁判结果】

审理法院认为,被告人郑某顺、颜某玉、郝某玮、门某鹏、才某钧、邢某娇、崔某鑫、王某、曹某月等人以非法占有为目的,结伙采用虚构事实、隐瞒真相的手段骗取他人钱财,数额特别巨大,其行为均已构成诈骗罪,且系共同犯罪,对各被告人以诈骗罪判处有期徒刑,并处罚金。

【典型意义】

"职业闭店"在实践中主要表现为两种形式:一是出谋划策,通过安排"背债人"等方式帮助经营者逃债,并通过收取经营者支付的报酬获利;二是直接参与经营,利用店铺原有的客户资源,以抽奖、充值返现等噱头诱骗消费者继续充值,收到预付款后闭店,"卷款跑路",后者通常涉嫌诈骗罪等刑事犯罪。本案属于后一种类型。犯罪分子自称此类犯罪行为为"充值案"。人民法院对此类"职业闭店人"依法判处刑罚,有力惩治犯罪,震慑犯罪分子。同时审理法院将该案涉及的问题向市场监管部门反映,由相关部门对当地预付式消费市场加强监管,从源头上防范化解风险,净化市场环境,提振消费信心,为消费者安心消费、经营者公平竞争营造良好法治化营商环境。

消费者权益保护公益诉讼典型案例[①]

1. 上海市消费者权益保护委员会诉上海某电子商务有限公司非法销售非国标电子烟侵害消费者合法权益民事公益诉讼案

【关键词】

消费者权益保护　电子烟　不符合强制性国家标准　民事公益诉讼

---

① 本文摘自最高人民检察院网,https://www.spp.gov.cn/xwfbh/wsfbt/202503/t20250315_690500.shtml#2。

检察机关支持起诉

【要旨】

消费者权益保护组织向人民法院提起消费领域民事公益诉讼，可以申请检察机关通过协助调查、法律咨询、出席法庭等方式支持起诉。办理消费领域民事公益诉讼案件，可以探索建立消费公益诉讼专项基金，将被告支付的公益赔偿金统筹用于消费者权益保护工作。

【基本案情】

2022年10月1日，《电子烟管理办法》和强制性国家标准《电子烟》（GB 41700-2022）正式实施，明确规定禁止销售除烟草味外的调味电子烟，不应使电子烟产品特征风味呈现除烟草味外的其他风味，防止因增加引诱性或者添加有害成分对人体健康造成损害。上海某电子商务有限公司（以下简称"某公司"）在明知违反国家规定的情况下，通过其经营的线下连锁门店，以赠送、搭售等方式销售已经停止生产销售的某品牌水果味及其他非烟草味电子烟，侵害众多不特定消费者合法权益，损害了社会公共利益。

【调查和诉讼】

2023年3月13日，上海市消费者权益保护委员会（以下简称"上海市消保委"）与上海市人民检察院第二分院（以下简称"上海二分院"）、上海市消费者权益保护基金会签署《消费民事公益诉讼合作协议》，合力保护消费者合法权益。

2023年12月13日，上海二分院在指导上海市静安区人民检察院办理某公司销售伪劣电子烟涉嫌销售伪劣产品刑事案件时发现公益诉讼线索。上海二分院依托与上海市消保委签订的合作协议，于2023年12月19日将该线索移送上海市消保委。上海市消保委收到线索后及时安排公益律师介入案件研判，围绕案件定性、诉讼主体、诉讼请求、诉前准备等方面进行深入研究。

由于公安机关正在开展刑事侦查，上海市消保委缺乏直接向公安机关申请获取起诉证据的相应途径。同时因电子烟销售属于新兴业态，虽然社会关注度较高，但广大消费者并不熟悉电子烟可能造成的健康风险和国家已经实施的强制性标准，涉案主体销售非国标电子烟的行为是否构成侵害消费者合法权益行为需要进一步开展法律论证。2024年3月11日，上海市消保委向上海二分院提交《申请支持起诉函》，申请上海二分院支持起诉。上海二分院通过公益诉讼支持起诉程序协助上海市消保委调取相关证据。上海市消保委、上海二分院、上海市静安区人民检察院等联合约谈了涉案企业,进一步查明了侵害公益的主要事实。经查,某公司在明知违反国家规定的情况下,仍以赠送、搭售等方式销售共计4.8万余个不符合强制性国家标准的电子烟,实际销售金额270万余元,非法获利25万余元。

经上海市消保委、上海二分院联合邀请法律专家进行法律论证,认为根据《中华人民共和国消费者权益保护法》《上海市消费者权益保护条例》相关规定,消费者有权要求经营者公开其执行的商品标准,相关商品有强制性国家标准的,应当符合强制性国家标准,某公司的行为违反上述规定,已经侵害了消费者的合法权益。

2024年3月15日,上海市消保委向集中管辖消费领域公益诉讼案件的上海市第三中级人民法院(以下简称"上海三中院")提起消费民事公益诉讼。同日,上海二分院向上海三中院提交了支持起诉意见书。2024年7月23日,上海三中院开庭审理此案,上海二分院派员出庭并发表支持起诉意见。经举证质证,某公司认可了上海市消保委起诉的事实与理由,愿意接受上海市消保委提出的赔礼道歉、赔偿公益损失等全部诉请。在法院主持下,上海市消保委与某公司达成调解协议,某公司登报公开赔礼道歉并发布消费警示,以其非法获利数额为基数1倍支付公益赔偿金257641.43元至消费公益诉讼专项基金。上海三中院于2024年8月21日至2024年9月19日对调解协议进行公告,公告期间未收到异议。2024年9月26日,上海市三中院出具民事调解书,被告及时履行了调解书的全部内容。

【典型意义】

电子烟行业作为新消费业态,国家及时发布实施强制性国家标准,旨在通过规范技术要求保障广大消费者的人身健康和生命安全。企业在销售电子烟时,应当严格按照国家法规和强制性标准的规定,依法保障消费者合法权益。对于企业违反相关电子烟管理规定、强制性国家标准侵害消费者合法权益的行为,检察机关与消费者权益保护组织应当加强协作配合,通过民事公益诉讼维护消费者合法权益。消费者权益保护组织申请支持起诉的,检察机关可以通过协助调查、提供法律咨询、出庭发表支持起诉意见等方式开展支持起诉工作,共同保障消费者合法权益。

2. 四川省保护消费者权益委员会诉孙某某、刘某某生产销售不合格化肥损害农民消费者合法权益民事公益诉讼案

【关键词】

消费者权益保护 伪劣农资 民事公益诉讼 检察机关支持起诉

【要旨】

针对故意销售伪劣农资，损害农民利益，影响农业生产的违法行为，省级以上消费者权益保护组织可以依法提起民事公益诉讼，同时可以申请检察机关支持起诉。

【基本案情】

2023年以来，孙某某、刘某某在四川省巴中市某地合伙经营某化肥厂期间，采用冒用生产厂家和厂址、自制产品合格证、冒用他人生产许可证编号等方式生产、销售不合格化肥，在案证据查明已销售的12批次化肥货值金额共计73142.5元，涉及农民消费者200余人。市场监管部门在该厂现场查获4批次60余吨未销售化肥。经检验，该厂生产、销售的化肥总磷超标，可导致农作物减产或绝收，甚至引起土壤板结、破坏耕地，侵犯众多农民消费者权益，破坏农资市场秩序。

【调查和诉讼】

四川省巴中市人民检察院（以下简称"巴中市检察院"）在办理刑事案件中发现该线索，根据四川省消费公益诉讼协作工作机制，该院于2024年1月17日将线索移送四川省保护消费者权益委员会（以下简称"四川省消委会"），建议其提起民事公益诉讼。

四川省消委会通过向检察机关了解刑事案件情况，走访市场监管、农业农村等行政主管部门，了解案涉化肥的销售范围、对农业生产以及耕地的影响，听取检测机构、四川省人民检察院以及巴中市检察院意见建议，厘清案涉销售行为是否损害国家利益和社会公共利益、消费者保护组织是否属于诉讼适格主体、能否适用惩罚性赔偿等疑难问题，并就拟提出的诉讼请求进行评估研判。经过调研论证，四川省消委会认为，该案不仅侵犯了众多农民财产权益，同时也破坏了耕地和农业生产，检察机关介入有助于更好维护消费者的合法权益，维护社会公共利益，故决定商请检察机

关支持起诉,协助开展民事公益诉讼工作。

2024年2月4日,四川省消委会依据《中华人民共和国消费者权益保护法》第四十七条、第六十二条,《中华人民共和国民事诉讼法》第五十八条的规定,向巴中市中级人民法院提起民事公益诉讼,巴中市检察院向法院提交了支持起诉意见书,支持四川省消委会起诉。诉讼期间,被告提出分步赔偿的意见,四川省消委会在巴中市检察院支持协助下,就被告赔偿能力、赔偿方式可行性等问题深入开展调查评估,实地走访了解其生产经营所面临的困难,并向相关监管部门核实,提出采用退还现金与赔偿农资相结合的侵权责任承担方式,以最大程度维护公共利益。3月11日,巴中市中级人民法院开庭审理,巴中市检察院出庭支持起诉,法院根据起诉意见进行调解,原被告双方达成民事调解协议:由被告向四川省消委会指定的公益账户退还违法所得73142.5元,三倍惩罚性赔偿金219427.5元分三年以企业生产的合格化肥进行实物抵偿。

为规范退赔资金的管理使用,四川省消委会联合巴中市检察院、巴中市消委会制定了《公益诉讼赔偿金管理使用方案》,明确对于能提供有效交易凭证的农民消费者直接退还货款,剩余退赔金作为公益活动购买农资赠送受侵害集中区域、尤其是集中区域内的农村贫困消费者,切实体现惩罚性赔偿金公益价值;巴中市检察院全过程参与、监督赔偿资金使用。5月7日,被告退还违法所得73142.5元后,四川省消委会联合巴中市检察院、巴中市消委会通过在官方微信公众号、门户网站发布公告,现场走访核实等途径公开征集受害农民消费者信息,并认真核对,分别于2024年7月18日、10月31日、2025年1月14日,对三批216名农民先期发放退赔款43325元,剩余退赔款和赔偿金将在三年内用农资化肥折抵,于春耕时节等节点向受害集中区的农民消费者赠送发放。

【典型意义】

化肥是重要的农业基本生产资料,对保障粮食安全和提升农产品品质起着至关重要的作用。生产销售伪劣化肥不仅侵害了众多农民切身利益,还严重影响农产品质量和国家粮食安全。消费者权益保护组织落实党中央关于确保粮食安全的要求,在办理生产、销售伪劣农资案件中,与检察机关加强协作,依法提起民事公益诉讼,并在检察机关支持协助下,采用发还现金与赠送农资相结合的方式开展公益诉讼赔偿金退赔活动,有效维护了社会公共利益。

3. 江苏省常州市人民检察院诉南京某生物科技有限公司、陈某某消费欺诈民事公益诉讼案

【关键词】

消费者权益保护　保健食品　养老诈骗　民事公益诉讼　惩罚性赔偿　连带赔偿责任

【要旨】

对以欺诈手段销售保健食品,危害食品安全,侵害众多老年人人身权益和财产权益的行为,检察机关在追究违法行为人刑事责任的同时,可以依法提起民事公益诉讼,请求法院判令非法经营的企业和财产混同的个人连带承担惩罚性赔偿责任,切实维护老年人合法权益,维护社会公共利益。

【基本案情】

2011年5月至2012年11月,陈某某先后成立南京某生物科技有限公司(以下简称"某公司")等公司,销售保健食品。2016年下半年开始,某公司与江苏、浙江、上海、安徽等地经销商合作,由经销商以免费旅游的名义将老年人骗至某公司在常州、无锡、镇江等地设立的销售平台,通过虚假宣传产品功效、伪造检测报告、冒充专家讲课咨询、夸大病情等方式,诱骗近600名老年人相信其产品能够预防和治疗心脑血管、癌症肿瘤、糖尿病和老年痴呆等疾病,以每瓶近400元的高价购买每瓶成本仅10多元的保健食品,销售金额共计11616127元。

【调查和诉讼】

2019年,陈某某、某公司员工、各地经销商等100多人涉嫌诈骗犯罪系列刑事案件陆续移送检察机关审查起诉,其中陈某某等主要经营者在常州市4家基层检察院审查起诉。常州市人民检察院(以下简称"常州市检察院")依托综合履职协作机制,对案涉危害食品安全损害社会公共利益线索,于2020年6月8日以民事公益诉讼立案。

常州市检察院查明,某公司委托武汉某生物科技有限责任公司等生产保健食品,并通过各地的经销商组织老年人前往该公司设立的销售平台,进行欺诈宣传及售卖行为。通过调阅某公司财务报表、财务人员笔录,查询某公司及其员工银行交易明细,查明陈某某作为某公司股东和实

际控制人,利用某公司员工个人账户收取某公司销售款,自身收益与公司盈利不加区分,在支付员工工资、提成等费用后,将销售款提现归个人使用。常州市检察院认定陈某某与某公司构成人格混同,应对某公司债务承担连带责任。

根据常州市食品药品监督检验中心出具的检验检测报告,涉案部分产品大肠菌群超标,不符合食品安全标准。常州市检察院经咨询相关专家,查明案涉产品主要成分不具备其宣称的治疗功效。某公司虚假宣传保健品治疗功效,欺诈销售产品行为不但造成众多老年人的财产损失,还造成老年人相信产品能预防和治疗疾病,而耽误疾病治疗,侵害众多老年人身体健康和财产权益,损害社会公共利益。某公司欺诈宣传、销售行为持续长达3年,被骗老年人遍布江、浙、沪、皖四省市,销售金额高达1100余万元,应依法承担惩罚性赔偿责任。

检察机关发布公告后,没有法律规定的机关或组织提起诉讼。2021年11月18日,常州市检察院向常州市中级人民法院提起民事公益诉讼,请求判令某公司、陈某某共同支付销售价款3倍的赔偿金34848381元。检察机关同步建议法院采取财产保全措施,并将某公司、陈某某名下房产、车辆、存款等信息作为财产线索移送法院。常州市中级人民法院作出财产保全裁定,实际查封房产12套、汽车5辆,冻结银行存款9万余元。2022年9月22日,常州市中级人民法院一审判决支持检察机关全部诉讼请求。

某公司、陈某某以案涉保健食品不存在人身损害、三倍惩罚性赔偿过重等为由向江苏省高级人民法院提出上诉。法院审查认为,欺诈销售案涉保健食品存在人身损害,危害食品安全,对检察机关主张三倍惩罚性赔偿的诉讼请求予以支持。2024年11月26日,江苏省高级人民法院判决驳回上诉,维持原判。

【典型意义】

非法经营者采取欺诈手段宣称保健品治病功效,诱骗老年人高价购买保健品,不但造成老年人的财产损失,还导致老年人轻信产品预防治病功效,耽误正常疾病治疗,侵害众多老年人身体健康和财产权益。检察机关在依法追究非法经营者刑事责任的同时,对于损害公共利益的,应查明公益损害事实,明确民事责任主体,通过提起民事公益诉讼,依法追究违法企业和个人的连带惩罚性赔偿责任。通过检察综合履职,依法严惩保健食品经营者违法行为,让严重违法者"痛到不敢再犯",有效遏制"保健品坑老"违法行为,切实维护老年人合法权益。

4. 湖北省黄石市人民检察院诉某医院过度医疗侵害众多消费者合法权益民事公益诉讼案

【关键词】

民事公益诉讼　消费者权益保护　过度医疗　惩罚性赔偿

【要旨】

对过度医疗损害公益的违法行为,检察机关可依法提起民事公益诉讼,并可以参照消费者权益保护法主张惩罚性赔偿。

【基本案情】

某医院有限公司(以下简称"涉案医院")系营利性医疗机构,年均诊疗手术患者1500余人。该医院自2020年以来,每年都因超标准收费、重复收费等违法行为被行政处罚。2022年11月,黄石市卫生健康委员会(以下简称"黄石市卫健委")组织相关专家随机抽查涉案医院125份病例,认定其中113份病例存在对未达到手术指征、不符合手术条件、有手术禁忌症的患者实施手术及违反诊疗流程实施手术等过度医疗违法行为,加重患者就医负担,严重扰乱医疗秩序。

【调查和诉讼】

2023年4月14日,湖北省黄石市人民检察院(以下简称"黄石市检察院")收到黄石市卫健委移送的案件线索。黄石市卫健委认为已有行政处罚不足以有效惩戒涉案医院的过度医疗行为,商请检察机关发挥公益诉讼检察职能,助力惩戒、遏制过度医疗等医疗乱象。黄石市检察院通过到市场监督管理局、卫健委、医疗保障局、税务机关、银行、市医学会、涉案医院等询问、咨询相关人员,调取涉案医院市场主体信息、股东及实际控制人情况、经营状态,行政执法卷宗等,初步查明涉案医院存在实施过度医疗等侵害众多患者合法权益的违法行为。

2023年6月16日,黄石市检察院商请黄石市卫健委委托具有医疗鉴定资质的机构对125份抽样病历中明显违反诊疗规范的过度医疗行为及相应费用进行评估。2023年7月25日,黄石市医学会出具《医疗技术专家咨询意见书》,认定上述125份病例中对"未达到手术指征""无手术适应症""有手术禁忌症"的患者实施手术的过度医疗行为,占抽取总样本的49.5%,涉及的医疗费用为176673.65元。黄石市检察院认为,涉案医院在医疗过程中违反诊疗规范实施过度医疗行为,是侵害消费者合法权益的欺诈行为,侵害了公共利益,应承担惩罚性赔偿责任。2023年8月28日,黄石市检察院以民事公益诉讼立案,并于同年8月29日发布公告,公告期满后无其他适格主体提起民事公益诉讼。2023年10月25日,黄石市检察院以涉案医院为被告向黄石市中级人民法院(以下简称"黄石市中院")提起诉讼,请求判令支付惩罚性赔偿金530020.95元。

2024年4月19日,黄石市中院公开审理此案。黄石市检察院认为,该案证据足以认定被告实施了过度医疗行为。根据《中华人民共和国基本医疗卫生与健康促进法》《中华人民共和国医师法》相关规定,过度医疗行为可以通过是否违反法律法规章和临床诊疗指南、临床技术(操作)规范、行业标准等诊疗规范予以判断。根据《医疗机构病历管理规定》《病历书写基本规范》相关规定,对过度医疗行为的判定可通过病历审查实现。医学会等有资质的组织依照法律法规章及诊疗规范,运用医学科学原理和专业知识对病历审查后出具的专家意见,经质证后可以作为认定事实的依据。《湖北省消费者权益保护条例》第三十二条规定:"从事营利性诊疗、护理、整形服务的医疗机构……不得虚列服务项目或者超过规定标准收费,不得使用与诊疗护理无直接关系的药品、医疗器械或者进行不必要的检查、检验、治疗……"本案医疗机构故意告知医疗患者虚假情况或隐瞒真实情况对患者实施过度医疗构成欺诈,检察机关可以参照适用《中华人民共和国消费者权益保护法》的规定主张三倍惩罚性赔偿金。

2024年5月27日,黄石市中院作出判决,支持黄石市检察院提出的惩罚性赔偿诉讼请求,判决涉案医院向黄石公益损害赔偿金账户分三期支付惩罚性赔偿金530020.95元。判决生效后,截至2024年11月25日,涉案医院已支付了前两期惩罚性赔偿金318012.57元,剩余款项将于2025年5月27日前支付完毕。

2024年7月11日,黄石市检察院、黄石市中院联合向涉案医院发出建议书,建议涉案医院依法依规经营、严格遵守诊疗规范和操作规范,保障患者合法权益。其后,黄石市检察院、黄石市中院联合开展"回头看"发现,涉案医院通过股权变更、管理层更换、邀请专家开展全员培训,建立完善岗位职责、诊疗规范、操作规范、手术分级与授权管理、医疗安全警示等系列规章制度进行了整改,整改成效得到了卫生执法部门确认。

【典型意义】

过度医疗行为严重侵害患者人身财产权益,严重扰乱医疗秩序,损害公共利益。检察机关依法提起民事公益诉讼,通过追究违法行为人的民事责任,充分彰显了民事公益诉讼在有效破解公共利益保护困境、弥补行政监管不足的制度功能与独特价值,为助推我国医疗卫生事业健康发展,充分维护消费者合法权益贡献公益诉讼检察力量。

5. 北京市朝阳区人民检察院督促规范单用途预付卡管理行政公益诉讼案

【关键词】

消费者权益保护 预付消费 行政公益诉讼检察建议 大数据法律监督模型

【要旨】

针对"预付式消费"事后退费难、维权难问题,检察机关通过构建大数据法律监督模型排查线索,聚焦治理难点,运用磋商、检察建议等方式,督促行政机关依法履行监管职责,切实保护消费者合法权益。

【基本案情】

2024年2月,北京市朝阳区人民检察院(以下简称"朝阳区检察院")在梳理12345市民投诉举报信息中发现,2023年辖区内涉预付费问题投诉69734条,数量为2022年的3倍,主要反映部分健身房、美容美发店、培训机构收取预付费后闭店跑路,消费者预付资金无法退还,严重损害了消费者合法权益。

【调查和督促履职】

为进一步排查线索,朝阳区检察院建用"单用途预付卡规范治理"大数据法律监督模型,通过抓取涉预付费12345投诉举报数据、部分线上平台发售预付卡数据,向市场监督管理局调取辖区内相关行业经营企业数据,汇总形成发行预付卡企业数据池,与预付卡备案企业数据和资金存管数据进行碰撞比对,发现发卡企业未按规定进行备案线索102条,未按规定进行资金存管线索64条,超限额发行预付卡线索206条。2024年5

月,朝阳区检察院对单用途预付卡管理不规范问题依法立案后,多次前往发行预付卡企业实地走访,组织行政机关召开圆桌会议,梳理职责分工,了解本区预付费资金监管平台运营情况以及预付卡监管难点。

2024年5月30日,朝阳区检察院依据《单用途商业预付卡管理办法(试行)》《北京市单用途预付卡管理条例》《北京市单用途商业预付卡备案及预收资金管理实施办法(试行)》《北京市人民代表大会常务委员会关于进一步加强本市检察公益诉讼工作的决定》等相关规定,向区体育局发出检察建议,建议其对未及时、准确、完整备案和资金存管、超限额发行的企业进行查处,加强对体育行业"预付式消费"监督管理工作。区体育局高度重视,开展全面排查整治,对116家问题企业责令整改,对2家企业进行行政处罚,有效解决200余件预付费投诉案件,体育培训类企业在资金存管平台累计存管金额增加至351万余元。朝阳区检察院与区文旅局、区卫健委等6家行政机关磋商,相关单位积极开展专项监督检查,对372家企业责令整改,新增备案企业102家,资金存管平台入驻企业增加206家,累计存管资金量由105.22万元增长至8967.07万元,平台售卖率由60.08%提升至95.14%。

为进一步加强预付费问题及时精准预警,促进综合治理,朝阳区检察院与区预付费清理整治专项工作组多次召开座谈会,制定《关于协同提升预付式消费领域预警能力的工作机制》,通过深入分析已"跑路"企业特征和规律,构建风险企业"大数据画像",提炼出14个预警指标,植入"朝阳预警通风险监测平台",将由此发现的15家高风险企业线索移送相关单位,助推行政机关办理了"职业闭店人"全国首案。经对12345投诉信息进行梳理,涉预付费问题投诉数量同比下降40%。

【典型意义】

检察机关围绕消费者反映强烈的"预付式消费"退费难问题,通过深入调查取证分析症结所在,建立数据模型并推广应用,借助数据分析提升监督精准性,助推更广范围内整治"预付式消费"乱象。监督过程中,检察机关聚焦治理难点,以诉前磋商、检察建议等方式督促行政机关纠正企业未按规定备案等问题,同时从源头推动发卡企业在预付费资金存管平台上完成资金存管。深化与行政机关的协作配合,通过建立工作机制、构建风险企业画像、实时监测企业风险、线索移送等"组合拳",助推本地区预付费问题高水平治理,进一步优化消费环境,有效保障消费者权益。

6. 河北省廊坊市检察机关督促整治血液净化医疗违法行为行政公益诉讼案

【关键词】

消费者权益保护　血液净化　违法诊疗　行政公益诉讼

【要旨】

针对医疗机构违规开展血液类诊疗活动,侵害消费者健康权益问题,检察机关通过制发检察建议、提起诉讼的方式,督促行政机关全面整改,有力保障消费者就医安全。

【基本案情】

廊坊辖区某民营医疗机构以免费体检为名招揽老年人前来听健康讲座,讲座中对其"三氧自体血回输疗法"夸大宣传,声称通过该疗法进行血液净化可以治疗各种疾病,体检结果存在虚假诊断。此外,该医疗机构还在门诊诊疗中推广"血脂净化"项目,并将诊疗过程录制视频对外发布。该医疗机构的违法诊疗活动不仅扰乱医疗管理秩序,而且可能延误患者最佳治疗时机,侵害了消费者的财产及健康权益。

【调查和督促履职】

2024年5月初,廊坊市人民检察院(以下简称"廊坊市检察院")在网络短视频平台发现上述案件线索,于2024年5月24日立案后,调取了涉案医疗器械备案信息、医疗技术临床应用管理档案、诊疗记录和病历资料、行政执法台账、从业人员相关资质,并对行政机关、医疗机构工作人员以及相关患者进行询问。通过梳理证据,确定涉案医疗机构存在违规使用医疗器械,违法使用非卫生技术人员,虚假宣传误导、招揽病人,违法发布医疗广告等问题。根据《医疗机构管理条例》《医疗器械临床使用管理办法》等相关规定,廊坊市院于2024年6月6日向负有医疗机构监管职责的廊坊市卫生健康委员会(以下简称"市卫健委")制发检察建议:一是对涉案医疗机构加强监管,对医疗机构违法行为及时予以整治。二是全面核查涉案从事医疗行为人员资质,对违法从事医疗卫生技术工作的人员依法依规处理。三是对案涉医疗违法行为在全市开展系统排查,规范医疗机构诊疗行为。四是对监管过程中发现的其他违法问题线索,按照相关规定处置。

2024年8月1日,市卫健委书面回复称,已对使用非卫生技术人员的医院进行处罚,但对已不在本地且难以联系的涉案非卫生技术人员无法实施处罚;认定存在虚假宣传问题,但其查处和线索移送不属于该单位职责;因涉案医疗技术未明确其种类,也未找到相应的技术规范,因此对于是否属于违规使用医疗器械无法认定。

收到回复后,廊坊市检察院就违规使用医疗器械等问题向北京大学第三医院及相关专家学者进行咨询,相关专业意见均支持检察机关的认定意见。

【诉讼过程】

2024年9月18日,廊坊市检察院经跟进调查,认定行政机关对检察建议中所列违法问题未整改到位,公益受损状态持续存在。该院将案件移送至行政机关所在地广阳区人民检察院(以下简称"广阳区检察院"),广阳区检察院经审查于10月11日提起行政公益诉讼。

起诉后,市卫健委多次与检察机关会商法律适用问题,对涉案违法问题均予认定,责令涉案医疗机构停止违法行为,对相关单位及人员进行了查处。同时,为加强全市医疗机构临床医疗技术管理,保障广大患者诊疗安全,市卫健委印发《廊坊市医疗机构医疗技术核查工作方案》,对违规开展禁限类医疗技术、超出医疗器械使用说明开展医疗技术等问题开展系统整治,共整治问题医疗机构13家,查处非卫生技术人员2人,执业医师2人,罚款156500元;召开全市卫健系统执法工作培训会议,培训执法人员300余人;将虚假宣传违法线索移送有关部门立案查处,处罚21400元。

2024年11月4日,市卫健委将整改情况书面回复广阳区检法两院。经跟进核实,相关问题均已整改到位。广阳区人民法院于12月10日裁定终结诉讼。

【典型意义】

近年来,一些医疗机构故意模糊混淆相关医疗技术概念,打着"血液净化"招牌,吹嘘包治百病,利用老年人辨别能力差的弱点,以及基础病患者迫切恢复健康的心理,违规使用医疗器械和非卫生技术人员对其进行所谓"血液净化"。就诊患者在不明真相的情况下,不仅支付高额治疗费用,其健康安全亦未得到有效保障。检察机关紧盯医疗领域侵害消费者权益问题,通过行政公益诉讼司法手段,积极借助专业"外脑"力量,依法督促行政机关全面整治违法违规问题,彻底消除医疗安全隐患,切实维护消费者就医安全和健康权益。

7. 浙江省慈溪市人民检察院督促整治外卖餐饮以假充真危害食品安全行政公益诉讼案

【关键词】

消费者权益保护　网络餐饮　以假充真　行政公益诉讼　检察建议

【要旨】

针对餐饮企业在外卖平台以虚假食材原料信息误导消费者、销售使用虚假原料菜品的情形,检察机关可以通过调查问卷、实地勘验评估食品安全隐患,向行政机关制发检察建议,推动外卖平台加大监管力度,维护消费者网络餐饮安全。

【基本案情】

慈溪市 2024 年"两会"期间,多名政协委员在提案中反映当前外卖食品安全问题亟需整治,其中食材原料安全性问题是关注的重点之一。慈溪市外卖平台经营"麻辣烫""冒菜"等同类食品的商户有 270 余家。多名消费者在购买食用部分外卖热销店铺出售的名为"肥牛卷""撒尿牛丸""黑椒牛柳"等菜品后诱发食物过敏,疑似由假牛羊肉食材制作而成,存在虚假宣传,可能存在食品安全隐患。

【调查和督促履职】

2024 年 1 月,慈溪市人民检察院(以下简称"慈溪市检察院")根据政协委员反映的问题发现该线索,经初步调查后,于 2024 年 6 月 12 日决定立案。慈溪市检察院通过调取当事人的购买记录、病历等相关资料,并抽样选取慈溪市 5 家经营时间久、平台销量高、有较高认可度的店铺开展调查核实。经勘验店铺厨房、询问店铺负责人,发现上述店铺在外卖平台上出售的名为"肥牛卷""撒尿牛丸""羊肉卷""牛扒"等菜品,备注的原料信息为牛肉、羊肉,但实际是以鸭肉、鸡皮、牛脂肪等材料制作,以假充真,违反了消费者权益保护法等相关规定。

2024 年 7 月 8 日,慈溪市检察院通过"益心为公"志愿者云平台发起问卷调查,针对销售使用虚假原料的菜品可能引发的食品安全问题向益心为公志愿者征集意见。经统计,有 49% 的志愿者反映存在食物过敏及禁忌情况，所有志愿者均认为涉案情形侵害消费者知情权、公平交易权，存在食品安全隐患。

2024年7月16日，慈溪市检察院向市场监督管理局（以下简称"市场监管局"）制发检察建议，建议对已查明的违法事实依法处理，全面排查其他类似情形，加大对外卖食品安全监管执法力度。市场监管局收到检察建议后，对慈溪市277家同类店铺分批次开展执法检查，并先后4次邀请检察机关见证监督。2024年8月23日，慈溪市检察院组织召开公开听证会，邀请人大代表、政协委员、"益心为公"志愿者担任听证员，外卖平台代表和部分餐饮经营户参加听证。经听证评议后形成统一意见：由市场监管局开展集中治理，综合评判经营者主观恶性、经营时间、获利数额等因素对违法行为分别以责令限期改正、警告、行政罚款等方式分级分类处置，确保"过罚相当"；外卖平台进一步完善网络监管举措，规范化推动行业自治；餐饮经营户积极配合整改。

2024年8月30日，市场监管局发布《关于开展慈溪市新业态餐饮行业诚信经营专项执法监督的通知》，进一步加大对全市外卖餐饮、预制菜餐饮等新业态食品安全监管整治力度。共开展外卖餐饮执法检查300余家次，监督更正外卖平台标注的误导性菜品名称以及虚假原材料信息5000余条，口头警告100余次，发出责令限期改正违法通知书69份，对77家外卖餐饮经营户作出行政处罚，共计罚款49万余元。

2024年9月，慈溪市检察院与市场监管局、某外卖平台杭州总公司驻宁波工作站召开圆桌会议，组织各方就落实食品安全保障责任、完善行业监管举措形成会议纪要。会后，市场监管局拟制《致入网餐饮服务提供者告知书》，将定期告知工作纳入日常监督巡查事项；某外卖平台完善平台监管举措，在网络经营注册阶段增设专门提醒，加强对餐饮经营户的线上告知；加大线下巡查力度，并将平台举报线索、数据共享至行政执法监督系统；在慈溪地区率先试点，将餐饮企业在外卖平台上传真实食材信息、照片作为评定"透明餐厅""食无忧"等优质商家的依据。

2024年10月，宁波市检察院将督促整治外卖餐饮以假充真损害消费者权益案在全市推广，截至目前，共推动全市500余家外卖餐饮经营户完成整改。

【典型意义】

外卖食品是网络食品安全监管重点领域，事关人民群众切身利益。

检察机关从政协提案关注的外卖食品食材信息问题切入,依托"益心为公"志愿者云平台抓住问题症结,推动治理外卖餐饮虚假宣传、以假充真乱象。以圆桌会议推动外卖平台完善监管举措,将诚信经营守法成本转化为市场竞争优势,在检察履职中兼顾了民生"大事"和发展"大计",切实维护消费者"舌尖上的安全"。

8. 山东省青岛市检察机关督促规范快递驿站取件码小票商业信息投放行政公益诉讼案

【关键词】

消费者权益保护　个人信息保护　快递取件码小票　反电信网络诈骗　行政公益诉讼审前磋商

【要旨】

针对在快递取件码小票上印制"扫码有奖"等虚假信息非法获取公民个人信息,涉嫌电信网络诈骗、侵害消费者合法权益问题,检察机关可以开展预防性公益诉讼,督促行政机关依法履职。

【基本案情】

山东省青岛市共有某快递驿站站点1700余家,每日向消费者投递快递近100万件,面向众多消费者。该快递驿站快递取件码小票底部普遍存在以二维码方式投放的商业信息,部分二维码扫码后,存在不当获取个人信息、欺诈消费等违法情形,损害消费者合法权益,侵害公共利益。

【调查和督促履职】

2024年11月,青岛市崂山区消费者权益保护委员会(以下简称"崂山区消保委")向崂山区人民检察院(以下简称"崂山区检察院")反映,称辖区内某快递驿站的包裹取件码小票下方多印有"扫码送水杯""扫码领雨伞""扫码得话费"等二维码,部分群众扫码后遭遇欺诈消费和个人信息被泄露等情形。

崂山区检察院经初步调查发现,此类二维码系由某科技有限公司的快递入库取件管理系统在后台统一投放,除正常的商业信息外,还存在以下"陷阱":通过捆绑下载未知软件或以填写"礼品"领取信息等方式套取个人信息;扫码后出现其他链接,诱导消费者加入引流诈骗群,实施刷单返利、虚假贷款等诈骗钱财行为。针对上述违法情形,多个行政机关负有监管职责,其中市场监管部门对侵犯消费者个人信息、诱导消费等致使消费者存在权益受损风险行为具有监管职责;公安部门对消费者遭遇电信诈骗、财产安全受到危害等情形具有法定监管职责。崂山区检察院遂于2024年11月14日以行政公益诉讼立案。此外,邮政管理部门对快递行业的规范发展负有行业监管职责,但因仅市级以上设立邮政机构,崂山区检察院遂将该案线索报送青岛市人民检察院(以下简称"青岛市检察院")。

崂山区检察院立案后,与崂山区市场监管局、崂山区公安分局开展磋商,督促其依法履行职责,对辖区某快递驿站投放的侵害消费者权益的扫码商业信息行为进行查处,并加强源头治理防范。经磋商,两部门积极履行法定职责,联合向某科技有限公司制发规范商业信息发布的提示函,督促其处理涉嫌误导、欺诈消费者的商业性信息,加大对投放信息的核查力度,进行源头封堵。某科技有限公司立即制定整改方案,逐步暂停崂山区内某快递驿站取件码小票的商业信息投放、暂停山东省域内某快递驿站取件号码单"话费券类"商业信息投放,并以崂山区为试点区域,在原二维码投放区域印制反诈宣传提示语,提醒消费者谨慎扫描快递面单、包装盒、包裹内卡片上的二维码。

其后,崂山区检察院联合崂山区消保委、崂山区公安分局,依托崂山区社会治理中心网格化工作平台,在辖区内所有快递站点张贴反诈宣传材料。崂山区检察院与崂山区消保委联合进行"回头看",发现涉案问题已得到有效整改。

2024年12月,青岛市检察院在全市辖区部署开展寄递行业规范经营专项监督行动,与青岛市邮政管理局(以下简称"青岛市邮政局")进行磋商,督促其规范快递面单、取件码等商业营销行为,加大对寄递行业监管力度,健全、完善寄递风险防控机制。青岛市邮政局积极部署开展检查专项行动,对发现的违法违规行为依法进行查处;召开全市寄递行业安全警示教育会,通报相关案件情况,要求企业全面开展自查自纠,切实提升寄递渠道安全防范能力。

2025年1月,青岛市检察院联合青岛市公安局、青岛市邮政局、青岛市市场监督管理局,共同推动某科技有限公司尽快上线运行商业信息合法性审核新机制,实现全国范围内某快递驿站快递取件码小票虚假信息源头治理,并在各驿站醒目位置增加动态反诈宣传点位。在商业信息合法性审核新机制上线运行前,将青岛全市1700余个某快递驿站站点取件码小票商业信息替换为反诈宣传提示语。1月15日,青岛市检察院牵头,青岛市两级检察机关、青岛市邮政局、青岛市公安局以及崂山区消保委联合开展"警惕包裹中的陷阱"主题普法宣传,取得良好成效。

【典型意义】

快递驿站作为社区化、便捷式寄递物品收发服务点,提供寄递物品代收和保管服务,为群众日常收发快递提供了极大便利。检察机关针对终端快递取件环节存在的侵害消费者权益问题,督促市场监管、公安、邮政管理部门充分履行个人信息保护、反电诈和行业监管等法定职责,与消保委形成消费者权益保护合力,以个案办理推动全域治理。通过督促行政监管部门推动平台公司完善商业信息合法性审核机制,将消费者个人信息保护、反电诈治理的端口前移,促进快递取件安全问题的源头治理。

9. 河南省长垣市人民检察院督促整治医疗美容违法问题行政公益诉讼案

【关键词】

消费者权益保护　医疗美容　行业监管　行政公益诉讼　督促履职

【要旨】

针对生活美容机构存在的医疗安全隐患问题,行政机关经检察建议督促仍未整改到位,检察机关可以依法提起行政公益诉讼,督促行政机关依法全面履职,促进美容行业规范服务,维护消费者合法权益。

【基本案情】

河南省长垣市辖区内十余家生活美容场所在未依法取得医疗机构执业许可证的情况下,擅自开展注射瘦脸针、水光针、割双眼皮、隆鼻、除皱抽脂、割眼袋、整形手术等医疗美容服务项目,存在医疗安全隐患。部分生活美容场所未依法取得《卫生许可证》擅自营业,违规发布医疗广告,实际经营地址与注册地址不符、进行虚假宣传,消费者生命健康安全得不到有效保障。

【调查和督促履职】

2022年11月,长垣市人民检察院(以下简称"长垣市检察院")在开展医疗美容行业专项监督活动中发现上述线索后,予以立案调查。长垣市检察院采取现场勘验、询问违法行为人、咨询专业人员、走访行政机关等方式,并调取案涉生活美容店营业执照和营业收入、顾客资料档案等书证材料,查明长垣市辖区内十余家生活美容店在未取得《医疗机构执业许可证》的情况下,违规开展注射瘦脸针、割双眼皮、整形手术等医疗美容项目,并且违规发布医疗广告,误导消费者。2022年11月29日,长垣市检察院向长垣市卫生健康委员会(以下简称"市卫健委")制发检察建议,督促其对案涉生活美容场所依法履行监督管理职责。市卫健委在收到检察建议书后,虽按期书面回复已整改到位,但经长垣市检察院跟进调查发现,其并未对案涉长垣市某医疗美容服务有限公司(以下简称长垣市某公司)和河南某医疗美容公司(以下简称河南某公司)未取得《医疗机构执业许可证》违法经营医疗美容项目的行为进行处理。

经长垣市检察院督促,市卫健委于2023年5月对长垣市某公司作出没收违法所得5000元、罚款7.9万元、责令立即停止执业活动的行政处罚;对河南某公司实际控制人作出没收违法所得1万元、罚款11万元的行政处罚。2023年7月14日,长垣市院跟进调查发现,河南某公司仍对外经营医疗美容项目。2023年1月至7月,案涉两家公司医疗美容项目违法所得共计70余万元。

【诉讼过程】

2023年10月11日,长垣市检察院依法向长垣市人民法院提起诉讼,诉请判令市卫健委依法履行医疗美容监管职责。庭审过程中,针对行政机关提出的其已作出行政处罚、已依法履职的抗辩理由,长垣市检察院将检察建议回复期满后的三次现场调查视频、相关美容院询问笔录、相关美容院营业收入明细、实施医美项目的记录等相关证据予以出示,证明其作出的行政处罚认定的违法收入与案涉公司的实际违法收入相差甚远。案件审理过程中,市卫健委撤销了其作出的原行政处罚决定。2024年4月11日,长垣市人民法院判决支持检察机关的全部诉讼请求。2024年7月,市卫健委依据法院判决,重新对案涉公司的违法行为、违法收入等进行了调查,依法对案涉公司重新作出罚没226万余元的行政处罚。在检察机关的推动下,市卫健委在全域内开展专项整顿,完善监管机制,切实规范美容机构的经营活动。

案件审理过程中,长垣市检察院深挖案件背后深层次原因,将相关人员涉嫌职务犯罪线索移交长垣市纪委监委,长垣市纪委监委深入调查后立案 2 人,并采取留置措施,涉嫌违法犯罪问题移交司法机关处理。

【典型意义】

近年来,随着医美行业的迅速发展,虚假宣传、非法行医等行业乱象也随之而来,消费者合法权益得不到有效保障。本案中,检察机关聚焦医美行业乱象,依法制发检察建议,督促行政机关依法履行职责。经跟进调查,检察机关针对履职不正确、整改不到位情形,依法提起行政公益诉讼,以诉的形式督促行政机关强化监管,堵塞了医美行业监管漏洞,维护了广大消费者的合法权益。

10. 贵州省安顺市西秀区人民检察院督促整治批发市场农产品质量安全隐患行政公益诉讼案

【关键词】

消费者权益保护　农产品质量安全　行政公益诉讼　检察建议

【要旨】

针对农产品批发市场未严格履行进货查验义务,未开展场内快速检测,导致无法溯源的农产品销往大量商场、超市和农贸市场,被检出重金属和农残超标的情形。检察机关依法制发检察建议,督促行政机关责令市场开办者和入场销售者严格落实农产品质量安全主体责任,维护消费者知情权和安全保障权。

【基本案情】

某农贸市场是贵州省安顺市规模最大的水果、蔬菜、肉类、水产一级批发市场,每天有 1300 余吨农产品销往安顺所辖 6 个县区及周边六盘水市、毕节市等地的 90 余个商场、超市和农贸市场。市场开办者未严格执行进货查验制度,允许未提供进货凭证和农产品质量合格凭证的农产品入场且未开展场内快速检测,导致部分来源追溯不明的水果、蔬菜外销后被检出多种重金属、农药残留超过强制性国家标准,存在较大的食品安全隐患,侵害众多消费者合法权益。

【调查和督促履职】

2024 年 4 月 17 日,安顺市西秀区人民检察院(以下简称"西秀区检察院")在开展农产品质量安全专项监督中发现,从某农贸市场销往外地超市的果蔬在销售地被抽检为不合格食用农产品,遂依法立案办理。通过询问市场管理人员、现场查看农产品入场和销售流程并调阅6个销售地检测报告,查明位于西秀区产业园区的某农贸市场系安顺市唯一的农产品批发市场,其开办者允许无产地信息、未提供质量安全凭证的农产品入场,且在未开展场内快速检测的情况下即销往大量商超和农贸市场,先后有58批次农产品样品被检出"铅""镉"2类重金属超过食品安全国家标准食品中污染物限量4至6倍,"毒死蜱""腈苯唑"等19类农药残留超过最大残留限量6至9倍。经咨询安顺农科院"益心为公"专家志愿者,认为消费者长期食用重金属和农残超标的农产品会产生不同程度的急、慢性中毒,严重的会影响神经系统、破坏肝脏功能。根据《食用农产品市场销售质量安全监督管理办法》等相关规定,西秀区市场监督管理局(以下简称"区市场监管局")负有对食用农产品市场销售进行监督管理的职责。

2024年5月21日,西秀区检察院向区市场监管局制发检察建议,建议其全面履行农产品安全监管职责,督促某农贸市场严格落实入场查验和快速检测等食品安全主体责任。

区市场监管局收到检察建议后高度重视,积极采取措施进行整改。对某农贸市场下达《责令改正通知书》督促限期整改,责令开办者制定《安顺市农产品批发市场商户入场须知》和《销售者进货查验记录制度》并张贴在市场醒目位置;对入场销售者集中开展为期3个月的进货查验专项检查,制发《关于食用农产品经营者的行政提醒书》,进行食品安全专题培训暨约谈会,督促143家商户建立进货台账如实记录入场农产品的品种、产地、生产日期、保质期和合格证明等,并将4380条产地信息录入贵州省食品质量安全追溯系统供下游商超和农贸市场的消费者查询溯源。

2024年10月22日,西秀区检察院联合区消费者协会邀请20余名"益心为公"志愿者对行政机关整改情况开展质效评估。经实地走访某农贸市场,发现入场商户均有完善的进货台账,并在摊位显著位置公示附有追溯码的农产品承诺达标合格证供消费者扫码查看,开办者对场内40余种农产品样品随机抽检重金属和农残累计6200余批次,及时将不合格样品信息报告区市场监管局后立案查处12件,下架不合格农产品10批次,且上述检测和查处信息均在市场入口对外公示。2024年中秋、国庆和2025年元旦期间,省、市级市场监管部门对某农贸市场开展食品安全专项监督,陆续抽检样品40批次,合格率均为100%,该批发市场存在的食品安全隐患问题得到有效整治,消费者知情权和安全保障权得到切实保护。

【典型意义】

农贸批发市场是农产品的供应源头和销售枢纽,来自不同产地的食用农产品汇集于此,再流向商场、超市、农贸市场,最终流向广大消费者群体,其质量安全问题关乎消费者的知情权和安全保障权。检察机关聚焦大型农贸批发市场食用农产品质量安全问题,通过制发检察建议督促行政机关履行监管职责,责令批发市场开办者依法履行食品溯源和快速检测两项管控农产品安全风险的法定义务,并追溯到供应链源头开展集中整治,全力守护百姓"菜篮子"安全。